Die Aktualität der Antike

Das ethische Gedächtnis des Abendlandes

Mit Beiträgen von Eckart Otto, Wolfgang Palaver, Christof Rapp, Jan Rohls, Arbogast Schmitt

Herausgegeben von Christof Gestrich

Wichern-Verlag

Inhalt

I.	Christof Gestrich, Zu diesem Band	5
II.	Programm der 10. Werner-Reihlen-Vorlesung und Grußwort des Prodekans der Theologischen Fakultät der Humboldt-Universität zu Berlin	7
III.	Till Hüttenberger, Zur Einführung. Die Aktualität der Antike ..	11
IV.	Jan Rohls, Die Rückkehr der Tugend. Das griechische Erbe in der modernen Ethik .... Diskussion	20 41
V.	Eckart Otto, Gerechtigkeit in der orientalischen und okzidentalen Antike. Aspekte für den ethischen Diskurs in der Moderne im Spannungsfeld zwischen Max Weber und Ernst Troeltsch .... Diskussion	44 61
VI.	Wolfgang Palaver, Die antike Polis im Lichte biblischer Gewaltanschauung. Die mimetische Theorie René Girards zum Problem des Politischen .... Diskussion	65 81
VII.	Christof Rapp, Gemeinschaft und individuelle Glückssuche. Bemerkungen zum Verhältnis von antikem und modernem Kommunitarismus .... Diskussion	86 101
VIII.	Arbogast Schmitt, Individualität als Faktum menschlicher Existenz oder als sittliche Aufgabe? Über eine Grunddifferenz im Individualitätsverständnis von Antike und Moderne .... Diskussion	105 129
IX.	Podiumsdiskussion – Leitung: Christof Gestrich	134
X.	Die Autoren	149
XI.	Auswahlbibliographie	151

I. Zu diesem Band

Neuorientierungsprozesse ereignen sich weltweit seit dem Anfang des 21. Jahrhunderts. Das trifft für Europa sogar besonders zu. Wie tiefgreifend das Bedürfnis nach neuer Ausrichtung insbesondere im Kulturellen, im Ethischen und im Religiösen ist, zeigt sich daran, dass viele heutige Denker das Bedürfnis haben, sich des europäischen Weges von seinen ersten Anfängen her neu zu vergewissern. Die Antike hat darum Konjunktur. Auf der einen Seite ist zwar das humanistische Gymnasium, das am Anfang des 19. Jahrhunderts erfolgreich aufzusteigen begann, inzwischen eine schulische Randerscheinung geworden. Lateinisch und Altgriechisch kämpfen auch an den Universitäten fast schon ums Überleben. Auf der anderen Seite ist aber die philosophische, religionswissenschaftliche, historische, soziologische und archäologische Altertumskunde ein sehr zeitgemäßer Fächerverband geworden. Viele erkennen, dass in der im weitesten Sinne aufs Mittelmeer bezogenen antiken Geschichte die Anfänge fast aller unserer Dinge liegen, des Glaubens, der Ethik, der Wissenschaft, der Demokratie. Da man Neuorientierung nötig hat, sieht man sich veranlasst, die eigenen Themen und Probleme von den Quellen her anzugehen, ihre ursprüngliche Gestalt aufzusuchen, von der aus sie dann einen verwickelten weiteren Weg genommen haben.

Im Übergang von Platon zu seinem Schüler Aristoteles sind schon fast alle philosophischen Fragestellungen, die die Welt heute kennt, in ihrer Grundgestalt enthalten. Neuplatonismus und Stoa bieten in gewisser Weise überdies bis zum heutigen Tag unüberholte Orientierungen. Doch darf nicht vergessen werden, wie es manchmal droht, dass auch das alte Israel und die hebräische Bibel (und hinter ihnen Ägypten, neben und nach ihnen das Neue Testament) zu den die moderne Ethik tief mitprägenden Wurzeln gehören!

Die Verhältnisbestimmungen von Antike und Neuzeit sind gegenwärtig stark im Fluss. In den kulturwissenschaftlichen Disziplinen haben sich neue Fragestellungen von überraschender Natur eingestellt (s. hierzu die Einführung von Till Hüttenberger). Die Vorträge der 10. Werner-Reihlen-Vorlesung im Großen Senatssaal der Humboldt-Universität zeigen samt den Diskussionen viel von dieser aktuellen Paradigmenkorrektur.

Die Mitarbeiterinnen und Mitarbeiter Frau Dagmar Adnouf, Frau Ulrike Klehmet, Herr Julius Kübler, Herr Dr. Martin Vetter und Herr Till Hüttenberger haben sich um die Durchführung des Symposiums und um die Redaktion dieses Bandes sehr verdient gemacht. Ihnen sei herzlich gedankt.

Berlin, 25. Februar 2002   Christof Gestrich

II. Programm und Grußwort

Theologische Fakultät

10. Werner-Reihlen-Vorlesung
„Die Aktualität der Antike. Das ethische Gedächtnis des Abendlandes"

Mittwoch, 21. November 2001

8.30–9.00 Uhr
Eröffnung und Begrüßung:
Der Vizepräsident der Humboldt-Universität zu Berlin Prof. Dr. H.-E. Tenorth, der Prodekan der Theologischen Fakultät Prof. Dr. H. Ohme, Prof. Dr. Chr. Gestrich (Theologische Fakultät): „Einführung in die Veranstaltungsreihe"

9.00–10.15 Uhr
Vortrag und Diskussion:
PROF. DR. JAN ROHLS
(Theologische Fakultät, Ludwig-Maximilians-Universität München)
„Die Rückkehr der Tugend. Das griechische Erbe in der modernen Ethik"

Programm der 10. Werner-Reihlen-Vorlesung

10.30–11.45 Uhr	*Vortrag und Diskussion:* PROF. DR. ECKART OTTO (Theologische Fakultät, Ludwig-Maximilians-Universität München) „Gerechtigkeit in der orientalischen und okzidentalen Antike. Aspekte für den ethischen Diskurs in der Moderne im Spannungsfeld zwischen Max Weber und Ernst Troeltsch"
12.00–13.15 Uhr	*Vortrag und Diskussion:* PROF. DR. WOLFGANG PALAVER (Theologische Fakultät, Leopold-Franzens-Universität Innsbruck) „Die antike Polis im Lichte biblischer Gewaltanschauung. Die mimetische Theorie René Girards zum Problem des Politischen"
14.30–15.45 Uhr	*Vortrag und Diskussion:* PROF. DR. CHRISTOF RAPP (Philosophische Fakultät, Humboldt-Universität zu Berlin) „Gemeinschaft und individuelle Glückssuche. Bemerkungen zum Verhältnis von antikem und modernem Kommunitarismus"
16.00–17.15 Uhr	*Vortrag und Diskussion:* PROF. DR. ARBOGAST SCHMITT (Seminar für Klassische Philologie, Philipps-Universität Marburg) „Individualität als Faktum menschlicher Existenz oder als sittliche Aufgabe? Über eine Grunddifferenz im Individualitätsverständnis von Antike und Moderne"
17.30–19.00 Uhr	*Podiumsdiskussion:* Leitung: PROF. DR. CHRISTOF GESTRICH

Grußwort des Prodekans der Theologischen Fakultät der Humboldt- Universität zu Berlin, Prof. Dr. Heinz Ohme

Sehr geehrter Herr Vizepräsident Tenorth,
sehr geehrte Angehörige der Familie Reihlen,
sehr geehrte Kolleginnen und Kollegen,
liebe Studierende, meine Damen und Herren!

Es ist mir eine große Freude, Sie im Namen der Theologischen Fakultät der Humboldt-Universität zur 10. Werner-Reihlen-Vorlesung begrüßen zu dürfen. Die Theologische Fakultät betrachtet die – erstmals 1992 an der Kirchlichen Hochschule/Berlin-Zehlendorf durchgeführte und dann seit der Neugründung der Theologischen Fakultät der Humboldt-Universität 1993 hier weitergeführte Werner-Reihlen-Vorlesung – als einen ihrer Höhepunkte im akademischen Jahr. „Das Gespräch der Evangelischen Theologie mit den anderen Wissenschaften zur fördern mit Betonung des ethischen Gesichtspunktes": so lautet der in der Satzung der Stiftung festgehaltene Zweck, dem die alljährliche Vorlesungsreihe dienen soll, die gleichzeitig der *Dies academicus* unserer Fakultät im Wintersemester ist.
In der Berliner Hochschul- und Wissenschaftslandschaft hat die Werner-Reihlen-Vorlesung mittlerweile dank ihres eigenständigen Profils als streng interdisziplinär strukturiertes Symposion einen festen Platz eingenommen. Dafür ist an dieser Stelle auch aufrichtig Dank zu sagen,
Herrn Kollegen Gestrich von der Theologischen Fakultät
und Herrn Kollegen Gerhardt von der Philosophischen Fakultät
und natürlich allen ihren Mitarbeitern, die in bewährter Zusammenarbeit die diesjährige Werner-Reihlen-Vorlesung interdisziplinär geplant und realisiert haben.

Das diesjährige Thema:
„Die Aktualität der Antike. Das ethische Gedächtnis des Abendlandes" – von langer Hand geplant – hat inzwischen eine bedrückende Aktualität erhalten. Denn seit dem 11. September stellt sich die Frage nach den unsere Gesellschaft verbindenden Werten und nach ihrer Herkunft auf ganz neue Weise.
Denn wenn zur Selbsthingabe ihres Lebens bereite Menschen zivile Flugzeuge zu fliegenden Bomben machen, oder auch nur sich selbst zu Bomben machen, um an öffentlichen Plätzen der westlichen Zivilisation eine möglichst große Anzahl Dritter in den Tod zu reißen, und wenn sie dies nun aus „religiö-

ser Überzeugung" tun und sich durch eine religiöse asketische Praxis unter Gebet und Fasten darauf langfristig vorbereiten mit großer Klugheit und Tapferkeit, und in Geduld, Enthaltsamkeit und größter Sorgfalt solche Taten planen, dann ist seit dem 11. September auch die *„Spannung zwischen säkularer Gesellschaft und Religion ... explodiert",* wie das *Jürgen Habermas* in seiner Rede zur Verleihung des Friedenspreises des deutschen Buchhandels formuliert hat. Denn damit ist nicht nur die so moderne wie undifferenzierte Rede von *„der Religion"* obsolet geworden, sondern die Frage nach dem „ethischen Gedächtnis" unserer Kultur stellt sich grundlegend.

Um nochmals Habermas zu zitieren:

> „In Anbetracht der religiösen Herkunft seiner moralischen Grundlagen sollte der liberale Staat mit der Möglichkeit rechnen, dass er angesichts ganz neuer Herausforderungen das Artikulationsniveau der eigenen Entstehungsgeschichte nicht einholt".

Zu diesem „Artikulationsniveau" gehört ohne Zweifel der Tugendbegriff, der für die vorchristliche wie christliche Antike in der Entfaltung der Ethik und der Gestaltung des Ethos von zentraler Bedeutung war. *Klugheit* und *Tapferkeit* sind 2 der 4 sog. Kardinaltugenden antiker Ethik. *Gebet* und *Fasten* gehören auch in den klassischen christlichen Tugendkatalog als Konkretionen des als „Tugend" verstandenen *Glaubens*. Und genauso gehören dazu *Geduld, Enthaltsamkeit und Sorgfalt*, seit der christliche Tugendkatalog in der christlichen Antike erarbeitet wurde.

Gleichwohl vereint uns alle das ethische Urteil, dass wir es bei jenen Männern des 11. September mit *Mördern* zu tun haben, wie wir ihnen denn ebenso den Ehrentitel des *Märtyrers* verweigern müssen, der eine genuin christliche Begriffsprägung der Spätantike darstellt und ein solches Handeln per definitionem ausschließt.

Unsere Gesellschaft ist also gut beraten, sich über die Herkunft ihrer moralischen Grundlagen neu Rechenschaft abzulegen. Dabei wird man dann auch feststellen, dass jenes ethische Gedächtnis, das seine Wurzeln in der Antike erkennt, keineswegs nur die Völker und Kulturen des sog. „Abendlandes" verbindet. Vielmehr schließt es gerade auch und in besonderer Weise die in der Tradition des orthodoxen Christentums stehenden Völker Ost- und Südosteuropas mit ein, in deren Denken und in deren kulturprägender christlicher Spiritualität der antike christliche Tugendkatalog stets im Zentrum stand. Insofern ist die Antike in der Tat von gesamteuropäischer Bedeutung für die Frage nach unseren ethischen Wurzeln.

So möge denn dieses Symposion einen profunden Beitrag zur Aufhellung unseres ethischen Gedächtnisses leisten!

III. TILL HÜTTENBERGER
Zur Einführung.
Die Aktualität der Antike

1. Zum Thema

Die Werner-Reihlen-Vorlesung des Jahres 2001 ist dem Erbe der Antike in der Gegenwartsethik gewidmet. Sie steht im größeren Horizont der gegenwärtigen Diskussionen um das ‚kulturelle Gedächtnis‘[1] des Abendlandes und beschäftigt sich mit dem Einfluss antiker Ethik auf die ethischen und politischen Fragen der Gegenwart. Dieses Interesse an der Antike und für die Antike ist zeitgemäß, gerade zum Jahrtausendwechsel. Denn in zahlreichen Debatten wird auf antikes oder vermeintlich antikes Gedankengut rekurriert, vor allem in der überraschenden Rehabilitierung des Tugendbegriffs, in den Bemühungen um eine ‚Ethik des guten Lebens‘[2] und der ‚Lebenskunst‘ oder in der vor allem in den 80er Jahren des 20. Jahrhunderts populären politischen Philosophie des ‚Kommunitarismus‘, welche den fundamentalen Gemeinschaftsbezug des Handelns betont.[3] Auf diese populären Themen konzentriert sich weithin das gegenwärtige öffentliche Interesse an der Antike, soweit es die Ethik betrifft. Sie gelten als ‚griechisch‘. Damit stellt sich auch die Frage, was sich in diesem Zeitgeist über den gegenwärtigen Zustand des Verhältnisses von *Athen* und *Jerusalem*, von Griechisch-Römischem und Jüdisch-Christlichem verrät.

---

1   Die Metapher des kulturellen Gedächtnisses ist besonders von Jan und Aleida Assmann in die jüngere Diskussion eingeführt worden und hat sich als Rahmenbegriff inzwischen durchgesetzt. Vgl. J. ASSMANN, Das kulturelle Gedächtnis, Schrift, Erinnerung und politische Identität in frühen Hochkulturen, München 3. Aufl. 2000; A. ASSMANN, Erinnerungsräume. Formen und Wandlungen des kulturellen Gedächtnisses in frühen Hochkulturen, München 1999.
2   Die Literatur der letzten Jahre ist uferlos. Einen Überblick über die relevanten Themen in moderner Perspektive mit zahlreichen Literaturhinweisen bietet C. HORN, Antike Lebenskunst. Glück und Moral von Sokrates bis zu den Neuplatonikern, München 1998.
3   Zum Kommunitarismus, einer aus Amerika kommend auch in Deutschland einflussreich gewordenen, in sich weitverzweigten Denkrichtung vgl. die Sammelbände: A. HONNETH (Hg.), Kommunitarismus. Eine Debatte über die moralischen Grundlagen moderner Gesellschaften, Frankfurt/New York 1993 und M. BRUMLIK / H. BRUNKHORST (Hgg.), Gemeinschaft und Gerechtigkeit, Frankfurt/Main 1993. Einen sehr guten Überblick verschafft W. REESE-SCHÄFER, Was ist Kommunitarismus? Frankfurt/New York 1994. Die Diskussion zwischen Liberalismus und Kommunitarismus ist inzwischen etwas abgeebbt, hat aber auch bei uns zahlreiche Spuren im politischen, theologischen und sozialethischen Denken hinterlassen. Zum Kommunitarismus werden unter sich sehr heterogene, weltweit einflussreiche Denker wie Charles Taylor, Michael Walzer, Alasdair MacIntyre, Amitai Etzioni und Michael Sandel gezählt. Zur kritischen Auseinandersetzung mit dieser Denkströmung s. u. a. R. FORST, Kontexte der Gerechtigkeit. Politische Philosophie jenseits von Liberalismus und Kommunitarismus, Frankfurt/Main 1994 und O. HÖFFE, Vernunft und Recht. Bausteine zu einem interkulturellen Rechtsdiskurs, Frankfurt/Main 1996, 160 ff. Vgl. auch die Beiträge von Rohls und Rapp zu MacIntyre in diesem Heft.

Diese Einführung will skizzenartig einige hier relevante Fragen und Perspektiven verdeutlichen, wie sie sich vom Ertrag dieser Tagung her nahe legen.

2. Antike und moderne Ethik – einige Vorurteile

Das Verhältnis von Antike und Moderne ist häufig von populären Vorurteilen bestimmt. Es ist sinnvoll, zunächst sich einige von ihnen in die Erinnerung zu rufen. Diese Vorlesungsreihe hatte auch den Zweck, zu deren kritischer Hinterfragung beizutragen.

Idealtypisch könnte man zehn vermeintlich wesentliche Unterschiede gegenüberstellen: 5

1. Während antike Ethik ein besonderes Augenmerk auf die handelnde *Person* legt, ist moderne Ethik vor allem an der Beurteilung der *Handlung* selbst orientiert. Antike Ethik ist person- und akteurzentriert, moderne handlungszentriert. Antike Ethik fragt nach Emotion, Charakter, Affekt und Tugenden, moderne Ethik vernachlässigt sie, weil sie sie für die moralische Beurteilung einer Handlung für irrelevant hält.
2. Das hat zur Konsequenz, dass antike Ethik oft einen lebensberatenden, consiliatorischen Akzent besitzt, während moderne Ethik sich vor allem moralischen Dilemmata und Konflikten zuwendet. Während antike Ethik nach dem gelungenen und guten Leben in ‚Sorge um sich' und ‚Selbstsorge' (Michel Foucault) fragt,6 versucht moderne Ethik, Kriterien des moralisch richtigen Lebens aufzustellen.
3. Antike Ethiken sind vorwiegend am *Guten für jemanden* orientiert, während moderne Ethiken nach dem *Gesollten*, dem allgemein moralisch Richtigen fragen. Antike Ethik ist daher teleologisch und eudämonistisch, moderne Ethik hingegen deontologisch.
4. Antike Ethik ist polisorientiert, d.h. sie orientiert sich an den konkreten empirischen Gegebenheiten des Guten in einem konkreten Gemeinwesen, während moderne handlungsorientierte Ethiken liberalistisch vom selbstbewussten Subjekt, bzw. Individuum ausgehen. Antike Ethik ist *kommunitaristisch*, moderne *individualistisch*.
5. Ein weiterer Aspekt in diesem Zusammenhang ist vor allem von Alasdair MacIntyre eingebracht worden:6 Da sich antike Ethik an der Konkretion

---

4 Die Liste ist zum Teil angeregt von dem Vergleich, den C. HORN, a.a.O. (Anm. 2), 192 ff durchführt. Doch es muss gegen Horn festgehalten werden, dass eine solche gegenüberstellende Bezugnahme hartnäckige Klischees produzieren oder perpetuieren hilft.
5 Diese Wendung zur Antike findet sich in seiner Spätphilosophie. Vgl. M. FOUCAULT, Sexualität und Wahrheit, Bd. 3: Die Sorge um sich, Frankfurt 1986; DERS., Freiheit und Selbstsorge, Frankfurt 1985. Von Foucault aus startend entwirft zur Zeit mit großem Erfolg der Philosoph Wilhelm Schmid eine Philosophie der Lebenskunst. Vgl. DERS., Philosophie der Lebenskunst. Eine Grundlegung, Frankfurt/Main, 72001.
6 Vgl. A. MACINTYRE, Der Verlust der Tugend. Zur moralischen Krise der Gegenwart, Frankfurt/Main 1995 (orig. amerik. 1981).

der Lebensformen in je einer spezifischen Polis orientiere, sei sie partikular, während moderne Ethik universalistisch, dabei aber auch lebensfern und abstrakt sei. Dies führt bei MacIntyre faktisch zum Ergebnis der Rehabilitation der Üblichkeiten jeweils bestimmter Traditionen ohne Universalitätsanspruch und ohne wirkliche Möglichkeit kritischer Überprüfung.[7]
6. Für die antike Ethik steht der Name *Aristoteles*, für die moderne der Name *Immanuel Kant*. Während Aristoteles als der Vertreter einer eudämonistischen, teleologischen und kommunitaristischen Strebensethik gilt, wird Kant als der Vertreter einer deontologischen, universalistischen, handlungsorientierten Pflichtethik in Anspruch genommen. Die Tendenz dieses Vergleichs will belegen, dass beide in ihren Ethikansätzen letztlich unvereinbar seien. Antike und moderne Ethik, so der Tenor, sind also diesem Bild zufolge wesentlich verschieden.
7. Manche Autoren gehen sogar so weit, die grundlegende Differenz antiker und moderner Ethik terminologisch als einen Unterschied von *Ethik* und *Moral* zu fassen.[8]
8. Zwischen ihnen stehen Judentum und Christentum als die entscheidenden trennenden Größen und zugleich als Vermittler zwischen Antike und Moderne. Sie bringen einen neuen Horizont in die ethischen Fragen hinein. Universalismus und Normorientierung moderner Ethik stammen vor allem aus dem gebotsethischen Erbe der jüdisch-christlichen Tradition.[9] Gab es bis zum Mittelalter und im Katholizismus noch Synthesen zwischen teleologischer Ethik und Gebotsethik, so hat der Protestantismus den Weg für die allgemeine Durchsetzung der Normethik bereitet. So das geläufige Schema.
9. Mit dieser Sicht verbunden ist auch das oft anzutreffende, aus dem christlichen Kontext stammende, moderne pejorative Werturteil, antike Ethik sei wesentlich *egoistisch*, moderne hingegen vorwiegend *altruistisch*.
10. Dieses in den vorhergehenden Stichpunkten entwickelte Szenario hat umgekehrt zur Folge, dass die Wiederkehr der Antike auch als ein nachchristliches Phänomen, als späte Rache des Paganen am Selbstverständnis einer jüdisch-christlich geprägten Moderne verstanden werden könnte. Dieses Urteil wird je nach Sichtweise teils mit Bedauern, teils mit Enthusiasmus ausgesprochen. Ein einflussreicher Vordenker einer solchen agonalen und modernekritischen Sicht der Antike war bekanntlich Friedrich Nietzsche.

---

7 Diese Tendenz seines Werkes wird später besonders deutlich in DERS., Whose Justice? Which Rationality?, Notre Dame 1988.
8 So z. B. P. RICŒUR, Das Selbst als ein Anderer, München 1996 (orig. franz. 1990), der zwar Aristoteles' teleologische Ethik strikt von Kants deontologischer Ethik unterscheidet, aber beide dann in einem übergreifenden Konzept zu integrieren sucht. In der theologischen Ethik Johannes Fischers wird äquivalent kategorisch zwischen einer aristotelischen *Tun-* und einer kantischen *Handeln-* Perspektive unterschieden. Vgl. DERS., Leben aus dem Geist. Zur Grundlegung christlicher Ethik, Zürich 1994.
9 So C. HORN, a. a. O. (Anm. 2), 192, aber auch aus ganz anderer Perspektive J. FISCHER, a. a. O. (Anm. 9), 93.

Diese kontrastierende Liste könnte mühelos um weitere Aspekte verlängert werden. Sie spiegelt ein weitverbreitetes Antikenklischee in der Ethik wieder, an dem sich viele Ethiker selbst beteiligen. Das kann mit verschiedener Zielrichtung geschehen, sei es, dass man die Überlegenheit moderner handlungstheoretischer Ethiken zu erweisen sucht, sei es, dass man umgekehrt die Lebens- und Erfahrungsbezogenheit antiker Ethik gegen die vermeintlich moderne Abstraktion ins Feld führt. Wie alle Klischees ist das gezeichnete Bild nicht völlig falsch und schafft gewiss Grundorientierungen, doch verzerrt es in seiner Holzschnittartigkeit in vielerlei Hinsicht den Blick auf viele Kontinuitäten zwischen antiker und moderner Ethik und verstellt den Blick für andere, und oft vielleicht zutreffendere Differenzen. Zudem entstammt es zweitens zum Teil einer fragwürdigen vorausgesetzten Dichotomie von vermeintlich griechischem und es kontrastierendem biblischen Erbe, das sich in der herausgestellten Differenz von antiker und moderner Ethik widerspiegelt.

3. Die notwendige Überprüfung des Antikenbildes

Dass die Dinge aber so einfach nicht liegen, zeigen die im Heft versammelten Beiträge. Einige ihrer Fragen und Perspektiven zur Problematik eines einfach kontrastierenden Antikenbildes seien kurz skizziert:

Jan Rohls zeichnet ein weit ausgreifendes Panorama der Ethik-Geschichte, das vor allem in der antiken stoischen Ethik wirkungsgeschichtlich bedeutsame Motive moderner Ethik erkennt. Die Diskussion zu diesem Vortrag zeigt darüber hinaus, dass viele von ihm als stoisch bestimmte Motive, besonders der Universalitätsanspruch in der Ethik, sich jedoch auch schon bei Aristoteles nachweisen lassen.

Eckart Otto weist auf den orientalischen Einfluss auch auf die griechische Behandlung der Frage nach der Gerechtigkeit hin und stellt dadurch einige Klischees über die vermeintliche Differenz von Griechenland und Israel in Frage. Der Unterschied von Antike und Moderne sei dahingegen weniger in spezifischen Ethik-Typen zu suchen, sondern vielmehr darin, dass in der Moderne damals ungelöste und offene Fragen im Rahmen einer modernen Rechtsordnung erst wirklich weiterführend behandelt werden konnten.

Wolfgang Palaver geht mit einer eigenständigen Aneignung der Hermeneutik René Girards dem Problem der externen Lösung immanenter Gewalt in der antiken Polis nach und zeigt, bei allen Differenzen, anhand der Figur des ‚Katechons' auch die grundlegenden Kontinuitäten zwischen griechischer und christlicher Gewaltwahrnehmung auf.

Christof Rapp kritisiert detailliert das landläufige Aristoteles-Bild des Kommunitarismus, wie es besonders von Alasdair MacIntyre stark gemacht worden ist, und entlarvt dieses Aristoteles-Bild als einen modernen romantischen Mythos.

Arbogast Schmitt vollzieht eine ähnliche Arbeit an dem hartnäckigen Vorurteil, dass erst die Moderne die Individualität und Subjektivität ‚entdeckt' habe. Er zeigt auf, dass die Antike einen anders gelagerten Individualitätsbegriff habe, der dem modernen Verständnis von Individualität als eines vermeintlich in der Zeit beständigen wahren Selbstes nach Abzug aller allgemeinen Bestimmungen sogar in vieler Hinsicht an Problembewusstsein überlegen sei. In seinem Aufsatz stellt er damit viele zum Antikenbild komplementäre Vorurteile gegenüber der Moderne in Frage.[10]

Insgesamt zeigen die Vorträge: Die Debatte um das Erbe der Antike hat inzwischen von der modischen Betonung von Differenzen (z. B. M. Foucault, A. MacIntyre) zu einer differenzierten und kritischen Sichtung von Kontinuitäten und Diskontinuitäten geführt. Dabei wurde erstens deutlich, dass der vielzitierte Aristoteles nicht als Gewährsmann für eine partikulare traditionelle Bejahung von polisbezogenen Gemeinschaftstugenden taugt. Antike Ethik sucht schon von Anfang an nach universalen Kriterien des Rechten.[11]

Zu diesem Ergebnissen fügt sich zweitens, dass auch die Wahrnehmung von Individualität, Subjektivität und Differenz nicht als eine Erfindung der Neuzeit zu werten ist, sondern vielmehr als deren eigener Gründungsmythos gegenüber einer vermeintlich antiken Folie.

Drittens ist deutlich geworden, dass die Themen Gerechtigkeit, Opferschutz und Widerstandsrecht nicht einfach dem biblischen Erbe zugeschlagen werden dürfen, sondern in der ganzen antiken Ethik mit verschiedenen Schwerpunkten eine erhebliche Rolle spielen.

Als ein Hauptergebnis dieser Vorlesung wird somit deutlich, dass die Grunddifferenz für die Evaluierung des antiken Erbes in der Ethik nicht im Gegensatz von Griechischem und Biblischem gesucht werden sollte, sondern in der wirkungsgeschichtlichen Frage nach einer Vielzahl von in sich sehr komplexen Einzelthemen.

4. Die Aktualität der Antike als Defizit- und Krisenindikator in der Spätmoderne

Es bleibt aber die Frage, warum stereotype Verweise auf die Antike gegenwärtig Interesse und Zustimmung finden. Antworten auf diese Fragen können natürlich immer nur Versuche sein. Einige Schneisen lassen sich aber gewiss schlagen.

---

[10] In seinen Anliegen trifft Schmitt sich in erstaunlicher Weise mit den jüngst von dem Berliner Philosophen Volker Gerhardt vorgelegten Untersuchungen zur Individualität und Selbstheit. Vgl. V. GERHARDT, Selbstbestimmung. Das Prinzip der Individualität, Stuttgart 1999 und DERS., Individualität. Das Element der Welt, München 2000. Die Frage nach der Kontinuität bestimmt die gesamte Anlage und Durchführung beider Arbeiten Gerhardts. Schmitt stellt aber gegenüber Gerhardt jedoch auch die Frage nach den Diskontinuitäten im Individualitätsverständnis.

[11] Vgl. hierzu neben dem Beitrag von Rapp besonders die Arbeiten von Otfried Höffe und Martha Nussbaum: M. NUSSBAUM, Nicht-relative Tugenden: ein aristotelischer Ansatz, in: Tugendethik, 114–165 und DIES. Menschliches Tun und soziale Gerechtigkeit. Zur Verteidigung des aristotelischen Essentialismus, in: M. BRUMLIK / H. BRUNKHORST (Hgg.), Gemeinschaft und Gerechtigkeit, a. a. O. (Anm. 3), 323–361. Zu Höffe: Neben der in Anm. 3 erwähnten Arbeit vgl. besonders: O. HÖFFE, Aristoteles' universalistische Tugendethik, in: K.P. RIPPE / P. SCHABER (Hgg.), Tugendethik, Stuttgart 1998, 42–68.

Es ist zunächst einmal wichtig, sich zu vergewissern, welcher Antike überhaupt Aktualität zugesprochen wird. Zur Zeit lässt sich ein besonderes Interesse erstens am Begriff der Tugenden, der Emotionen und des Charakters beobachten, zweitens an der Frage nach dem guten und gelingenden Leben, drittens an einer Neubewertung von Tradition und Gemeinschaft. Auf zwei Brennpunkte könnten diese Themengruppen fokussiert werden: auf ein neuartiges Interesse am moralischen Subjekt (der ethischen Person) und auf die konstitutive Rolle der Gemeinschaft für das Subjekt. Diese Themen werden in der öffentlichen Wahrnehmung mit der antiken Ethik verbunden. Darin spiegelt sich, so lässt sich vielleicht schlussfolgern, eine neuartige Bedürfnislage: Der Rekurs auf die Antike erweist sich, wenn man das Themenspektrum im Blick hat, vor allem als Krisenindikator für eine erhöhte Gefährdungs- und Bedrohtheitswahrnehmung einer spätmodernen Gesellschaft, die sich ihrer Wurzeln und tragenden Fundamente vergewissern will. Es gilt hier wohl der Umkehrschluss: Je unsicherer sich eine Gesellschaft in ihren gemeinsamen Wertegrundlagen fühlt, umso intensiver denkt sie darüber nach. Je unsicherer das moralische Subjekt sich selbst gegenüber geworden ist, um so stärker macht es sich selbst zum Thema. Je sinnloser das Leben erfahren wird, desto stärker sucht man nach den Kriterien gelungenen und guten Lebens. Je mehr eine Gemeinschaft in Individualinteressen zu zerfallen droht, desto stärker forscht sie nach dem Gemeinsamen, nach dem gemeinsam Tragenden. Das ist das durchaus zeitgemäße Anliegen der Ethiken des guten Lebens und des Kommunitarismus. Sie sind Indikatoren für ein weit verspürtes ‚Unbehagen an der Moderne' (Charles Taylor). Die Wiederkehr der Antike zeigt sich in hohem Maße als ein Spiegel gesellschaftlicher Phänomene, die auch dann ernst zu nehmen ist, wenn sich die als Gegenentwurf zur vermeintlich individualistischen Konkurrenzlogik der Moderne verklärte und konstruierte heile Antike der Gemeinschaft und der Lebenskunst als ein nicht haltbares romantisches Klischee erweist.

Dies führt zu einer weiteren Beobachtung. Der Schwerpunkt des gegenwärtigen Interesses liegt wie angedeutet in als *griechisch* empfundenen Themen. Man könnte daher die Vermutung anstellen, dass die Aktualität der Antike auch Indikator einer Wiederkehr des Verdrängten der westlichen, in der neuzeitlichen Ethik besonders vom jüdischen und christlichen Erbe geprägten Kultur sein könnte. So wird es zum Teil auch von führenden Protagonisten der Debatte stilisiert. Auch die dem weitverbreitenden Trend einer Glorifizierung der griechischen Antike gegenläufige christliche Schule René Girards, die stark die Differenz zwischen jüdisch-christlicher und griechischer Antike betont, ist von einem solchen antithetischen Antikenschema nicht frei, weil Girard selbst eine vorwiegend polemische Haltung in diesem Schema der griechischen Kultur gegenüber einnimmt.[12] Die romantisch verklärte Antike erscheint hier als eine heillose

---

[12] Das gilt nicht für alle Arbeiten aus der Girard-Schule. Eine durchaus differenziertes Bild vom Zusammenspiel der zwei wirkungsgeschichtlich bedeutsamen Hochkulturen Griechenland und Israel findet sich z.B. bei dem einflussreichen amerikanischen Kulturanthropologen Eric Gans. Vgl. z.B. DERS., The End of Culture. Toward a Generative Anthropology, Berkeley/Los Angeles 1985.

Schule der Gewalt, die sich selbst missversteht. Die dahinter stehende in verschiedenen Modellen ausgedrückte Antithese von jüdisch-christlicher und griechischer Kultur spiegelt dabei eher den schwierigen Zustand gegenwärtigen Selbstverständnisses zwischen Christentum und Kultur, der Kultur und dem Christentum wieder, als dass sie eine wirklich sinnvolle Hermeneutik des antiken Erbes darstellt. Die Komplexität der ethischen Herausforderungen und die vielschichtigen Bezüge zwischen dem jüdisch-christlichen und dem griechisch-römischen Erbe schon in der Antike und seitdem machen alle solche im Kern nietzscheanisch geprägten geschichtsphilosophischen Gesamtbilder fragwürdig. Denn die Differenz *Athen versus Jerusalem* wird sich wie ein Rad so lange ohne nennenswerten Fortschritt im Kreise drehen, wie sich gegenseitig Vorwürfe zugeschoben werden und sich gegenseitig die Prärogative in der Ethik streitig gemacht werden.

5. Europäische Identität als unitas multiplex

Das neuerwachte Interesse an den als typisch antik empfundenen Themen und die hinter der Debatte immer noch erkennbare Antithese von Athen und Jerusalem verweist noch auf einen weiteren Horizont, der in den Diskussionen dieser Tagung allerdings vielleicht eine zu geringe Rolle gespielt hat, wenn er auch implizit immer mitschwang. Dieser heißt: Europa.

Europa ist sowohl seiner inneren Verfassung nach als auch im Angesicht globaler Herausforderungen in der Frage nach Integration und Abgrenzung der Kulturen vielfältig auf die Probe gestellt. Das zusammenwachsende Europa sucht nach gemeinsamen Grundlagen, nach einer Versicherung der gemeinsamen Wurzeln, die über nationalstaatliche Identität hinaus eine gemeinsame europäische Identität stiften können. Dazu wird ein reines Vertragsmodell der Zusammenarbeit von Staaten langfristig für eine stabile Grundlage nicht ausreichen. Seit Januar 2002 ist das Zusammenwachsen Europas in der Ausgabe einer gemeinsamen Währung für jeden Menschen greifbar und spürbar geworden. Die geistige Auseinandersetzung hinkt demgegenüber noch hinterher. Die europäische Idee ist, mit vielen Brüchen und Wandlungen und Rückschlägen versehen, ein entscheidendes Erbe der Antike, Europa, trotz seines griechisch-mythologischen Namens,[13] doch *zugleich* ein Kind von Judentum, Christentum, Griechenland und Rom, ein Amalgam und zuweilen auch ein großer ‚kultureller Strudel' (Edgar Morin) dieser heterogenen Traditionen.[14] Europa lebt immer schon in

---

[13] Wenn es sich denn wirklich um einen griechischen Namen handelt, und *Europa* nicht doch, wie gelegentlich angenommen wird, auf eine semitische Wurzel *ereb* (d. h. Abend) zurückzuführen ist. Der Mythos von Kadmos und Europa lebt jedenfalls von Anfang an in diesem *Zwischen-Raum* zwischen vorderem Orient und Okzident.

[14] Vgl. zu diesen Themen E. MORINS preisgekrönten Essay: Europa denken, Paris/New York 1988. Dieses Buch ist für deutsche Leser besonders interessant, weil es den Ausgangspunkt der heutigen Frage nach Europa im geteilten und noch zerstörten Berlin nach dem zweiten Weltkrieg nimmt. Vgl. auch den langen Schatten der Antike von Homer und Herodot an, wie ihn klassisch Denis de Rougemont beschrieben hat, in: DERS., Europa – vom Mythos zur Wirklichkeit, München 1962.

spannungsvoller, unauflösbarer Einheit aus seinem zweifachen Erbe, Griechenland und Israel, griechisch-römischem und jüdisch-christlichem Geist.[15] Europa ist gewiss zu einer *Einheit* berufen, aber in besonderer Weise als der Einheit einer *unitas multiplex*, einer komplexen pluralistischen Einheit, die ihr gemeinsames Band immer erst und immer wieder neu finden muss.[16] Gerade auch die vielfach in der Gegenwartskultur trotz allem diffusen Interesse am Religiösen in die Defensive geratene Theologie müsste im Dienste des Christentums ein großes Interesse an einer gegenwärtigen Neuevaluierung der europäischen Idee haben, denn es ist vielfach mit ihr verflochten. Europa braucht heute Übersetzungen zwischen seinen heterogenen Traditionen. Dazu bedarf es angesichts des gegenwärtigen Zustands aber neuer Modelle, die die überkommene Dichotomie überwinden helfen.

Ein gegenwärtiger exemplarischer Vorschlag zur Vermittlung scheint mir besonders bedenkenswert zu sein. Der bekannte italienische Philosoph und ehemalige Bürgermeister von Venedig Massimo Cacciari beschreibt in einem kürzlich erschienenen Werk die gemeinsame europäische Identität – in freier Anlehnung an Hölderlin – als die vielschichtige Verbundenheit eines *Archipelagos*, eines gemeinsamen Kulturraums von Inseln, die trotz ihrer Differenzen auf den gemeinsamen ständigen Austausch lebensnotwendig angewiesen sind.[17] Dieser *Archipel Europa* sucht Brückenbauer und Reisende wie Odysseus und Paulus, die zwischen den Inseln übersetzen können. Wenn die griechische Idee des Archipelagos nun auch den Theologen dazu reizen könnte, seinerseits nach einer tragfähigen biblischen Metapher für die *unitas multiplex* unserer Kultur zu suchen, dann wäre der nötige Dialog vielleicht ein Stück weit fortgeschritten. Doch vieles hier bleibt vorerst noch Aufgabe. Zu oft polemisieren die Inseln untereinander und verkennen ihr gemeinsames Schicksal. Einen kleinen Beitrag zur künftigen Verständigung durch die Arbeit an den Vorurteilen über Gerechtigkeit, Gemeinschaft und Individualität will dieser Band leisten.

Europa lebt von seiner vielschichtigen Vergangenheit, die immer eine umstrittene und neu zu bestimmende bleibt. Die gegenwärtigen Diskussionen sind daher im Kern nicht gänzlich neu, der Streit um die Antike ein alter, wenn auch immer neue und andere Grenzziehungen gezogen wurden. Schon das Mittelalter verstand sich als konsequente Fortsetzung der Tradition Roms im komplexen Miteinander von Ost und West. Die Identität Europas wird seit der Renaissance in wechselnden Schüben immer wieder mit einer erneuten Sichtung und Wie-

---

15 Dieses zweifache spannungsvolle, auch konfliktreiche Erbe betont in ganz besonders eindrücklicher Weise E. MORIN, a. a. O. (Anm. 14). Es ist dabei keineswegs vergessen, dass durch Israel und Griechenland hindurch gewiss auch Ägypten seinen langen Schatten wirft. Vgl. hierzu J. ASSMANN, Das kulturelle Gedächtnis, a. a. O. (Anm. 1). Das Interesse Assmanns an Ägypten und seiner kulturellen Überlegenheit gilt dabei besonders der betonten Säkularität Ägyptens gegenüber der vermeintlichen Re-Sakralisierung in Israel. Ob sich diese Thesen langfristig durchsetzen kann, steht noch aus.
16 Vgl. E. MORIN, a. a. O. (Anm 14), 29.
17 Vgl M. CACCIARI, Der Archipel Europa, Köln 1998.

deraneignung des antiken Erbes verbunden. Dies setzt sich unter wechselnden Vorzeichen fort in der Klassik, in der Romantik und in der Diskussion um die Wurzeln des Humanismus nach der Barbarei des Nationalsozialismus. Die Wiederkehr der Antike in der Gegenwart knüpft auf neue Weise an die dort gestellten Themen an. Es wird dabei immer wieder die Herausforderung akut, die Differenz von Athen und Jerusalem zu überwinden, um nach anderen identitätsstiftenden Differenzen und Zuordnungen der heterogenen Wurzeln zu forschen. Nach dem Erbe der Antike zu fragen soll daher nicht nur unsere historische Neugier befriedigen, sondern – über den Umweg der Erinnerung – auch den Weg in eine gemeinsame tragfähige Zukunft weisen.

IV. JAN ROHLS
Die Rückkehr der Tugend.
Das griechische Erbe in der modernen Ethik

In seinem melancholischen Klassiker „After Virtue", 1981 veröffentlicht und unter dem Titel „Der Verlust der Tugend" 1987 auf Deutsch erschienen, erzählt Alasdair MacIntyre die Anekdote, wie auf der dritten Seereise des Captain James Cook die englischen Matrosen erstmals Bekanntschaft mit dem polynesischen Wort „tabu" machten. „Die englischen Seeleute", so heißt es dort, „waren erstaunt über die in ihren Augen freizügigen sexuellen Gewohnheiten der Polynesier gewesen und staunten noch mehr, als sie in scharfem Gegensatz dazu das strenge Verbot entdeckten, mit dem beispielsweise das gemeinsame Essen von Männern und Frauen belegt war. Als sie fragten, warum es Männern und Frauen verboten sei, zusammen zu essen, wurde ihnen gesagt, dieses Verhalten sei *tabu*. Aber als sie weiter fragten, was *tabu* bedeute, konnten sie darüber hinaus kaum etwas erfahren".[1] Die Vermutung, dass die Eingeborenen das Wort nicht mehr verstanden, weil die Taburegeln längst ihres ursprünglichen Kontextes beraubt worden waren, wird durch die Tatsache bestärkt, dass Kamehameha II. vierzig Jahre nach Cooks Reise die Tabus auf Hawaii ohne bemerkenswerten Widerstand abschaffen konnte. Diese Südseeanekdote benutzt MacIntyre, um das Verhältnis der Bürger der westlichen Zivilisation zu den überkommenen Standardbegriffen der abendländischen Ethik zu verdeutlichen. Auch diese Begriffe werden von uns zwar noch gebraucht, aber wir verstehen sie nicht mehr, weil uns ihr ursprünglicher Kontext abhanden gekommen ist. „Warum", so fragt MacIntyre, „sollten wir über den heutigen Gebrauch von *gut, richtig* und *obligatorisch* anders denken als über den Gebrauch von *tabu* im späten 18. Jahrhundert auf Polynesien? Und warum sollten wir uns Nietzsche nicht als den Kamehameha II. der europäischen Tradition vorstellen?"[2] Denn Nietzsche war es schließlich, der – ähnlich wie der Herrscher von Hawaii die alten Taburegeln aufhob – die traditionelle abendländische Ethik abschaffen wollte. Hinter dem Vergleich zwischen den polynesischen Taburegeln und der abendländischen Ethik steht MacIntyres Überzeugung vom Verlust der Tugend. Wir verstehen die traditionellen ethischen Zentralbegriffe nicht mehr, weil uns ihr ursprünglicher Kontext, die Lebensform, in der sie ihren Sinn hatten, abhanden gekommen ist. Der Vorgang, in dem uns dieser sinnstiftende Kontext verloren ging, wird von MacIntyre als eine Katastrophe beschrieben, und zwar als eine Katastrophe, die erstaunlicherweise gar

---
1   A. MACINTYRE, Der Verlust der Tugend, Frankfurt/New York 1987, 152.
2   A. MACINTYRE, a. a. O. (Anm. 1), 154.

nicht als solche erkannt wurde.³ Nun ist MacIntyre in Wirklichkeit mitnichten der Meinung, dass man der Katastrophe, die der Verlust der Tugend bedeutet, mit Nietzsches radikaler Verabschiedung der abendländischen Ethik überhaupt begegnen sollte. Vielmehr sieht er die einzig angemessene Alternative zu Nietzsche in Aristoteles, genauer gesagt: in einer Rückkehr zu dessen Tugendethik. Die von MacIntyre empfohlene Rückkehr zur Tugendethik dient mir als Ausgangspunkt für die Frage, in welcher Weise im moralischen Diskurs der Moderne das Erbe der griechischen Antike gegenwärtig ist. Ich werde mich dazu zunächst mit der Tugendethik beschäftigen, um danach zu den beiden alternativen Formen der Ethik, der Pflichtethik und der Güterethik überzugehen und abschließend das Verhältnis von Ethik und Politik zu klären.

1. Die Tugendethik

MacIntyre versteht seine Rückkehr zur Tugend als einzig plausible Alternative zu Nietzsches radikaler Kritik der abendländischen Moral. Fragen wir daher vorab, worum es dem lutherischen Pfarrerssohn und klassischen Philologen bei seiner Moralkritik ging. Bereits der Titel seines moralkritischen Hauptwerks „Zur Genealogie der Moral" ist Programm. Nietzsche wollte die abendländische Moral durch die Rekonstruktion ihrer Genese, eine Archäologie der moralischen Leitbegriffe, destruieren. Dabei gelangte er zu philologisch durchaus korrekten Einsichten wie etwa der, dass das klassische ethische Prädikat „gut" im Griechischen ursprünglich keineswegs eine Bedeutung besessen hat, die wir heute als ethisch oder moralisch bezeichnen würden. Die archaische Kultur Griechenlands, wie sie sich noch in den Epen Homers spiegelt, kannte überhaupt nicht den uns geläufigen Gegensatz von Gut und Böse, sondern nur den von Gut und Schlecht. Der Gute war in archaischer Zeit der Edle, der Vornehme, der Mächtige und der Starke, während als schlecht der Feige, Ängstliche und Kleinliche, der an die enge Nützlichkeit Denkende, der Misstrauische mit dem unfreien Blick, kurzum: der Schwache galt. Der Schlechte, das war der vom vornehmen Starken Verachtete. Das Prädikat „gut" drückte also in der archaischen Kultur Griechenlands einen gesellschaftlichen Rang aus. Es war daher weit eher ein soziologisches denn ein moralisches Prädikat und war noch jenseits von Gut und Böse angesiedelt. Zum Gegensatz von „gut" und „böse" und damit zugleich zur heute verbreiteten moralischen Bedeutung von „gut" kam es, will man Nietzsches archäologischen Bemühungen folgen, erst aufgrund der Auflehnung der Schwachen gegen die Starken. Dementsprechend unterscheidet Nietzsche zwischen einer Herren- und einer Sklaven-Moral. Der Blick des Sklaven betrachtet die Tugenden der Mächtigen nicht mit Wohlwollen, sondern mit Ressentiment. Die Macht und Gefährlichkeit wird als böse empfunden, und dementsprechend ist der Gute der unge-

---

3   A. MacIntyre, a. a. O. (Anm. 1), 16.

fährliche, gutmütige, etwas dumme Mensch.⁴ Mit dem Sklavenaufstand der Moral kam es so zu Umwertung der Werte, die Nietzsches eigene Herrenmoral des Willens zur Macht wieder rückgängig machen möchte.

Nietzsche betrachtet sich als legitimen Erben jener archaischen griechischen Herrenmoral, der erst Sokrates den eigentlichen Todesstoß versetzte. Es ist die Moral des renaissancehaften Aristokraten, die Nietzsche gegen die Humanitätsmoral ausspielt, die mit Sokrates begann und Judentum und Christentum gleichermaßen beherrscht. Nun ist an Nietzsches Genealogie der Moral zumindest dies richtig, dass zentrale moralische Begriffe im archaischen Griechenland eine andere Bedeutung hatten als heute. Die Adelsethik des homerischen Epos versteht unter der arete in erster Linie den heroischen Mut und den tatkräftigen Ehrgeiz, Eigenschaften, die gepaart mit körperlicher Schönheit Achill auszeichnen. Arete, im Deutschen mit „Tugend" übersetzt, meint soviel wie die auch körperliche Vorzüge mit einbeziehende Kriegstauglichkeit. Auf diesem Hintergrund wird verständlich, weshalb die Tapferkeit zu einer so wichtigen Tugend werden konnte. Aber es ist nicht nur so, wie Nietzsche richtig gesehen hat, dass das Verständnis moralischer Grundbegriffe in der archaischen Kultur ein gänzlich anderes war als seit Sokrates und in der durch ihn infizierten abendländischen Ethik. Vielmehr gilt es darüber hinaus zu bedenken, dass die Moral in einer solchen Kultur an die soziale Struktur gebunden war. Tugendhaft und gut war man, weil man einen bestimmten gesellschaftlichen Rang innehatte. An genau diesem Punkt setzt MacIntyres berechtigte Kritik an Nietzsche ein. Denn die homerischen Helden waren Repräsentanten einer kriegerischen Adelsethik, weil sie dem Adel der archaischen Zeit angehörten. Nietzsche hingegen propagiert einen von dem faktischen gesellschaftlichen Status unabhängigen aristokratischen Individualismus, der nur als Reaktion auf den demokratischen Individualismus der Aufklärung verständlich ist und sich der Gegenaufklärung des 19. Jahrhunderts verdankt.⁵

Niemand wird ernsthaft bezweifeln, dass sich die Moral im klassischen Athen zur Zeit des Perikles grundlegend von derjenigen der archaischen Zeit unterscheidet. Der Wandel der Moral, der inzwischen stattgefunden hatte, hängt nicht zuletzt mit dem Wandel der Gesellschaftsstruktur zusammen. An die Stelle der aristokratischen Adelsherrschaft war in Athen die Demokratie getreten, in der der Bürger über die Volksversammlung seinen politischen Einfluss geltend machen konnte. Und die demokratische Polis war es, die jene Sophisten hervorbrachte, die ihr Wissen in den Dienst der politischen Aufklärung und Bildung stellten. Auf dem Hintergrund der Aufstiegsmöglichkeiten, die der demokratische Stadtstaat bot, sind dann auch bestimmte Aspekte der sophistischen Ethik zu sehen. Wenn etwa Trasymachus die Tugend der Gerechtigkeit als das definiert, was dem Stärkeren nützt, dann identifiziert er offenbar das Gute mit dem, was für das von

---

4   F. NIETZSCHE, Jenseits von Gut und Böse, in: Sämtliche Werke, Kritische Studienausgabe, Bd. 5, München/Berlin/New York 1988, 208 ff.
5   A. MACINTYRE, a. a. O. (Anm. 1), 173 f.

Haus aus starke Individuum angenehm ist.6 So haben nicht alle Sophisten über die Tugend und das Gute gedacht. Doch ihnen gemeinsam ist es, dass sie Einblick in die Konventionalität herrschender moralischer Maßstäbe gewährten und damit den Nährboden schufen, auf dem die Überzeugung von der Relativität ethischer Normen gedeihen konnte. Diesen Hintergrund muss man sich vor Augen halten, wenn man die Relevanz der sokratischen Fragen „was ist das Gerechte?", „was ist das Tapfere?" oder kurzum „was ist die Tugend?" begreifen will.7 Denn Sokrates geht es ja um die Gewinnung eines gemeinsamen Maßstabes für das moralische Handeln. Wenn ich gerecht sein will, so muss ich zuvor wissen, was Gerechtigkeit ist. Das setzt voraus, dass es so etwas wie ein Wesen der Gerechtigkeit gibt, das von allen gleichermaßen erfasst wird, wenn sie wissen, was Gerechtigkeit ist. Ebenso muss sich auch die Frage, was Tugend ist, in einer allgemein verbindlichen Weise beantworten lassen. Die Tugend ist für Sokrates nicht länger eine an einen bestimmten sozialen Rang gebundene Eigenschaft. Sie wird gleichsam demokratisiert und zu einer Größe, die jeder Bürger der Polis mit dem ethischen Wissen erwerben kann.

Mit Sokrates und Platon rückt der Begriff der Tugend in das Zentrum der ethischen Debatte, und Platon ist es, der die als entscheidend angesehenen Tugenden, die Kardinaltugenden, in Beziehung zur menschlichen Seele setzt. Wie die Seele drei Teile hat – Vernunft, Mut und Begierde –, so gibt es auch drei sich auf diese Teile beziehende Kardinaltugenden: Weisheit, Tapferkeit und Besonnenheit. Darüber hinaus gibt es schließlich die Gerechtigkeit, die vierte Kardinaltugend, die aber keinem einzelnen Seelenteil zugewiesen wird, sondern sich auf das Verhältnis der Seelenteile zueinander bezieht. Die Seele ist dann gerecht, wenn jeder Seelenteil die ihm eigene Tugend ausübt, und das Wesen der Gerechtigkeit besteht deshalb darin, dass jeder das ihm Angemessene, das Seine tut. Zudem muss die hierarchische Ordnung der Seelenteile gewahrt bleiben. Denn der denkende Seelenteil als Träger der Weisheit ist dem muthaften Seelenteil als Träger der Tapferkeit ebenso übergeordnet wie dieser dem begehrenden Seelenteil als Träger der Besonnenheit. Die Seele ist mit anderen Worten dann gerecht, wenn Mut und Begierde von der Vernunft beherrscht werden. Nur dann nämlich können sich Weisheit, Tapferkeit und Besonnenheit ausbilden.8

Während Platons ethische Überlegungen um die vier Kardinaltugenden kreisen, hat Aristoteles den Katalog der Tugenden gehörig erweitert. Er ging von einer faktischen Pluralität von Tugenden aus, die sich nicht aus einem einzigen Prinzip ableiten lassen. Doch abgesehen von einer allgemeinen Definition der Tugend überhaupt hat er mit seiner Unterscheidung von ethischen und dianoetischen Tugenden einen entscheidenden Beitrag zur Entwicklung der Tugendethik geleistet. Aristoteles fasst die Tugend als eine durch Übung erworbene charakterliche Disposition auf. Sie ist also keine angeborene Fähigkeit, für die wir ja

---

6 PLATON, Politeia, 343c–344c.
7 DERS., Eutyphro, 5d f.
8 DERS., a. a. O. (Anm. 6), 427e–434c.

anders als für unsere Tugend nicht gelobt und für deren Fehlen wir anders als für unsere Laster nicht getadelt werden. Vielmehr erlangt man sie, indem man freiwillig bestimmte Dinge tut. Wir werden nur tapfer, wenn wir regelmäßig tapfere Handlungen vollziehen. Die Tugenden ähneln in dieser Hinsicht Kunstfertigkeiten, die man ja auch bloß durch regelmäßiges Handeln, also durch Übung, erwirbt.[9] Tugenden sind charakterliche Dispositionen, die wir als gut qualifizieren, weil sie die Basis guter Handlungen sind. Eine Handlung ist aber in den Augen des Aristoteles dann gut, wenn sie die Mitte zwischen zwei Extremen trifft. Dementsprechend lässt sich dann auch die der guten Handlung zugrundeliegende Tugend als Mitte zwischen zwei Extremen definieren. Die Tapferkeit etwa ist die Mitte zwischen Übermut und Feigheit. Neben dieser allgemeinen Definition von Tugend führt Aristoteles die Unterscheidung von ethischen und dianoetischen Tugenden ein.[10] Tugend hat es, da sie nur Menschen als vernunftbegabten Wesen zugeschrieben wird, in irgendeiner Weise mit der Vernunft zu tun. Das wurde bereits bei Platon deutlich. Der Mensch oder – wie Platon sagt – die Seele ist nur dann in einem guten Zustand, wenn die Vernunft die unteren Seelenteile mit ihren Affekten und Begierden beherrscht. Die Weisheit wird dabei dem Denkvermögen, Tapferkeit und Besonnenheit hingegen werden dem mutartigen und dem begehrenden Seelenteil zugeordnet. Die Tugenden des Denkvermögens wie beispielsweise die Weisheit bezeichnet Aristoteles als dianoetische, diejenigen des Begehrungsvermögens als ethische Tugenden. Die ethische Tugend ist dann dadurch gekennzeichnet, dass das Begehrungsvermögen der Vernunft gehorcht.

Wenn man sich die Liste der aristotelischen Tugenden anschaut, so fällt auf, dass bestimmte Dispositionen, die wir als Tugenden bezeichnen würden, fehlen. So begegnen wir der Großzügigkeit, die wir kaum zu den Tugenden zählen dürften, da sie nur Wohlhabende besitzen können, während Fleiß, Sparsamkeit und Pünktlichkeit, die im Tugendkatalog eines Benjamin Franklin ganz oben rangieren, nicht auftauchen. Gerade jene Tugenden also, von denen Max Weber meinte, dass sie von der puritanischen Ethik als Bestandteil der innerweltlichen Askese propagiert worden seien und den Hintergrund der modernen kapitalistischen Gesellschaften bildeten, fehlen in den Tugendkatalogen der Nikomachischen Ethik. Es ist aber gerade die neuzeitliche Tugendvorstellung, die die Tugend utilitaristisch als ein nützliches Mittel zur Erlangung von Glück und Erfolg sieht, der gegenüber MacIntyre die aristotelische Tugendethik erneuern möchte. Für ihn ist eine Tugend eine erworbene menschliche Eigenschaft, deren Besitz und Ausübung uns im allgemeinen in die Lage versetzt, die Güter zu erreichen, die einer Praxis inhärent sind.[11] Die utilitaristische Konzeption der Tugend kennt demgegenüber nur Güter, die einer Praxis äußerlich sind. Gerade darin unterscheidet sie sich von der aristotelischen Sichtweise, für die das zu erreichende

---

[9] ARISTOTELES, Nikomachische Ethik, 1106b f.
[10] ARISTOTELES, a. a. O. (Anm. 9), 1177a ff.
[11] A. MACINTYRE, a. a. O. (Anm. 1), 255 f.

Gut der Ausübung der Tugend nicht äußerlich ist. Zum prämodernen aristotelischen Tugendbegriff gehört aber, will man MacIntyre folgen, noch mehr, nämlich ein Begriff des Selbst, dessen Einheit in der Einheit einer Erzählung besteht, die das einzelne Leben verkörpert. Die aristotelischen Tugenden sind die Dispositionen, die es mir ermöglichen, diese Einheit am besten und damit gut zu leben. Die Tugenden unterstützen uns bei der Suche nach dem guten Leben, insofern sie uns helfen, Hindernisse dabei aus dem Weg zu räumen und unsere Kenntnis vom Guten bereichern.[12] Und schließlich ist die Geschichte meines Lebens eingebettet in die Geschichte jener Gemeinschaften, die meine Identität geprägt haben. Ich bin also Träger einer Tradition, und es ist die Ausübung von Tugenden, wie sie Aristoteles aufzählt, die die Traditionen erhält und stärkt.[13]

MacIntyre versteht seine Rückkehr zur aristotelischen Tugendethik, verbunden mit dem Aufruf, lokale Gemeinschaften zu bilden, in denen das moralische Leben aufrechterhalten wird, als einen Frontalangriff auf die neuzeitliche individualistische Kultur. Der Verlust der aristotelischen Tugenden führte in seinen Augen ein finsteres, barbarisches Zeitalter herauf, in dem das traditionelle System der Tugenden nur noch in Subkulturen überlebt. Diese negative Sicht der Neuzeit verbindet sich bei MacIntyre mit der Überzeugung, dass Aristoteles, das Neue Testament und Thomas von Aquin darin übereinstimmen, dass sie die Tugend als eine Eigenschaft begreifen, die den Einzelnen in die Lage versetzt, sich auf das Erreichen seines spezifisch menschlichen Telos zuzubewegen.[14] Es ist die aristotelische Tugendethik der heidnischen Antike und des christlichen Mittelalters, die er verteidigt, obwohl er sich natürlich der Differenzen zwischen der ursprünglichen aristotelischen Ethik und ihrer theologischen Adaption in der Hochscholastik bewusst ist. Aristoteles hätte Demut und Nächstenliebe niemals in seinen Tugendkatalog aufgenommen, so wie er ja auch Sünde und Reue nicht kannte. Und Thomas ergänzte die vier Kardinaltugenden um die drei theologischen Tugenden Glaube, Liebe und Hoffnung, die zu einem übernatürlichen Reich der Gottesschau führen, das Aristoteles gleichfalls nicht kannte. Aber gerade die Empfehlung einer Wiederaufnahme der antiken und mittelalterlichen Tradition der aristotelischen Tugendethik, verbunden mit einer radikalen Ablehnung der neuzeitlichen Gesellschaft, macht MacIntyre attraktiv für christliche Kreise, die die liberale Kultur der Moderne gleichfalls unter dem Gesichtspunkt des Verfalls sehen. So teilt etwa Stanley Hauerwas MacIntyres Überzeugung, dass Ethik und Moral immer abhängig seien von bestimmten geschichtlichen Gemeinschaften und Traditionen. Es fällt ihm als Theologen auch nicht schwer, jene Gemeinschaft, in der die aristotelische Tugendethik in den finsteren Zeiten überleben kann, in der Kirche zu finden. Denn die Kirche bildet ein Kontrastmodell zur Welt, und ihre Ethik ist eine Tugendlehre, in deren Zentrum die christlichen Tugenden der Geduld, Hoffnung und Friedfertigkeit stehen.[15]

---

12 A. MacIntyre, a. a. O. (Anm. 1), 292 f.
13 A. MacIntyre, a. a. O. (Anm. 1), 295 f.
14 A. MacIntyre, a. a. O. (Anm. 1), 249.
15 Vgl. St. Hauerwas, A Community of Character, 1981.

2. Die Pflichtethik

Die aristotelische Tugendethik ist mitnichten die einzige Form der Ethik, die uns aus der Antike überkommen ist. MacIntyre empfiehlt eine Rückkehr zu ihr aber deshalb, weil sie bis in die frühe Neuzeit hinein die dominante ethische Tradition im Abendland war. Abgelöst wurde sie durch das Projekt der Aufklärung, ein neues rationales Fundament der Moral zu finden, ein Projekt, das seinen stärksten Verfechter in Kant fand. MacIntyres Rückkehr zur aristotelischen Tugendethik bezieht ihr ganzes Pathos aus der Überzeugung, dass Kants Versuch einer rationalen Rechtfertigung der Ethik gescheitert sei. Da er Kant als den Hauptrepräsentanten der modernen Ethik betrachtet, bedeutet dies, dass die gesamte moderne Ethik gescheitert ist und sich die Rückkehr zur Zeit vor der Aufklärung, der Zeit, in der die aristotelische Tugendethik galt, zwingend ergibt. Die Kritik an Kant fällt äußerst knapp aus und besagt, dass der kategorische Imperativ, also eine unbedingt verpflichtende Forderung, die in der praktischen Vernunft gründet und sich daher an alle Menschen richtet, als Grundlage der Moral nicht taugt. MacIntyre teilt Nietzsches Auffassung, dass alle rationale Rechtfertigung der Ethik scheitert, weil er Kants universalistische, weil in der allgemeinen Menschenvernunft gegründete Pflichtenethik zum Scheitern verurteilt sieht. Es ist der alte Vorwurf des Formalismus, den schon Hegel gegen Kant vorgebracht hatte, der hier erneuert wird. Der kategorische Imperativ und das mit ihm verbundene Prinzip der Verallgemeinerung sei so formal, dass sich auch unmoralische Maximen überzeugend aus ihm ableiten ließen.[16] MacIntyre macht sich die Sache damit allerdings sehr einfach, insofern er den entscheidenden Mangel der aristotelischen Tugendethik übersieht. Er besteht darin, dass die Tugenden, die Aristoteles aufzählt, zwar nicht mehr wie bei Homer die des adeligen Kriegers, wohl aber die des vornehmen Atheners sind. Zugleich jedoch sollen die Tugenden dem Menschen nicht als Inhaber einer bestimmten sozialen Rolle, sondern als Menschen anhaften. Zumal die Tatsache, dass bestimmte Tugenden nur derjenige besitzen kann, der über einen hohen sozialen Status verfügt, stößt sich mit dem Anspruch, dass die Tugenden dem Menschen als solchem zukommen sollen. Von daher lässt sich Kants Versuch, die Verallgemeinerbarkeit der Handlungsmaximen zum alleinigen Kriterium moralischen Wollens zu machen, verstehen. Nur wenn der Wille die einem Gesetz eigene Form der Allgemeinheit hat, ist er durch die allen Menschen eigene Vernunft bestimmt. Das Prinzip der Moral tritt uns so als ein Gesetz, als eine aufgrund ihrer Allgemeinheit unbedingte Forderung oder Pflicht, eben als kategorischer Imperativ, gegenüber.[17]

Wie die Tugendethik so ist auch Kants Pflichtethik ein Erbstück der Antike. Zwar scheidet Kant den Tugendbegriff aus seiner Ethik nicht einfach aus, aber er spielt bei ihm nur eine untergeordnete Rolle und wird auf die Pflicht bezogen.

---

16 A. MacIntyre, a.a.O. (Anm. 1), 69.
17 I. Kant, Grundlegung zur Metaphysik der Sitten, ed. K. Vorländer, Leipzig, 3. Aufl., 20 ff.

Die Tugend ist für ihn allein die Achtung für das moralische Gesetz, die den guten Willen auszeichnet. Die Pflicht kann dementsprechend definiert werden als Notwendigkeit einer Handlung aus Achtung fürs Gesetz. Dabei ist für Kant der Gedanke entscheidend, dass uns das moralische Gesetz nicht von außen, etwa von Gott, sondern von innen, von unserer praktischen Vernunft gegeben wird und im Gewissen präsent ist. Es ist Ausdruck nicht der Heteronomie, sondern der Autonomie. Es ist unsere praktische Vernunft, die uns das Gesetz gibt, das zu befolgen unsere Pflicht ist. Der Universalitätsanspruch der kantischen Ethik hängt damit zusammen, dass unsere Pflicht sich auf ein Gesetz bezieht, das seinen Grund in der allen Menschen eigenen Vernunft hat. Diesen Grundgedanken teilt Kant mit der stoischen Ethik, die ja zum einen auch eine Pflichtethik ist und die zum andern die Ethik gleichfalls in der Vernunft gegründet sein lässt. Der Begriff der Pflicht verbirgt sich hinter dem stoischen Begriff des Angemessenen, des kathekon. Unter diesen Begriff wird alles richtige Verhalten subsumiert, und zwar nicht etwa nur das Verhalten des Menschen, sondern auch das von Tieren und Pflanzen. Angemessen ist eine Handlung dann, wenn sie nicht falsch, sondern äußerlich richtig ist. Aber die Stoiker unterscheiden zwischen einer Handlung, die nur äußerlich richtig ist, und einer solchen, die zudem aus der richtigen Einstellung heraus geschieht. Dieser Unterschied entspricht in etwa dem kantischen Unterschied zwischen dem pflichtgemäßen Handeln und dem Handeln aus Pflicht. Das, was Kant Handeln aus Pflicht nennt, bezeichnen die Stoiker als vollkommene Handlungen, katorthómata. Vollkommen ist sie, weil sie alle Forderungen erfüllt, insofern die sittliche Einsicht zugleich der Beweggrund ist, der das Handeln bestimmt.[18] Worin besteht aber die Pflicht? Die Antwort der Stoa lautet: im Leben gemäß der Natur, und diese Antwort ist nur auf den ersten Blick von Kant weit entfernt. Denn gemäß der Natur leben heißt soviel wie: dem der Natur zugrundeliegenden Gesetz, dem Naturgesetz entsprechend leben. Das die Natur durchwaltende und sie strukturierende Gesetz ist aber der Logos, die Vernunft. Und das bedeutet, dass die stoische Formel „gemäß der Natur leben" gleichbedeutend ist mit „gemäß der Vernunft leben". Das ist Menschen möglich, weil sie als Vernunftwesen in besonderem Maße an der objektiven Vernunft partizipieren, die die Natur beherrscht. Wir leben naturgemäß genau dann, wenn wir die Natur gewähren lassen und uns ihrem Vernunftgesetz nicht widersetzen. Wenn wir aber die äußere Natur nicht ändern können, dann kommt alles auf die richtige innere Einstellung zur selbst unverfügbaren Natur an. Der stoische Weise ist dementsprechend ein Mensch, der die rechte Vernunft hat und das tut, was ihm seine praktische Vernunft, das Gewissen, die syneidesis oder conscientia, zu tun und zu unterlassen gebietet.

Die Verankerung der Moral in der Pflicht, in der Vernunft und im Gewissen, das ist ein Erbstück der stoischen Ethik. Doch die Berührung der kantischen mit der stoischen Ethik geht noch weiter. Während nämlich die aristotelische Tugendethik faktisch eine Ethik der vornehmen Athener ist, handelt es sich bei der

---

[18] H. VON ARNIM, Stoicorum veterum fragmenta, Vol. III, Leipzig 1903, 494. 500 f. 516 f.

stoischen um eine universalistische Pflichtethik. Der Universalismus spiegelt die Auflösung der Polis in den hellenistischen Machtstaat, die an die Stelle des politisch aktiven Bürgers das um seine Selbsterhaltung besorgte Individuum treten lässt. Der Individualismus geht einher mit einem Kosmopolitismus, der alle Menschen als gleich ansieht. Es gibt keinen relevanten Unterschied zwischen Griechen und Barbaren, Männern und Frauen, Freien und Sklaven. Alle Menschen sind als Vernunftwesen gleich.[19] Daher müssen die Pflichten auch für alle Menschen gleich sein. Diese universalen Pflichten sind Inhalt des Naturrechts, das der Vernunft und dem Gewissen des Menschen eingeschrieben ist. Das Individuum ist ja Bürger der Kosmopolis, der alle Vernunftwesen angehören und in der nicht ein positives Recht, sondern das Naturrecht gültig ist. Zum Naturrecht aber zählen so allgemeine Verbote wie „stiehl nicht!" oder „tue niemandem etwas an, was du nicht erleiden willst!", also die sogenannte Goldene Regel. Wie die aristotelische Tugendethik ist auch die stoische Pflichtethik mit dem Naturrecht von Seiten des Christentums adaptiert worden. Über Cicero drang der lateinische Begriff für „Pflicht", „officium", in das westliche Christentum ein, und weil der Tempeldienst des Zacharias Lk 1,23 in der Vulgata als „officium" bezeichnet wird, sah Ambrosius den Pflichtbegriff als biblisch an.[20] Auch das stoische Gewissen mitsamt dem Naturrecht begegnet im Neuen Testament. Denn schließlich erklärt Paulus Röm 2,14 f, dass den Heiden ins Herz geschrieben sei, was das Gesetz fordere, und das Gewissen es ihnen bezeuge. Er war Troeltsch, der darauf hingewiesen hat, dass die Stoa für die Ethik des antiken Christentums die Rolle einnahm, die für das Dogma der Neuplatonismus besaß. Das in Vernunft und Gewissen aller Menschen verankerte Naturgesetz der Stoiker wurde jetzt als Ausdruck des göttlichen Willens verstanden und mit dem Dekalog identifiziert.

Die Stoiker erklärten die Pluralität einzelner Staaten mit unterschiedlichen Verfassungen und Gesetzen trotz der vom allgemeinen Naturgesetz her einzig gegebenen Kosmopolis mit der Unzulänglichkeit der Menschen, gingen aber davon aus, dass sich die realen Verhältnisse dem idealen Naturrecht anzupassen hätten. Troeltsch war der Meinung, dass die Stoa ein doppeltes Naturgesetz gekannt habe, das absolute Naturgesetz der Urzeit mit Freiheit, Gleichheit und Gemeinbesitz, und das relative Naturgesetz der Folgezeit mit der harten Staats- und Rechtsordnung sowie dem rechtlich geschützten Eigentum, mit Krieg und Gewalt, Sklaverei und Herrschaft. Das antike Christentum habe sich diese Auffassung zueigen gemacht, indem es die Geltung des absoluten Naturgesetzes auf den paradiesischen Urstand beschränkt habe und nach dem Sündenfall an seine Stelle das relative Naturrecht gesetzt wissen wollte.[21] Wie immer es mit dieser Unterscheidung von absolutem und relativem Naturrecht bestellt sein mag, das mit dem Dekalog identifizierte Naturrecht wurde jedenfalls für das abendlän-

---

[19] H. VON ARNIM, a.a.O. (Anm. 18), 308 ff.
[20] M. POHLENZ, Die Stoa. Geschichte einer geistigen Bewegung, Bd. 1, Göttingen 1959, 191 ff; AMBROSIUS, De officiis ministrorum, I,8,25, in: MPL 16, 31.
[21] E. TROELTSCH, Die Sozialllehren der christlichen Kirchen und Gruppen, Neudruck der Ausgabe Tübingen 1912, Tübingen 1994, Bd.1, 145 ff.

dische Christentum die normative Instanz der Moral unter den Bedingungen der Sünde. Troeltsch hat diese Identifizierung des Naturrechts mit dem Dekalog als das eigentliche Kulturdogma der Kirche bezeichnet.[22] Das ist insofern richtig, als sowohl der mittelalterliche Katholizismus wie auch der Altprotestantismus lutherischer und reformierter Spielart dieses christliche Naturrecht als Grundlage der Moral angesehen haben. Vollends durch die katechetische Tradition setzte sich die Vorstellung durch, dass der Dekalog das allgemeine Naturgesetz sei.[23] Die Identifikation von Naturgesetz und Dekalog verstärkte sich bei Luther, Melanchthon und Calvin sogar noch gegenüber den spätscholastischen Tendenzen, den Gedanken des in der Vernunft verankerten allgemeinen Naturrechts auszuhöhlen.[24] Das allgemeine Naturgesetz wurde geradezu identisch mit dem im Dekalog explizierten Doppelgebot der Liebe, das der Vernunft und dem Gewissen aller Menschen als universaler Maßstab der Moral eingeprägt ist. Allerdings wurde in der frühen Neuzeit der stoische Kern des Naturrechts langsam wieder aus jener seiner christlichen Einkleidung befreit, in die es in Antike, mittelalterlichem Katholizismus und Altprotestantismus gehüllt worden war, um so seine in der Vernunftnatur aller Menschen gegründete Universalität herauszustellen. Es war gerade der dem kirchlichen Naturrecht einverleibte stoische Gedanke von der Gleichheit aller um ihre Selbsterhaltung besorgten Individuen, das Humanitätsideal, das jenen Sprengsatz darstellte, der das traditionelle kirchliche Naturrecht schließlich selbst zerstörte. Denn wenn man das Naturrecht als ein in der allgemeinen menschlichen Vernunft begründetes Ideal fasst, dessen grundlegende Voraussetzung die Gleichheit aller Menschen als Vernunftwesen ist, dann ist der Übergang vom christlichen zum profanen Naturrecht der Neuzeit bei Grotius oder Locke vollzogen.

Troeltsch hat allerdings Recht, wenn er hervorhebt, dass zwischen dem neuen aufgeklärten und dem alten christlichen Naturrecht eine Kontinuität besteht.[25] Das moderne demokratisch-rationale Naturrecht ist wie das stoische und das christliche ein universales Ideal, an dem die reale Verfassung der Gesellschaft sich messen lassen muss. Im letzten Jahrhundert war es vor allem Karl Barth, der gegen das christliche Naturrecht aufs heftigste polemisiert hat.[26] Die Identifikation des Dekalogs mit dem Naturrecht und die damit verbundene These, dass Gottes Gesetz dem Menschen mit Hilfe seiner Vernunft ohne die Offenbarung Gottes in Jesus Christus zugänglich sei, wurden von ihm als ein Stück natürlicher Theologie verworfen. Barth wendet sich damit gegen Emil Brunner, der zwar am Naturrecht festhält, aber das christliche Naturrecht scharf abgrenzt von dem pro-

---

22 E. TROELTSCH, a.a.O. (Anm. 21), 175.
23 E. TROELTSCH, a.a.O. (Anm. 21), 261 f.
24 DERS., Die Soziallehren der christlichen Kirchen und Gruppen, Neudruck der Ausgabe Tübingen 1912, Tübingen 1994, Bd. 2, 526 ff. 541 ff. 657 ff.
25 E. TROELTSCH, Das stoisch-christliche Naturrecht und das moderne profane Naturrecht, in: Gesammelte Schriften, Bd. 4, ed. H. BARON, 2. Neudruck der Ausgabe Tübingen 1925, Aalen 1981, 188 ff.
26 K. BARTH, KD III/4, Zürich 1951, 21.

fanen Naturrecht der Aufklärung, das er wegen seines Rationalismus und Individualismus ablehnt.²⁷ Seit sich allerdings Protestantismus wie Katholizismus zu Fürsprechern der Menschenrechte gemacht haben, darf man davon ausgehen, dass auch sie wie der Calvinismus schon zuvor jener modernen Entwicklung des Naturrechts gefolgt sind. Es ist gerade der mit dem stoischen Naturrecht ebenso wie mit dem kantischen Sittengesetz verbundene Gedanke der Universalität moralischer Normen, der einen Vorzug gegenüber der polisbezogenen aristotelischen Tugendethik darstellt. Die wahren Erben des auf der Vorstellung der Gleichheit aller Menschen als Vernunftwesen beruhenden stoischen Naturgesetzes in der Gegenwart sind daher jene Ansätze der Moralbegründung, die von der Universalität der moralischen Normen ausgehen. Dies gilt vor allem für die Diskursethik, wie sie von Habermas und Apel vertreten wird. Beide teilen ja die Kant pragmatisch weiterführende Überzeugung, dass die Bedingung der Möglichkeit jeder realen Kommunikation das transzendentale Sprachspiel der unbegrenzten idealen Kommunikationsgemeinschaft ist. Die universale Kommunikationsgemeinschaft setzt aber die Anerkennung der moralischen Norm voraus, alle potentiellen Teilnehmer der Kommunikationsgemeinschaft als gleichberechtigt anzuerkennen. Apel stellt den Bezug seiner eigenen transzendentalpragmatischen Begründung einer universalistischen Moral zur stoischen Naturrechtslehre eigens her, wenn er erklärt, dass in der stoischen Ethik zuerst die Überwindung der konventionellen Binnenmoral der griechischen Polis, wie sie etwa durch die aristotelische Tugendethik repräsentiert wird, hin zur postkonventionellen universalistischen Moral vollzogen worden sei.²⁸ Und es ist genau dieser Übergang von der konventionellen zur postkonventionellen, und zwar zu einer an universalen ethischen Prinzipien orientierten Moral, den Apel mit seiner eigenen transzendentalpragmatischen Letztbegründung von Ethik vollzieht.

3. Die Güterethik

Wie in der aristotelischen Tugendethik die Tugend so steht in der stoischen Pflichtethik die Pflicht nicht für sich. Tugend und Pflicht kommen vielmehr nur insofern in den Blick, als sie das gute Leben ermöglichen. Da für Aristoteles ein gutes Leben ein glückliches Leben ist, steht im Zentrum der Ethik die Frage nach der Glückseligkeit, der eudaimonia des Menschen. Alle Menschen streben danach, glücklich zu sein, so dass die Glückseligkeit den obersten Zweck des Lebens ausmacht. Damit ist allerdings noch nicht entschieden, worin denn die Glückseligkeit liegt. Fest steht nur, dass sie das höchste Gut ist, das erstrebt werden kann. Einige identifizieren die Glückseligkeit mit sozialem Prestige, Macht oder Geld. Doch – so die aristotelische Argumentation – in ihnen kann die

---

27 E. BRUNNER, Gerechtigkeit, Zürich, 3. Aufl., 1981, 319, Anm. 34.
28 K.-O. APEL, Diskurs und Verantwortung, Frankfurt, 2. Aufl., 1992, 472 ff.

Glückseligkeit nicht liegen, da sie alle nur Mittel zur Erlangung eines Zwecks sind, während die Glückseligkeit doch der oberste Zweck des Lebens sein soll. Soziales Ansehen und Macht erwerbe ich, um mein Selbstbewusstsein zu steigern, und Geld erstrebe ich, um etwas zu erwerben. Aristoteles findet die Glückseligkeit in einer Tätigkeit, die spezifisch ist für den Menschen als Vernunftwesen, nämlich in der Betätigung seiner Vernunft. Insofern die Tugenden alle die Betätigung der Vernunft voraussetzen, besteht die Glückseligkeit allgemein in der Ausübung der Tugenden. Aber Aristoteles kennt niedere und höhere Ebenen der Vernunft. Glückseligkeit besteht primär in der Tätigkeit des höchsten Vernunftvermögens, sofern es sich im besten Zustand befindet, also durch Tugend auszeichnet, und sofern die Tätigkeit kontinuierlich erfolgt. Daher kann Aristoteles die Erkenntnis, die theoria, zum obersten Zweck des menschlichen Lebens erklären. Das gute Leben ist ein theoretisches Leben, wobei die Theorie sich ihrerseits auf den bestmöglichen Gegenstand, also auf Gott, richten muss. Ein Leben in der kontinuierlichen Schau Gottes, das ist es also, was Aristoteles unter einem guten Leben versteht.[29] Ein solches Leben setzt allerlei voraus, angemessene Lebensdauer etwa, Gesundheit und eine gewisse finanzielle Unabhängigkeit, also bestimmte Dinge, deren Vorhandensein nicht allein von uns abhängt. Die Stoa demokratisiert die Glückseligkeit insofern, als sie sie für jedermann erreichbar macht. Denn für die Stoiker besteht sie im inneren Zustand der Affektlosigkeit, der apatheia. Um einen solchen Zustand zu erreichen, ist es notwendig, unvernünftige Wertungen von Vorstellungen zu vermeiden.[30] Während der Stoiker sich so aller Affekte, damit auch der Gefühle von Lust und Unlust, entledigt, geht Epikur davon aus, dass dies gar nicht möglich ist. Da Lust und Unlust unvermeidbare vorrationale Wertungen des Menschen sind, kann die Glückseligkeit nur in der Abwesenheit von Unlust, die selbst als Lust empfunden wird, bestehen.[31]

Es sorgte für nicht geringes Aufsehen, als Lorenzo Valla die These wagte, dass die christliche Ethik weit besser als mit der aristotelischen oder stoischen mit der epikureischen Ethik harmoniere. Denn schließlich – so seine Argumentation – habe Christus die Menschen nicht gelehrt, die Tugend um ihrer selbst willen zu üben, sondern um die nicht endende himmlische Lust zu empfangen. Die Tugend ist so das Mittel zur Erlangung der eigenen Glückseligkeit. Das ist eine Sichtweise, wie sie dann vor allem in der Aufklärung begegnet. Zum moralischen Handeln werde ich motiviert durch die Aussicht, dadurch in den Besitz der jenseitigen Glückseligkeit zu gelangen. Wegen der Aussicht auf die eigene Glückseligkeit befördere ich die Glückseligkeit der anderen. Es blieb dann dem Utilitarismus überlassen, das in der Lust bestehende Glück der anderen zum aus-

---

29 ARISTOTELES, a. a. O. (Anm. 9), 1177a–1178b.
30 SENECA, Von der Seelenruhe. Philosophische Schriften und Briefe, übers. v. H. BERTHOLD, Frankfurt/M. 1984, 85 ff.
31 EPIKUR, Briefe, Sprüche, Werkfragmente, übers. v. H.-W. KRAUTZ, Stuttgart 1985, 419 ff.

schließlichen moralischen Maßstab zu erheben.[32] Eine Handlung ist danach gut genau dann, wenn sie anderen nützt, und sie nützt ihnen, wenn sie ihr Glück, also ihre Lust steigert. Der moralische Maßstab ist daher für Bentham das größtmögliche Glück der größtmöglichen Zahl von Individuen. Das utilitaristische Prinzip kann auf verschiedene Weise modifiziert werden. Man kann das Glück, das befördert werden soll, wie Bentham ausschließlich in der sinnlichen Lust erblicken. Man kann die geistige Lust hinzunehmen wie John Stuart Mill, und man kann schließlich, wie Peter Singer es tut, Interessen und Wünsche berücksichtigen. Grundsätzlich ändert dies nichts am Prinzip der utilitaristischen Moral, der Glücksmaximierung auf Seiten derer, die vom Handeln betroffen sind. Die eigene Glückseligkeit kommt hier nur insofern ins Spiel, als die Maximierung des Glücks anderer auch mein Glück, also meine Lust steigert. Die ständigen Modifikationen des utilitaristischen Prinzips deuten allerdings darauf hin, dass es äußerst schwierig ist, die Moral in einem Begriff von Glück begründet sein zu lassen, der Glück mit Lust identifiziert. Was als Lust empfunden wird, variiert von Person zu Person.[33] Die utilitaristische Vorstellung, dass eine Handlung gut ist wegen ihres Nutzens, das Glück etwas der Handlung selbst Äußerliches ist und als Lust bestimmt werden muss, ist im Übrigen Aristoteles völlig fremd. Eine Handlung ist für ihn gut, weil sie die Ausübung einer Tugend ist, und die Lust oder Befriedigung stellt sich bei der Ausübung der Tugend selbst ein. Zwar denkt auch Aristoteles wie der Utilitarismus teleologisch. Aber die Glückseligkeit ist für ihn etwas der Ausübung der Tugend Immanentes. Glückseligkeit bedeutet glückliches, gutes, gelungenes Leben, und ein solches Leben besteht in der Ausübung der Tugenden.

Wenn Aristoteles ganz im Gegensatz zu Epikur und zum Utilitarismus Lust oder die Vermeidung von Unlust nicht mit der Glückseligkeit identifiziert, so erweist er sich darin als treuer Schüler Platons. Denn der platonische Sokrates wendet sich ja gegen die Identifikation des Guten mit dem für das jeweilige Individuum Angenehmen, eine Identifikation, wie sie nicht nur von der sophistischen Aufklärung, sondern auch von Demokrit verfochten wurde. Das Beste für den Menschen ist es – so konnte Demokrit wie später Epikur erklären –, sein Leben so viel als möglich wohlgemut, also lustvoll, und so wenig als möglich missmutig zu verbringen.[34] Und Sokrates scheint anfangs die Grundannahme des Hedonismus geteilt zu haben, dass das von Lust bestimmte Leben gut, das von Unlust und Leid bestimmte hingegen schlecht und deshalb zu meiden sei.[35] Auch wenn der platonische Sokrates dabei die durch tugendhaftes Handeln erzeugte Lust vor Augen hat, muss er doch relativ schnell den Mangel der hedonistischen Position eingesehen haben. Denn die Lust ist gerade nicht ausschließ-

---

[32] J.St. Mill, Utilitarismus, in: O. Höffe, Einführung in die utilitaristische Ethik, Tübingen, 2. Aufl., 1992, 85 ff.
[33] A. MacIntyre, a.a.O. (Anm. 1), 89 ff.
[34] Demokrit, fg. 189.
[35] Platon, Protagoras, 351b ff.

lich an das gute Handeln gebunden, sondern Lust kann jemand auch bei schlechtem Handeln verspüren. Die Lust kann daher kein Maßstab der Moral sein, ein solcher ist vielmehr ausschließlich die Erkenntnis des Guten als solchen.[36] Das Gute ist etwas, das nicht um der damit verbundenen Lust, sondern um seiner selbst willen erstrebt wird. Damit wird das Gute aber als oberster Zweck charakterisiert, und das macht es möglich, dass es nicht nur als Ziel des moralischen Handelns, sondern als Zweck begriffen wird, auf den die Wirklichkeit insgesamt ausgerichtet ist. Die Idee des Guten übernimmt daher bei Platon eine Begründungsfunktion nicht allein für die Ethik, sondern auch für die Ontologie. Sie ist die höchste Idee, das letzte Prinzip des Seins, zu dem die menschliche Erkenntnis aufzusteigen vermag. Die Erkenntnis des Guten ist daher auch die alle sonstige Erkenntnis begründende Erkenntnis. Da Platon die Idee des Guten als das höchste Prinzip betrachtet, handelt es sich bei ihr um das Göttliche. Die Erkenntnis des Guten ist so zugleich Erkenntnis des Göttlichen, damit aber Angleichung an Gott, homoiosis theo.[37]

Nur auf diesem platonischen Hintergrund wird verständlich, weshalb Aristoteles die Glückseligkeit mit der Erkenntnis Gottes identifizieren konnte. Und es wird auch verständlich, weshalb die platonische Begründung der Ethik in der Idee des Guten für die antike christliche Ethik attraktiv werden musste. Dank seiner Bekanntschaft mit dem Neuplatonismus identifiziert Augustin Gott als das unwandelbare rein geistige höchste Gut, das summum bonum, dessen Erkenntnis dem Menschen die Glückseligkeit bedeutet. Nur wenn ich Gott als das höchste Gut erkenne, erkenne ich auch die richtige Ordnung der Dinge. Weder wie bei Epikur in der Lust noch wie bei den Stoikern in der Tugend besteht die Glückseligkeit, sondern ausschließlich in der Gottesliebe. Gott ist daher der oberste Zweck, auf den das menschliche Leben ausgerichtet ist, so dass nur Gott um seiner selbst willen geliebt und genossen (frui) werden darf. Alles andere darf man hingegen nur gebrauchen (uti), um jenen obersten Zweck zu erreichen. Wie der Platonismus nimmt Augustin eine hierarchische Ordnung der Güter an, die alle auf Gott als das höchste Gut bezogen und daher nur relativ gut sind.[38] Diese Ordnung ist das ewige Gesetz Gottes, die lex aeterna, und die in ihr fundierten ethischen Regeln sind unserer Vernunft und unserem Gewissen als Naturgesetz, lex naturalis, immanent.[39] Auf diese Weise verbindet Augustin die platonisch gefärbte Güterethik mit der christianisierten Naturrechtslehre der Stoa. Mit der Naturrechtslehre teilt die Güterethik den Universalismus. Aber sie ist nicht an Pflichten orientiert, sondern an Gütern, deren objektive Ordnung die Grundlage abgibt für die Pflichten. Es ist dies eine Form der Begründung der Ethik wie sie in der materialen Wertethik Schelers wiederbegegnet. Denn Scheler konzipiert seine Ethik als materiale Wertethik, die eine objektive Rangordnung

---

[36] DERS., Gorgias, 495a–499b.
[37] DERS., Theaetet, 176b.
[38] AUGUSTIN, De doctrina christiana I,4,8.
[39] DERS., De libero arbitrio I,6; De vera religione 31,58.

der Werte annimmt. An unterster Stufe stehen dabei die Werte des Angenehmen und Unangenehmen, während die persönlichen, geistigen und religiösen Werte an der Spitze zu stehen kommen. Wie Platon und Augustin geht Scheler von einer Apriorität des Sittlichen aus, und wie bei ihnen handelt es sich um eine materiale Apriorität von Werten oder Gütern. Auch die Liebe spielt bei ihm eine zentrale Rolle, insofern sie derjenige Akt ist, durch den ich den eigentlichen Wert von etwas erkenne. Die Liebe ist richtig, wenn sie sich auf etwas richtet, das an sich wertvoll ist.[40]

Man hat die materiale Wertethik zuweilen als spezifisch katholische Form der Ethik betrachtet. Dieser Eindruck konnte sich nahe legen, weil die protestantische Ethik vorübergehend ein Bündnis mit der kantischen Pflichtethik eingegangen war, die sich durch ihren rigiden Formalismus auszeichnet. Dieses Bündnis wurde innerhalb der Ritschlschule von Wilhelm Herrmann noch einmal wirkkräftig erneuert. Aber man sollte darüber nicht vergessen, dass es Schleiermacher war, der die kantische Ethik gerade wegen ihres Formalismus kritisierte. Und Wilhelm Herrmanns neukantianische Ethik wurde aus demselben Grund von Ernst Troeltsch angegriffen. Beide aber, Schleiermacher wie Troeltsch, favorisieren als Alternative eine objektive Güterethik. In seiner Kritik der bisherigen Sittenlehre unterscheidet Schleiermacher grundsätzlich zwischen solchen ethischen Systemen, die die Lust und Glückseligkeit, und solchen, die die Tugend und Vollkommenheit ins Zentrum rücken. Beide Spielarten der Ethik hält er aber für unzureichend. Er stimmt zwar Kant darin zu, dass diejenigen Ethiken, die die Lust oder die Glückseligkeit zu ihrem Fundament erklären, deshalb scheitern, weil man von der Pluralität der subjektiven Neigungen und Bedürfnisse aus niemals zu einem einheitlichen Prinzip der Ethik gelange. Aber an denjenigen Ethiken, die die Tugend und Vollkommenheit zur Basis haben und wie Kants eigene Ethik von einem einheitlichen Prinzip, dem allgemeinen Sittengesetz, ausgehen, kritisiert Schleiermacher, dass sie der Vielfalt des Lebens nicht gerecht werden. Das leistet in seinen Augen nur eine Ethik, die als Güterlehre die mannigfachen Güter der menschlichen Kultur thematisiert. Daher kann er die Tugend- und Pflichtlehre auch nur als unselbstständige Teile einer grundsätzlich als Güterlehre verstandenen Ethik ansehen. Schleiermacher teilt zwar den universalistischen Ansatz der kantischen Ethik, wenn er die allgemeine Vernunft in das Zentrum rückt. Aber die Vernunft artikuliert sich bei ihm nicht in einem rein formalen Sittengesetz, so dass die Vernunft der Natur gegenübersteht wie das Sollen dem Sein. Sondern sie verwirklicht sich sukzessiv im Prozess der menschlichen Kulturgeschichte. Die Ethik wird daher als Wissenschaft vom Naturwerden der Vernunft in der Geschichte, als Versittlichung und damit Vernünftigwerden der Natur verstanden. Das jeweilige Ineinander von Vernunft und Natur kann Schleiermacher als Gut charakterisieren, und da er eine Vielzahl von Kulturgütern annimmt, betrachtet er das höchste Gut als den Inbegriff aller Güter.

---

[40] M. SCHELER, Der Formalismus in der Ethik und die materiale Wertethik, München 1913/1916, 360 ff.

Die Ethik insgesamt ist daher in erster Linie Güterlehre und Tugend- und Pflichtenlehre nur insofern, als die Tugend die dem Menschen eignende Fähigkeit ist, das Ineinander von Vernunft und Natur zu erzeugen, die Pflicht hingegen das Handeln, durch das dieses Ineinander erzeugt wird. Schleiermacher verweist für seine Konzeption der Ethik als Güterlehre ausdrücklich auf die – wie er sagt – alten Schulen, und er meint natürlich vor allem Platon. Als Aufgabe der Güterlehre betrachtet er es, den Begriff des höchsten Gutes als des Inbegriffs aller wahren Güter so zu entwickeln, dass deutlich wird, dass diese Güter wesentlich zusammengehören und die vollständige Lösung der ethischen Aufgabe nur durch ihre Realisierung erreicht werden kann.[41] In seiner Kritik an Wilhelm Herrmanns neukantianischer Pflichtethik hat sich Ernst Troeltsch auf Schleiermachers Gegenentwurf zu Kants Moralphilosophie bezogen. Er charakterisiert sie als eine spezifische Gestalt der Kulturphilosophie, deren Aufgabe es sei, die Notwendigkeit, Vernünftigkeit und Einheitlichkeit der großen objektiven Zwecke zu erweisen. Die Ethik ist danach also keine subjektive Moral, sondern die Lehre von den letzten objektiven Zielen, die das Handeln bestimmen.[42]

4. Ethik und Politik

Schleiermacher sah keine Schwierigkeit, die Ausrichtung seiner philosophischen Ethik auf ein höchstes Gut mit der Zielvorstellung seiner theologischen Ethik in harmonischen Einklang zu bringen. Er hält den Ausdruck, dass Gott das höchste Gut für den Menschen sei, für uneigentlich. Besser solle man sagen, die Gottesliebe oder Gotteserkenntnis sei das höchste Gut.[43] Das entspricht durchaus der aristotelischen Tradition, der ja die in der Gotteserkenntnis gipfelnde theoria als das höchste Gut gilt, bei Thomas von Aquin interpretiert als jenseitige visio beatifica.[44] Schleiermacher selbst hat in seiner theologischen Ethik erklärt, dass für den Christen das höchste Gut das Reich Gottes sei.[45] Denn Christus habe das Reich Gottes, auf das alles christliche Handeln abzwecke, gestiftet und seine Grundzüge entworfen, so dass alles Handeln in der christlichen Kirche nichts anderes sei als die Ausführung dieser Grundzüge.[46] Dieser Gedanke ist offenkundig eine Verkirchlichung der kantischen Vorstellung, dass das Reich Gottes die universale ethische Gemeinschaft ist, die durch moralisches Handeln der Menschen mitbewirkt wird. Die Kirche wird von Schleiermacher ja als eine selbstständige sittliche Gesellschaftsform neben dem Staat behandelt, der in die spezifisch religiösen Belange nicht eingreift. Dass Schleiermacher aber die Ethik

---

[41] F. SCHLEIERMACHER, Über den Begriff des höchsten Gutes, in: DERS., Sämtliche Werke, 3. Abt., 2. Bd., Berlin 1838, 458.
[42] E. TROELTSCH, Grundprobleme der Ethik, in: ZThK 12 (1902), 57.
[43] F. SCHLEIERMACHER, a. a. O. (Anm. 41), 456.
[44] ARISTOTELES, a. a. O. (Anm. 9), 1177a–1178b.
[45] F. SCHLEIERMACHER, Die Christliche Sitte, ed. L. JONAS, Berlin 1884, II, 78.
[46] F. SCHLEIERMACHER, a. a. O. (Anm. 45), 291 f.

überhaupt so weit fasst, dass sie als spekulative Kulturwissenschaft sich nicht auf die Moral des Individuums beschränkt, sondern zu den Kulturgütern und objektiven Zwecken neben der Kirche, der Wissenschaft und der freien Geselligkeit des Hauses auch den Staat zählt, hat seine Wurzeln in der antiken Ethik. Denn die platonische oder aristotelische Ethik ist keine Individualethik, sondern sie behandelt den Einzelnen immer nur als Teil der Polis, so dass die Politik im Sinne der politischen Philosophie zur Ethik hinzugehört. Das klassische Zeugnis dieser Zusammengehörigkeit von Individualethik und politischer Ethik ist Platons „Politeia". Die Klammer zwischen beiden Aspekten der Ethik bildet der Gerechtigkeitsbegriff. Die Gerechtigkeit im Kleinen wird mit der Gerechtigkeit im Großen, die individuelle mit der politischen Gerechtigkeit verglichen. Der Staat entspricht der einzelnen Seele, so dass die Tugenden der einzelnen Seelenteile, also Weisheit, Tapferkeit und Besonnenheit, in der Sphäre des Staates durch drei verschiedene Stände repräsentiert werden. Die Tugend der Gerechtigkeit bezieht sich hingegen nicht auf einen einzelnen Seelenteil, sondern auf das Verhältnis der einzelnen Seelenteile Vernunft, Mut und Begierde zueinander. Gerecht ist die Seele nämlich nur dann, wenn Mut und Begierde von der Vernunft beherrscht werden und so jeder Seelenteil auf die ihm angemessene Weise agiert, also das Seine tut. Im Staat findet dies seine Entsprechung darin, dass die Stände der Wächter und Ernährer, die die Tugend der Tapferkeit und Besonnenheit repräsentieren, durch den Stand der Regenten, deren Tugend die Weisheit ist, gelenkt werden. Nur dann also ist der Staat gerecht, wenn in ihm diejenigen herrschen, die über Weisheit, also über ein Wissen des Guten, eine Kenntnis des höchsten Gutes, verfügen.[47]

Die Bedeutung der politischen Philosophie Platons besteht weniger in dem konkreten Entwurf eines idealen Staates, der den Anfang der Geschichte politischer Utopien markiert, als vielmehr darin, dass hier erstmals die Geltungsfrage gestellt wird, wie denn ein Staat beschaffen sein muss. Dies geschieht auf dem Hintergrund der sophistischen Kritik an den traditionellen Fundamenten der griechischen Polis. Die Sophisten sahen, dass die mit dem Schein ewiger Gültigkeit ausgestatteten ethischen und rechtlichen Normen letztlich auf der Setzung der jeweiligen Polis beruhen. Diese Erkenntnis konnte zu der weitergehenden These führen, dass die Polis selbst das Produkt einer Setzung, nämlich eines Vertrages zwischen Individuen sei. Die Einsicht in die Positivität von Recht und Moral konnte zwar zu einer Kritik des herrschenden Rechts im Namen des universalen Naturrechts überleiten. Aber eben so gut konnte sie – wie wir sahen – dazu dienen, die Gerechtigkeit mit dem Recht des Stärkeren zu identifizieren. Den Boden für die theoretische Reflexion über politische Phänomene, wie sie von den Sophisten vollzogen wird, bildete – auch dies sahen wir – die athenische Demokratie, eine völlig neue Staatsform, die die politische Macht, die zuvor beim Adel und beim Ältestenrat lag, auf das Volk und die Volksversammlung

---

[47] PLATON, a. a. O. (Anm. 6), 427e–434c.

übertrug. Auch wenn breite Schichten der Bevölkerung von der Volksversammlung ausgeschlossen waren, bedeutet die athenische Demokratie doch die bislang umfassendste Beteiligung des Volkes an der Herrschaft. Daher konnte das demokratische Modell nicht nur im späteren Griechenland, sondern auch im weiteren Verlauf der Geschichte des Abendlandes immer wieder kritisch gegen die Monarchie und Aristokratie ins Spiel gebracht werden. Platons utopischer Staatsentwurf ist allerdings alles andere als demokratisch, und auch wenn es verfehlt ist, Platon mit dem modernen Totalitarismus in Verbindung zu bringen, wie dies bei Popper geschieht, so lässt sich doch nicht leugnen, dass seine politische Philosophie für das freie Individuum keinen Raum lässt. Diese negativen Aspekte fehlen in der politischen Philosophie des Aristoteles deshalb, weil sie keinen idealen Gegenentwurf zur historischen Polis liefert, sondern sich an dieser als Vorbild orientiert. Dabei betont er innerhalb der Grenzen des Staates das Private, vor allem die Familie, da er der Auffassung ist, dass der Staat um so besser funktioniert, je mehr Aufgaben von den gesellschaftlichen Gruppen eigenverantwortlich wahrgenommen werden.[48] Dem Staat muss daher in erster Linie ein möglichst störungsfreies Zusammenspiel der Privatinteressen gewährleisten und dafür sorgen, dass die private Eigentumswirtschaft nicht zu sozialen Ungerechtigkeiten führt. Über Thomas von Aquin und die neuthomistische Soziallehre ist dann das Subsidiaritätsprinzip ebenso wie der Gedanke der Sozialverantwortlichkeit des Privateigentums zum integralen Bestandteil auch des bundesrepublikanischen Staatsverständnisses geworden.

Die Schranken der politischen Philosophie des Aristoteles werden allerdings deutlich, wenn man bedenkt, dass das Funktionieren des Staates die Tugend der Freundschaft oder Sympathie zwischen den Bürgern voraussetzt.[49] Denn das zeigt, dass Aristoteles sich den Staat nur als begrenzten Stadtstaat denken konnte. Nur in der kleinen Polis können die Bürger am politischen Entscheidungsprozess partizipieren und ist daher Selbstregierung möglich, während das Großreich Alexanders die Bedingungen, die Aristoteles an einen guten Staat stellt, nicht mehr erfüllt. Noch Rousseau war, weil ihm die plebiszitäre Demokratie der griechischen Polis als Ideal vorschwebte, der Meinung, dass sich seine Staatsvorstellung nur in kleinen Territorien wie Schweizer Kantonen realisieren lasse. Allerdings unterscheidet sich Rousseaus Demokratie an einem entscheidenden Punkt von der Demokratie Athens. In ihr sind alle Menschen gleich. Es war die Stoa, die in ihrer Ethik zu der These von der Gleichheit aller Menschen als Vernunftwesen gelangte. Alle rassischen, geschlechtlichen und sozialen Differenzen ändern nichts an dieser fundamentalen Gleichheit. Die Entdeckung der universellen Gleichheit hängt dabei aufs engste zusammen mit dem Zerfall der antiken Polis und der Entstehung umfassender Territorialstaaten im Zeitalter des Hellenismus. Denn dadurch wurde das Individuum aus seiner Einbindung in

---

[48] ARISTOTELES, Politik, 1252a7 ff.
[49] ARISTOTELES, a. a. O. (Anm. 9), 1326a5 ff.

den begrenzten Verband der konkreten Polis gelöst und konnte seine Gleichheit mit anderen Individuen entdecken. Dementsprechend setzten sich die Stoiker auch nicht nur für einen Universalstaat, sondern auch für eine Humanisierung des Rechts am Maßstab des universalen Naturgesetzes ein. Durch den Gedanken der Gotteskindschaft *aller* Menschen in Verbindung mit dem Gedanken des *einen* Gottes, der am Leid der Menschen teilhat, werden die universalistischen und individualistischen Ideale des Hellenismus dann Teil der christlichen Ethik. Auch die erst im Naturrecht der Neuzeit verankerten und mit universalem Geltungsanspruch auftretenden individuellen Menschenrechte sind auf dem Boden der Verbindung von christlicher und stoischer Ethik erwachsen. In der jüngsten Zeit ist es neben Otfried Höffe, der im Rückgriff auf Aristoteles eine normative Rechts- und Staatsethik entwirft, vor allem Vittorio Hösle gewesen, der die Lehre vom Natur- oder Vernunftrecht erneut in das Zentrum der politischen Philosophie gerückt hat. Danach ist ein Staat nur dann ein guter Staat, wenn er das Naturrecht verwirklicht, das seinerseits nur im Staat eine Garantie seiner Existenz finden kann. Das Naturrecht ist dann der Maßstab der Moral des positiven Rechts und gibt als moralisches Prinzip die Richtung an, die die Umwandlung des positiven Rechts nehmen muss.[50]

In den vergangenen Jahren hat auch der Tugendbegriff wieder Einzug gehalten in der politischen Philosophie. Dabei ging es in der Diskussion zwischen den liberalen Staatstheoretikern und ihren kommunitarischen Kritikern um die Frage nach den Grundlagen liberaler demokratischer Gesellschaften. Während liberale Vertragstheoretiker wie John Rawls den Staat gegründet sein lassen auf dem Selbstinteresse der einzelnen Individuen, führte die Kritik der Kommunitarier zu der Auffassung, dass liberale demokratische Staaten selbst angewiesen sind auf öffentliche Bürgertugenden. Es gibt liberale Tugenden wie Toleranz, Gesetzesgehorsam und Loyalität, ohne die eine liberale Gesellschaft sich auf lange Sicht nicht aufrecht erhalten lässt. In diesem Sinne hat der liberale Staat seine eigene Vorstellung vom Guten, die bestimmte Tugenden von seinen Bürgern verlangt.[51] Man hat diese Position als neuaristotelisch bezeichnet, und in der Tat greift die Kritik an Staatstheorien, die den Staat aus einem zwischen atomistischen Individuen geschlossenen Vertrag hervorgehen lassen, vielfach auf Aristoteles zurück. So hält etwa Charles Taylor angesichts des gerade durch die Arbeitsteilung bedingten immer enger werdenden Zusammenhangs der Menschen in der modernen Gesellschaft den individualistischen Atomismus der frühneuzeitlichen Vertragstheorien für nicht länger angemessen.[52] Er erneuert stattdessen die aristotelische Vorstellung vom Menschen als einem gesellschaftlichen Wesen,

---

50 V. Hösle, Moral und Politik, München 1997, 776.
51 W.A. Galston, Liberal Purposes. Goods, Virtues, and Diversity in the Liberal State, Cambridge 1992, 3 f. 18 f. 213 ff.
52 Ch. Taylor, Negative Freiheit? Zur Kritik des neuzeitlichen Individualismus, Frankfurt/M. 1988, 189 ff; Atomism, in: Philosophy and the Human Sciences, Philosophical Papers 2, Cambridge 1985, 189 ff.

einem zoon politikon oder animal sociale. Taylor ist dabei anders als MacIntyre keineswegs an einer Flucht aus der Moderne interessiert, aber auch er attackiert das liberale Bild vom Menschen und Staat. Die Freiheitsrechte des modernen Individuums gegenüber der Gesellschaft setzen nämlich in seinen Augen eine Verpflichtung voraus, die Verpflichtung, zu dieser Gesellschaft dazuzugehören. Weil das freie Individuum seine Identität nur in der Gesellschaft und Kultur einer ganz bestimmten Art aufrechterhalten kann, muss es sich um die Gestalt dieser Gesellschaft und Kultur auch kümmern. Das bedeutet, dass wie für Aristoteles die Zugehörigkeit zur antiken Polis für Taylor die Zugehörigkeit zur westlichen Gesellschaft die notwendige Bedingung der in Antike und Moderne allerdings jeweils anders verstandenen Freiheit ist. Die freien Gesellschaften des Westens bedürfen gerade einer starken Identifikation auf Seiten ihrer Bürger, die die Pflichten ungezwungen auf sich nehmen wollen, die die Pflege des Gemeinwesens mit sich bringt. In Anlehnung an die politische Theorie des Aristoteles konzipiert Taylor so die Vorstellung einer rechtsstaatlichen Demokratie, die weder wie im Liberalismus vom blanken Eigeninteresse der Individuen noch wie im Rousseauismus vom verabsolutierten Gesamtwillen her begründet ist. Vom rousseauistischen Demokratieverständnis unterscheidet sich Taylor dadurch, dass er sich gegen eine repressive Ausschaltung von Differenz, Konkurrenz und Streit wendet, vom liberalen Demokratiekonzept hingegen dadurch, dass er einen zentralen, einheitsstiftenden Identifikationspol für die Mitglieder des demokratischen Staates annimmt.

Taylor selbst versteht sich als moderner Hegelianer. Tatsächlich stellt Hegels Rechtsphilosophie ja den berühmtesten Versuch dar, eine Staatsphilosophie jenseits von Liberalismus und Rousseauismus zu entwickeln. Und zugleich greift Hegel dazu in einem bis dahin unbekannten Maß auf Ethik und Politik der Antike zurück. Hegel kritisiert ja nicht nur wie Schleiermacher den Formalismus der kantischen Ethik. Er kritisiert auch das Auseinanderfallen der praktischen Philosophie in Individualethik und Rechtsphilosophie, was bei Kant zur Folge hat, dass der Staat ausschließlich als rechtliche Größe in der Rechtsphilosophie behandelt wird und nichts mit der auf das Individuum beschränkten Moral zu tun hat. Weil der Staat mehr ist eine rechtliche Größe und ohne die Moral seiner Bürger nicht überlebensfähig ist, begreift Hegel ihn als Synthese von Recht und Moral, eine Synthese, die er als Sittlichkeit bezeichnet. Im Begriff der Sittlichkeit sind zwei Momente enthalten, die Hegel aus der antiken Ethik und Politik übernimmt. Zum einen lässt sich wie gesagt der Staat nicht als reine rechtliche Größe ohne eine entsprechende Moral und entsprechende Tugenden seiner Bürger begreifen. Aber zum andern lässt sich auch die Moral nicht auf das Individuum und seine Gesinnung beschränken, sondern ein gutes Leben ist nur möglich im guten Staat. Allerdings erkennt Hegel wie Schleiermacher, dass sich der moderne Staat von der athenischen Polis dadurch unterscheidet, dass zwischen Familie und Staat ein sozialer Bereich existiert, der dem Individualismus der Moderne Rechnung trägt, und das ist die bürgerliche Gesellschaft mit dem ihr vor allem zugehörigen Wirtschaftsleben. Auf diese Weise integriert Hegel die Ideen des Liberalismus in seine eigene Staatstheorie, ohne dass er deshalb wie

Locke und die liberalen Staatstheoretiker den Staat nach dem Modell der bürgerlichen Gesellschaft konzipieren und aus einem Vertrag entstehen lassen würde.[53]

5. Schluss

Anders als MacIntyre bin ich nicht der Auffassung, dass der einzige Schluss aus der moralischen Krise der Gegenwart die Rückkehr zur aristotelischen Tugendethik ist. Und zwar deshalb nicht, weil die aristotelische Tugendethik hinter dem Universalismus zurückbleibt, den die moderne Ethik aus der stoischen Pflicht- und Naturrechtslehre übernommen hat. Der Mangel der Pflichtethik besteht jedoch in ihrem Formalismus, weshalb ich unter den verschiedenen Typen der antiken Ethik die Güterethik favorisiere. Wie sehr die moderne Ethik vom Erbe der griechischen Antike zehrt, wird vielleicht nirgends so deutlich wie bei Hegel. Denn in seiner Rechtsphilosophie geht Hegel auch auf den Versuch Rousseaus ein, die sittliche Erziehung des Menschen fernab der Zivilisation in der Einsamkeit des Landes vorzunehmen. Man dürfe aber – so bemerkt er kritisch – nicht glauben, dass der Duft der Geisterwelt schließlich nicht auch durch diese Einsamkeit wehe und der Weltgeist sich ihrer nicht bemächtige. Statt Rousseaus antizivilisatorischen Affekt zu teilen, orientiert sich Hegel lieber an den pädagogischen Regeln der Griechen. Denn im Paragraphen 153 seiner Rechtsphilosophie heißt es: „Auf die Frage eines Vaters nach der besten Weise, seinen Sohn sittlich zu erziehen, gab ein Pythagoreer ... die Antwort: wenn du ihn zum Bürger eines Staats von guten Gesetzen machst"[54].

Abstract

Ausgehend von Alasdair MacIntyre's Plädoyer für eine Erneuerung der antiken Tugendethik wird die grundsätzliche Frage nach dem griechischen Erbe in der modernen Ethik gefragt. Dabei werden die Tugend-, die Pflichtethik und die Güterethik behandelt. Am Schluss kommt das Verhältnis von Ethik und Politik zur Sprache.

On the background of Alasdair MacIntyre's restoration of the Aristotelian ethics of virtues the article asks for the Greek heritage in modern ethics. It deals with three main types of ethics – ethics of virtues, of duty and of values – all of them having their roots in ancient Greek ethics. Subject of the final part is the relation between ethics and politics.

---

[53] G.W.F. HEGEL, Grundlinien der Philosophie des Rechts §§ 135 ff. 182 ff.
[54] G.W.F. HEGEL, a.a.O., § 153.

Diskussion zum Vortrag von Prof. Dr. Jan Rohls

Prof. Schmitt:
Sie haben bezüglich des Universalismus auf das stoische Erbe rekurriert. Doch ist das Denken des Aristoteles nicht auch schon universalistisch?

Prof. Rohls:
Vielleicht wäre es besser, wenn man tatsächlich als spezifisch stoisch den Aspekt der Gleichheit, der mit der Auflösung der Polis zu tun hat, herausstellt. Ich würde Ihnen vollkommen zustimmen, von seinem Anspruch her ist es natürlich so, dass Aristoteles einen Essentialismus vertritt im Hinblick auf das Wesen und das Ziel des Menschen. Alles das sind vollkommen universalistische Aussagen. Wenn man sich jetzt einmal aber die geschichtliche Relativität von Aristoteles verdeutlichen will, so wird man doch nicht umhin können, zu sagen, dass die konkrete Polis, an der er sich orientierte, eine Polis war, in der es dann solche Unterschiede zwischen einzelnen Individuen bzw. sozialen Gruppen gab, die dieses universalistische Ideal gar nicht durchhalten ließen. Der Universalismus des Aristoteles hat nichts zu tun mit dem heutigen auf die Stoa zurückgehenden Universalismus, der bedingt ist durch die Annahme einer allgemeinen Gleichheit der Individuen. Dem Anspruch nach ist die aristotelische Ethik eine universalistische Ethik. Auf der anderen Seite erreicht Aristoteles nicht das, was wir mit Universalismus auf Grund dieses stoischen Erbes verbinden, nämlich die Gleichheit aller Individuen als Vernunftwesen.

Prof. Otto:
Was mir in dieser doch sehr differenzierten Sicht fehlt, ist nun eine Tradition, die, glaube ich, doch eine sehr viel stärkere, auch eigenständige Bedeutung hat, und das ist die biblische Linie. D. h. also die Frage, wie sind Menschenrechte zu formulieren, die nicht einer Mehrheitsentscheidung unterliegen, also auch nicht politisch zur Disposition zu stellen sind. Das ist meiner Meinung nach auch der entscheidende Punkt, der die sozusagen das Individuum in Gemeinschaft einbindenden und auf den Staat hin orientierenden Perspektiven kritisch in Frage stellt. Nämlich die Frage, wie das Individuum in seinen Rechten auch gegenüber der Gemeinschaft zu formulieren ist. Meiner Meinung nach gibt es einen ganz entscheidenden Fortschritt, der über das griechische Denken hinausgeht. Dieser entscheidende Fortschritt besteht darin, dass wir in der Lage sind, zwischen verschiedenen Rechten zu unterscheiden, und dass es also Menschenrechte gibt, die nicht politisch zur Disposition stehen. Das ist direkt aus dem biblischen Erbe genommen.

Prof. Rohls:
Ich bin mir nicht sicher, ob es jetzt direkt aus dem biblischen Erbe genommen ist, oder ob man nicht tatsächlich davon ausgehen muss, dass der Gedanke der individuellen Menschenrechte, also der Rechte, die gegenüber dem Staat einklagbar sind, die auch gegebenenfalls einen Widerstand gegenüber den staatlichen Autoritäten ermöglichen, ob das nicht in ihrem Kern Rechte sind, die sich aus dem stoischen Naturrechtserbe heraus erklären. Dass es biblische Elemente gibt, die da mit hineinspielen, das ist ohne weiteres zugestanden, insofern dieses stoische Naturrecht ja in der christlichen Antike, im christlichen Mittelalter und in der altprotestantischen Orthodoxie rezipiert wurde. Nur in den klassischen Naturrechtslehren des Mittelalters und der altprotestantischen Orthodoxie findet man ja diesen Aspekt, der dann bei Locke und den Vertragstheoretikern zentral wird und später zum Gedanken der Menschenrechte führt, so wie sie dann in Amerika und in Frankreich formuliert wurden, nun gerade nicht, nämlich den Aspekt, dass das Individuum jetzt etwa das Recht besitzt, freien Handel zu betreiben und religiöse Entscheidungen aufgrund seines Gewissens zu fällen und dass der Staat diese Entscheidungen zu achten hat. Alles das sind Elemente, die spezifisch neuzeitlich sind und sich meines Erachtens am ehesten aus der naturrechtlichen Tradition herleiten lassen, in die die biblische Tradition natürlich immer mit eingebunden war.

Prof. Ohme:
Die nicht überholbare Bedeutung der Tugendethik aristotelischer Herkunft besteht gerade in der Erkenntnis, dass die Einübung von als richtig erkannten Werten zur Definition des Tugendhaften dazu gehört. Auf diese Definition von Tugend haben Sie ja angespielt: durch Übung erworbene charakterliche Disposition. Der Übungsgedanke ist ein wesentlicher Aspekt der Rezeption dieser Tugendethik im frühen Christentum, vor allem in der asketisch-monastischen Theologie. Sie haben sich am Schluss kritisch gegenüber der Tugendethik geäußert. Mir scheint aber gerade in der ethischen Situation unserer Gegenwart notwendig zu sein, grundlegende Tugenden überhaupt einzuüben. Wo ist dieser Aspekt der Notwendigkeit des Einübens, also der Habitualisierung von Werten, in den anderen Konzepten präsent und welche Bedeutung messen Sie dem bei?

Prof. Rohls:
Es geht ja bei der Diskussion um Tugendethik, Pflichtethik und Güterethik nicht darum, dass man, wenn man etwa die Güterethik oder die Pflichtethik stark macht, die Aspekte, die in der Tugendethik und in der Güterethik vorhanden sind, jetzt vollkommen ausblendet. Das geschieht ja bei keiner Ethik. Natürlich ist es so, dass in der Stoa außer dem Pflichtgedanken der Tugendgedanke eine zentrale Rolle spielte, ebenso wie der Gedanke der Glückseligkeit. Darum ging es mir eigentlich gar nicht. Mir ging es nur um die Frage der Gewichtung. Was tragen diese unterschiedlichen Aspekte, die geltend gemacht werden von der Tugendethik, der Pflichtethik und der Güterethik, (und ich nehme einmal an, damit hat man die drei Hauptmodelle, die von der Antike her Gültigkeit beses-

sen haben, benannt), was tragen die einzelnen Aspekte dieser Modelle bei, was leisten sie im Hinblick auf die Formulierung eines obersten moralischen Prinzips? Kann man als oberstes moralisches Prinzip sozusagen die Tugend annehmen, kann man die gesamte Ethik vom Gedanken der Tugend her denken, oder muss man die gesamte Ethik von dem Gedanken einer Pluralität von Gütern her denken, die dann zusammengefasst werden in einem höchsten Gut? Dass es notwendig ist, gerade Tugenden zu haben, das wird von keinem der jeweiligen Vertreter nichttugendethischer Konzeptionen bestritten. Das haben Sie ja selbst bei Kant noch, bei ihm spielt die Tugend insofern eine Rolle, als die Tugend letztlich für ihn identisch ist mit der unbedingten Achtung vor dem Sittengesetz. Und auf Grund dieser Tugend, die von ihm als Würdigkeit zur Glückseligkeit bezeichnet wird, haben Sie ja überhaupt erst einen Anspruch auf die ihnen von Gott gemäß ihrer Tugend verliehenen Glückseligkeit. Also der Tugendbegriff spielt selbst in einer solchen formalistischen Ethik wie der Kantischen eine Rolle, nur wird jetzt bei Kant nicht ein Tugendkatalog aufgeführt als Fundament der Ethik.

V. ECKART OTTO

Gerechtigkeit in der orientalischen und okzidentalen Antike.
Aspekte für den ethischen Diskurs in der Moderne im Spannungsfeld zwischen Max Weber und Ernst Troeltsch

I. Hermeneutische Grundlegung

Ernst Troeltsch hat 1922 die Kulturgeschichte des okzidentalen Rationalismus aus der Rezeption und „Verwachsung" der modernen europäischen Welt mit der der Antike entwickelt.

„Dabei sind aber diese in Sinn und Entwicklungsgeschichte tief geschiedenen Welten derart ineinandergeschoben und in bewusster historischer Erinnerung und Kontinuität derart miteinander verwachsen, dass die moderne Welt an jedem Punkte von antiker Kultur, Überlieferung, Rechts- und Staatsbildung, Sprache, Philosophie und Kunst trotz eines völlig neuen und eigenen Geistes aufs Intimste erfüllt und bedingt ist. Erst das gibt der europäischen Welt ihre Tiefe, Fülle, Verwickeltheit und Bewegtheit"[1].

Der christlichen Kirche komme dabei, so E. Troeltsch, die Funktion der Vermittlung zu, da sie im byzantinischen Staat eine Neubildung des antiken Römerstaates möglich gemacht und auf die germanisch-romanischen Völker übertragen habe:

„Das ist die ungeheure, welthistorische Bedeutung der christlichen Kirche für unseren Kulturkreis, die also nicht bloß das für alle Kulturen so wesentliche religiöse Element bedeutet, sondern noch darüber hinaus die Verbundenheit und Kontinuität zweier völlig verschiedenartiger Volkstümer und ihrer Entwicklungen"[2].

Aus diesem Ineinander zweier Kulturverläufe folge eine „die heutige Sonderstellung des Abendlandes bedingende Sonderart der gesellschaftlichen, technischen und administrativen Organisation"[3], nämlich aus „der Verbindung des konstruktiven wissenschaftlichen Rationalismus der Griechen, der präzisen

---

1 Vgl. E. TROELTSCH, Ueber den Aufbau der europäischen Kulturgeschichte, in: DERS., Der Historismus und seine Probleme I: Das logische Problem der Geschichtsphilosophie, Gesammelte Schriften 3/1, Tübingen 1922, 717.
2 Vgl. E. TROELTSCH, a.a.O. (Anm. 1), 718.
3 Vgl. E. TROELTSCH, a.a.O. (Anm. 1), 719.

Rechtssystematik der Römer und der aus dem binnenländischen Verkehr des Mittelalters, der freien Arbeit und der mittelalterlichen Städtebildung hervorgegangenen autochthonen Kräfte des Abendlandes"4. Dieses 1922 veröffentlichte Programm einer Kulturgeschichte trifft sich mit dem von Max Weber in einem Brief an den Verleger Paul Siebeck vom 11. September 1919 und in der „Selbstanzeige" seiner „Gesammelten Aufsätze" in den „Neuigkeiten aus dem Verlag J. C. B. Mohr (Paul Siebeck) und der H. Laupp'schen Buchhandlung" vom Oktober 1919 entwickelten Programm einer Universalgeschichte des okzidentalen Rationalismus5. Vor die Darstellung der Wirtschaftsethik des antiken Judentums solle ein Aufsatz „über die allgemeinen Grundlagen der occidentalen Sonderentwicklung", die von der Wirtschaftsethik fernöstlicher Religion abgegrenzt sei, gestellt werden, um dann ausgehend vom antiken Judentum das Urchristentum darzustellen und dann als Nebenzweige das talmudische Judentum, den Islam und das orientalische Christentum, um schließlich den Hauptfaden der Darstellung des okzidentalen Christentums wieder aufzunehmen, der vom Urchristentum bis zum Protestantismus führen solle. Max Weber basiert seine Universalgeschichte des okzidentalen Rationalismus also nicht primär wie E. Troeltsch auf eine Amalgamierung griechisch-römischer Rationalität mit christlicher Kultur vermittelt durch die antike und mittelalterliche Kirche, sondern auf eine in die orientalische Wirtschaftsgeschichte eingebundene Rationalisierung des Denkens, die sich in der hebräischen Prophetie und Tora niedergeschlagen habe6, so dass die um Ägypten, Mesopotamien und Iran erweiterte Darstellung7 des antiken Judentums den Ausgangspunkt der Darstellung bilden soll8. Diesen Ausgangspunkt gilt es über E. Troeltsch hinaus, der den Alten Orient für „praktisch fern" und gegenüber der abendländischen Kulturgeschichte „völlig stabil und konservativ"9 hielt, festzuhalten und in eine Kulturgeschichte der Moderne einzuholen,

---

4   Vgl. E. TROELTSCH, a.a.O. (Anm. 1), 719f.
5   Vgl. E. OTTO, Die Tora in Max Webers Studien zum antiken Judentum. Grundlagen für einen religions- und rechtshistorischen Neuansatz in der Interpretation des biblischen Rechts, in: Zeitschrift für Altorientalische und Biblische Rechtsgeschichte 7 (2001), 53 ff.
6   Vgl. M. WEBER, Gesammelte Aufsätze zur Religionssoziologie III. Das antike Judentum, Tübingen 61976. Die Edition im Rahmen der Max-Weber-Gesamtausgabe durch den Verf. ist in Vorbereitung.
7   Diese Abhandlungen sind wie der Aufsatz zur okzidentalen Sonderentwicklung nicht mehr verfasst worden.
8   Ohne Zweifel ist dieser Ausgangspunkt auch durch M. Webers kontinuierliche Auseinandersetzung mit W. Sombarts These bedingt, das Judentum sei der Wurzelboden kapitalistischen Geistes, der sich insbesondere im Geldverkehr ausprägt; vgl. W. SOMBART, Die Juden und das Wirtschaftsleben, Leipzig 1911, sowie bereits DERS., Der moderne Kapitalismus I. Die Genesis des Kapitalismus, Leipzig 1902, 380f; DERS., Die deutsche Volkswirtschaft im neunzehnten Jahrhundert, Berlin 1903, 119ff. W. Sombart greift mit dieser These Überlegungen auf, die bereits G. SIMMEL (Philosophie des Geldes, Leipzig 1900, 285) über die Affinität der Juden zum Geldverkehr auf Grund ihrer Pariastellung anstellte. M. Weber hat sich zwischen den Jahren 1908 bis 1919 mit keiner anderen Kulturreligion so intensiv wie mit dem Judentum auseinandergesetzt; vgl. dazu E. OTTO, Tora (Anm. 5), 1–188.
9   Vgl. E. TROELTSCH, a.a.O. (Anm. 1), 716.

einen auf Europa eingeschränkten Blickwinkel im Sinne einer zweiten Achsenzeit der multiple modernities[10] auf den Nahen, Mittleren und Fernen Osten[11] sowie Afrika und Südamerika auszuweiten, wobei dem okzidentalen Rationalismus nicht wie bei E. Troeltsch ein normativ-praktischer Wertgesichtspunkt[12], sondern ein theoretisch-heuristischer im Sinne Heinrich Rickerts[13] zukommt. Die Brücke zwischen Orient und christlicher Welt ist für M. Weber das antike Judentum, dessen Schriften der Hebräischen Bibel Teil des christlichen Kanons wurden. Während E. Troeltsch die Bedeutung des Alten Testaments im Geiste eines Julius Wellhausen[14] auf die Prophetie als Wurzelgrund eines modernen ethisch verantworteten Individualismus reduziert und darin J. Wellhausen folgt[15], sieht M. Weber die Bedeutung des Alten Testaments in einem Fortschritt gegenüber den vorachsenzeitlichen Staatsreligionen Mesopotamiens und Ägyptens in einem Prozess der Rationalisierung von Religion und Ethik, der seinen Endpunkt im okzidentalen Rationalismus der Weltbeherrschung, des bürokratischen Anstaltsstaates, des globalen Kapitalismus und der Lebensführung innerweltlicher Berufsaskese habe. M. Weber reduziert die kulturgeschichtliche Wirkung des Alten Testaments also nicht auf die Prophetie, sondern arbeitet die Rationalisierung von Welt- und Gottesverständnis aus der Dialektik von Gesetz und Prophetie heraus, wobei noch in den Aufsätzen zur Wirtschaftsethik des antiken Judentums der Jahre 1917–1919 die literaturgeschichtliche Abfolge der Gesetzessammlungen im Pentateuch das Fachwerk auch für die Sozialgeschichte liefert, M. Weber also einer Darstellungsform treu bleibt, die er von dem Heidelberger Alttestamentler A. Merx übernommen hat[16] und der er von der Abhandlung zu „Altisrael" bis zu den „Agrarverhältnissen im Altertum" aus dem Jahr 1908[17], dem unveröffentlichten Manuskript zum antiken Judentum in der Staatsbibliothek in München[18] aus dem Jahr 1911/12 und zu den Aufsätzen zur Wirtschaftsethik des antiken Judentums der Jahre 1917–1919 treu bleibt. In diesem Sinne ist E. Troeltschs universalhistorische Konzeption also weiter zu entwickeln und von der Perspektive des frühen 20. in die des frühen 21. Jahrhunderts zu überführen. E. Troeltsch und M. Weber waren beide davon überzeugt, dass das

---

10 Vgl. dazu an S. N. Eisenstadt anknüpfend W. SCHLUCHTER, Individualismus, Verantwortungsethik und Vielfalt, Weilerswist 2000, 173 f.
11 Vgl. dazu M. WEBER, Die Wirtschaftsethik der Weltreligionen. Konfuzianismus und Taoismus (MWG I/19), Tübingen 1989; DERS., Die Wirtschaftsethik der Weltreligionen. Hinduismus und Buddhismus (MWG I/20), Tübingen 1996.
12 Vgl. dazu W. GERHARDT, Ernst Troeltsch als Soziologe, Köln 1975, 1–55.
13 H. RICKERT, Die Grenzen der naturwissenschaftlichen Begriffsbildung. Eine logische Einleitung in die historischen Wissenschaften, Tübingen 1902, 472 f.
14 Vgl. E. TROELTSCH, Das Ethos der Hebräischen Propheten, in: Logos 6 (1916/17), 1–28.
15 Vgl. J. WELLHAUSEN, Prolegomena zur Geschichte Israels, Berlin ⁶1905.
16 Vgl. A. MERX, Die Bücher Moses und Josuas (RV II/3), Tübingen 1907.
17 Vgl. M. WEBER, Agrarverhältnisse im Altertum, in: DERS., Gesammelte Aufsätze zur Sozial- und Wirtschaftsgeschichte, Tübingen ²1988, 83–93.156–158.
18 Zur werkgeschichtlichen Einordnung und Interpretation vgl. E. OTTO, Tora a. a. O. (Anm. 5), 14 ff. 82 ff.

liberale Credo, dass ein gesellschaftlicher Rationalisierungsprozess „wie von einer unsichtbaren Hand geführt" gerechte Zustände schaffe, durch die Wirtschaftsgeschichte des 19. und frühen 20. Jahrhunderts falsifiziert sei. M. Weber wusste entsprechend sehr wohl, dass Rationalisierungsprozesse in neuzeitlicher Gesellschaft Irrationalität freisetzen und verbindet diesen Vorgang mit dem Schicksal der Religion in modernen Gesellschaften, die seiner Meinung nach in einen irrationalen Subjektivismus abgedrängt ihre öffentliche Funktion verliere. Nicht ausreichend in den Blick genommen hat M. Weber, dass, wie schon Emile Durkheim sah, das politische Leben religiös aufgeladen wurde, wenn die Religion in die Privatsphäre abgedrängt wird[19]. E. Troeltsch hat dagegen in der ethischen Durchdringung unserer heutigen Kultur eine positive Funktion der Religion und einen produktiven Prozess humanen Fortschritts gesehen[20]. Eine Entscheidung über diese beiden konträren Positionen soll nicht auf dem zwischen M. Weber und E. Troeltsch kontroversen Gebiet des Werturteilstreits der Unterscheidung zwischen Bedeutung und Geltung[21] erfolgen, sondern dort, wo objektive Tatbestände zu verzeichnen sind, nämlich auf dem Felde der Rechtsentwicklung in der zweiten Hälfte des 20. Jahrhunderts. Dies ist auch die Ebene, die dieser Beitrag als hermeneutischen Schlüssel im Blick hat. M. Weber konnte die Einbringung sozialethischer Ziele formal rationalisierten Rechts im Sinne einer Wertrationalisierung nur als „Rückfall" der Rechtsentwicklung durch den Einschlag metajuristischer Aspekte eines Miserabilismus in das Recht verstehen[22], so dass er den Menschenrechten nur die Funktion einer regulativen Idee zumessen konnte[23]. Die jüngste Rechtsgeschichte der europäischen Staaten hat ihm nicht Recht gegeben. Gerade die zunehmende Integration sozialer Aspekte in das Recht macht den Fortschritt in seiner Fortschreibung aus. Entsprechendes gilt auch für M. Webers These, jeder Versuch, gegen die Rationalität des Marktes sozialethische Normen geltend zu machen, habe dysfunktionale Wirkung, da der Markt „nur Ansehen der Sache, kein Ansehen der Person, keine Brüderlichkeits- und Pietätspflichten, keine der urwüchsigen, von den persönlichen Gemein-

---

[19] Vgl. dazu H. BERTRAM (Hg.), Gesellschaftlicher Zwang und moralische Autonomie, Frankfurt/Main 1986, 54 ff. Die (pseudo-)religiöse Aufladung des Individuums als Kennzeichen eines modernen Individualismus hat E. Durkheim richtig diagnostiziert. Ein derartiger Vorgang ist der Antike bei allem Wissen um Individualität fremd. Zur Differenzierung zwischen Individualität und Individualismus vgl. L. DUMONT, Essays on Individualism. Modern Ideology in Anthropological Perspective, Chicago 1986. Bereits das Deuteronomium des 7. Jh. v. Chr. ist mit der persönlichen Anrede des Einzelnen im Du Gottes, die seine ethische Entscheidung will, ein frühes Zeugnis für das Wissen um Individualität, die sich frühneuzeitlich dort zum Individualismus entwickelt, wo die göttliche Anrede im Individuum als Verkörperung der personne humaine, d. h. der Menschheit, aufgehoben wird.
[20] Vgl. E. TROELTSCH, Die Selbständigkeit der Religion, ZThK 5 (1895), 361–436; DERS., Die Bedeutung des Protestantismus für die Entstehung der modernen Welt, HZ 97 (1906), 1–66.
[21] Vgl. dazu zuletzt W. SCHLUCHTER, Individualismus a. a. O. (Anm. 10), 153 ff.
[22] Vgl. M. REHBINDER, Recht und Rechtswissenschaft im Werk von Max Weber, in: J. WEISS (Hg.), Max Weber heute. Erträge und Probleme der Forschung, Frankfurt/Main 1989, 497–514.
[23] Vgl. W. SCHLUCHTER, Die Entstehung des modernen Rationalismus. Eine Analyse von Max Webers Entwicklungsgeschichte des Okzidents, Frankfurt/Main 1998, 223 ff.

schaften getragenen menschlichen Beziehungen (kennt)"[24]. M. Weber konnte noch nicht die Ausdifferenzierung unterschiedlicher Typen des Kapitalismus in Nordamerika, Mitteleuropa und Asien in Rechnung stellen[25]. Gegenüber dem angloamerikanischen Kapitalismus, der auf maximale Deregulierung des Marktes, und Formen des asiatischen Kapitalismus, der durch den Versuch der Integration patriarchalischer Beziehungsstrukturen in die ökonomischen Abläufe gekennzeichnet ist, hat das mitteleuropäische Modell die größten Chancen einer weltweiten Durchsetzung in einer völkerrechtlich abgesicherten Weltwirtschaftsordnung, da es einen Mittelweg zwischen liberalem Konkurrenzkapitalismus und sozialistischen Planwirtschaftsmodellen durch die Vermittlung von Klassengegensätzen im demokratischen Willensbildungsprozess der Gesamtgesellschaft beschreiten lässt. Die demokratische Mehrheitsentscheidung ermöglicht die Fortentwicklung eines Sozialrechts, das dem Markt Grenzen setzt und den Aspekt sozialer Integration in der Gesellschaft zur Geltung bringt. Die religiösen Ideen wirken also in der modernen Marktgesellschaft nicht direkt auf das Wirtschaftsverhalten, sondern vor allem vermittelt über die demokratische Rechtsbildung, was der Pluralisierung der Religionen in moderner Gesellschaft ebenso Rechnung trägt[26] wie der Verselbstständigung der Ökonomie als Subsystem in der Gesellschaft gegenüber ökonomiefremden ethischen Impulsen[27]. Diese Rechtsbildung muss dabei keineswegs auf etatistische Lösungen setzen, sondern national wie bei einer sozialen Fortschreibung des Völkerrechts auch international auf staatsunabhängige intermediäre Organisationen. Die dabei zur Geltung gebrachten Werte wurzeln traditionsgeschichtlich vor allem in der christlich-jüdischen Traditionsgeschichte. Dies gilt es im Folgenden zu entfalten.

II. Recht und Gerechtigkeit in der orientalischen und okzidentalen Antike

Die moralische Qualität des Handelns als eines gerechten bemisst sich im antiken Orient einschließlich Israels und Judas an seiner Gemeinschaftsgemäßheit[28]. Die westsemitische Wurzel *ṣdq* drückt nicht nur die Gerechtigkeit im Sinne einer *iustitia distributiva* aus, sondern auch die Gemeinschaftstreue und -gemäßheit des

---

[24] Vgl. M. WEBER, Die Marktvergesellschaftung, in: DERS., Wirtschaft und Gesellschaft. Grundriß der verstehenden Soziologie, Tübingen ⁶1985, 383.
[25] Vgl. dazu M. ALBERT, Kapitalismus contra Kapitalismus, Frankfurt/Main 1992.
[26] Vgl. dazu F.W. GRAF, Die geschichtliche Rolle von Religion im Modernisierungsprozeß der Wirtschaft, in: W. KORFF (Hg.), Handbuch der Wirtschaftsethik I. Verhältnisbestimmung von Wirtschaft und Ethik, Gütersloh 1999, 575.
[27] Vgl. dazu R. MÜNCH, Globale Dynamik, lokale Lebenswelten. Der schwierige Weg in die Weltgesellschaft, Frankfurt/Main 1998; K. GALBRAITH, Die solidarische Gesellschaft. Plädoyer für eine moderne soziale Marktwirtschaft, Düsseldorf 1998.
[28] Zum Folgenden vgl. E. OTTO, Art. Recht/Rechtstheologie/Rechtsphilosophie I. Recht und Rechtswesen im Alten Orient und im Alten Testament, in: TRE 28, 1997, 197–209; DERS., Law and Ethics, in: T. ABUSH u.a. (Hg.), Religions of the Ancient World, Bd. I, Cambridge/Mass. 2003/04; DERS., Ethics: Early Israel and Judaism, a.a.O., Bd. III, Cambridge/Mass. 2003/04.

Handelns, so dass das Nomen *ṣdqh* auch die einzelne gemeinschaftsgemäße Tat bezeichnend in den Plural gesetzt werden kann. Auch der korrespondierende ägyptische Begriff der Ma'at bezeichnet eine *iustitia connectiva*[29] der aktiven Solidarität und solidarischen Reziprozität des Handelns. Ma'at-gemäßes Handeln zu Gunsten des der Solidarität Bedürftigen, dessen Gegenbegriff *'wn-jb* („Habgier") den Egoismus bezeichnet, ist im kollektiven Gedächtnis der Gemeinschaft aufgehoben und wird abgerufen, wenn der, der half, selbst der Hilfe bedarf. Dass auch in Mesopotamien dem Begriff der Gerechtigkeit der Aspekt der Förderung sozialer Kohäsion in der Gesellschaft innewohnt, zeigen die „Gerechtigkeits" (*mīšaru[m]*)-Edikte des altbabylonischen Staates im 2. Jahrtausend, die dem Abbau sozialer Spannungen durch Schuldenerlass, Restitution des Bodenbesitzes nach Notverkäufen und der Sklavenbefreiung dienen[30]. Diese Restitutionsakte sind akkadisch auf *kittu(m) u mīšaru(m)* als Hendiadyoin bezogen, was mit „Recht und Gerechtigkeit" nur annäherungsweise übersetzt ist und die soziale Gerechtigkeit bezeichnet, die, wie Prologe und Epiloge keilschriftlicher Rechtssammlungen wie die des Hammurapi zeigen, herzustellen, Aufgabe des Staates in Gestalt des Königs ist, „damit der Waise nicht dem Reichen überantwortet wird, die Witwe nicht dem Mächtigen, der Mann von einem Seqel (ca 8 g) nicht dem Mann von einer Mine (ca. 500 g)"[31]. Die Gerechtigkeitsedikte bestätigen aber auch den traditionalen Charakter des altorientalischen Gerechtigkeitsbegriffs, implizieren sie doch ebenso wie der Begriff *mīšaru(m)* nicht den Gedanken sozialer Gleichheit im Sinne der Verteilungsgerechtigkeit, so dass die Edikte auch prinzipiell nicht soziale Ungleichheit in der Gesellschaft aufheben. Vielmehr wollen sie verhindern, dass Familien durch Expropriation in Folge von Verschuldung aus ihrer angestammten Gesellschaftsschicht herausfallen. Der traditionale Charakter dieses Gedankens unterstreicht durch das sumerische Sprichwort: „Der Mann des Pflügens der Feldsaat soll das Feld saatpflügen, der Mann, der die Gerste erntet, soll die Gerste ernten"[32]. Das Gute als das Gerechte ist das schon immer im Handeln des Menschen Realisierte, das traditionelle Verhalten als das normale auch das gute (*išaru[m]*). Das Sollen tritt erst dort in Spannung zum Handeln, wo es vom Gesellschaftlichen als normal geltenden abweicht. An dieser Stelle verzahnt sich die Moralität des Gerechtigkeitsbegriffs mit dem Recht, insofern das Recht-

---

[29] Vgl. J. ASSMANN, Ma'at. Gerechtigkeit und Unsterblichkeit im Alten Ägypten, München 1990, 58 ff.

[30] Vgl. die jüngste Zusammenstellung der einschlägigen Texte von C. SIMONETTI, Die Nachlaßedikte in Mesopotamien und im antiken Syrien, in: G. SCHEUERMANN (Hg.), Das Jobeljahr im Wandel. Untersuchungen zu Erlaßjahr- und Jobeljahrtexten aus vier Jahrtausenden, Würzburg 2000, 7–54. Zur rechtshistorischen Interpretation vgl. E. OTTO, Soziale Restitution und Vertragsrecht. *Mīšaru(m)*, *(an-)durāru(m)*, *kirenzi*, *parā tarnumar*, *šᵉ mitta* und *dᵉ rôr* in Mesopotamien, Syrien, in der Hebräischen Bibel und die Frage des Rechtstransfers im Alten Orient, (1998 [erschienen 2000]), 125–160.

[31] Vgl. Kodex Urnammu (Šulgi) IV:162–168; s. dazu E. OTTO, Die Bedeutung der altorientalischen Rechtsgeschichte für das Verständnis des Alten Testaments, ZThK 88 (1991), 154 f mit Text und Übersetzung des Verf.

[32] Vgl. E.I. GORDON, Sumerian Proverbs: Collection Four, JAOS 77 (1957), 75.

sprechen im Gericht ebenso wie die sozialen Restitutionsedikte des Staates ein „Zurechtrücken" (šutēšuru[m], Kausativ des Verbs ešēru[m]) = „gerade sein/geradeaus gehen") zur Wiederherstellung eines „normalen" und d. h. guten Zustandes als Inbegriff eines Rechtszustandes sind. Das Problem des altbabylonischen Rechtssystems besteht darin, dass es den staatlichen Gerechtigkeitsedikten nur durch ein temporäres Außerkraftsetzen des privaten Vertragsrechts gelingt, die traditionellen Gesellschaftsstrukturen gegen die ökonomische Dynamik, die deren Umbau verhindern will, zu bewahren. Der § 3 des Edikts des Königs Ammiṣaduqa[33] zeigt das Dilemma:

„Wer Gerste oder Silber einem Akkader oder einem Aramäer als Darlehen auf Zins oder auf Entgegennahme [...] ausgeliehen hat und sich darüber eine Urkunde hat ausstellen lassen – weil der König Gerechtigkeit für das Land aufgerichtet hat (aššum šarrum mīšaram ana matim iškunu), ist seine Urkunde zerbrochen; Gerste oder Silber kann er nach dem Wortlaut der Urkunde nicht eintreiben".

Rechtens gewährte und vertragsrechtlich gesicherte Darlehen werden einschließlich der Zinsen nicht zurückgezahlt und damit punktuell das private Vertragsrecht, das eine zentrale Säule des altbabylonischen Rechtssystems ist, ausgehebelt. Eine derartige Unterminierung bestehenden Rechts erfolgt um der Gerechtigkeit willen, „weil der König Gerechtigkeit (mīšarum) für das Land aufgerichtet hat". § 1 dieses Ediktes nennt als sein Ziel das „Erstarken" von Lehensbauern, Hirten und anderen sozial Schwachen, die nicht aus ihrem angestammten Beruf vertrieben werden sollen. Die große Zahl der Edikte in altbabylonischer Zeit zeigt ihre Unwirksamkeit, da der Gerechtigkeitsbegriff auf die Bewahrung der traditionellen Gesellschaftsstruktur ausgerichtet ist und sich gegen die in der ökonomischen Dynamik begründeten Kräfte der Veränderung stellt, anstatt sie sozial zu gestalten. So ist es nicht verwunderlich, dass die staatliche Verordnung solidarischen Handelns durch Verzicht auf rechtmäßig investiertes Geld in anderen Gebieten des Alten Orients, nicht zuletzt in Assyrien, zu einem Motiv der Königsideologie verdünnt wird, insofern die Privatverträge Klauseln enthalten können, die die Unwirksamkeit eines königlichen Ediktes für den Vertrag stipulieren. Die Hebräische Bibel entgeht diesem Dilemma, indem sie ihre Sozialprogramme vom Erlassjahr (Dtn 15), Jobeljahr (Lev 25), Zinsverbot (Dtn 23,20 f) und Begrenzung des Pfandrechts (Dtn 24,6.10–13)[34] als ethische Forderungen neben das praktizierte Recht treten lässt, damit aber als ein neues Dilemma in Kauf nimmt, dass sich diese Programme wie das des Jobeljahrs, das rabbinische Auslegung (b 'Arakhin 32b.33a) als mit dem Exil erledigt deklariert[35], nicht beachtet wurden, was auch für das Zinsverbot gilt, oder, wo sie wie das Erlassjahr seit dem 2. Jahrhundert v. Chr. realisiert wurden, durch eine

---

33 Vgl. F.R. KRAUS, Königliche Verfügungen in altbabylonischer Zeit, Leiden 1984, 170 f.
34 Vgl. dazu E. OTTO, Theologische Ethik des Alten Testaments, Stuttgart 1994, 180 ff.249 ff.
35 Vgl. F. BIANCHI, Das Jobeljahr in der hebräischen Bibel und in den nachkanonischen jüdischen Texten, in: G. SCHEUERMANN (Hg.), a. a. O. (Anm. 30), 97.

Prosbulinstitution[36] unwirksam wurden. Die biblischen Sozialprogramme können mit der Überführung in den Bereich der Ethik die Forderung regelmäßiger Durchführung verbinden, sei es im Rhythmus von 7 bzw. 49 Jahren bei der Restitution als Aufhebung der Konsequenzen aus Personal- und Sachhaftung, sei es der permanenten Beachtung des Zinsverbots und der Beschränkungen im Pfandrecht. Sie sind darin den altorientalischen Restitutionsedikten überlegen[37], die nur in unregelmäßigen Abständen deklariert funktionieren konnten, um die Spekulation darauf zu unterbinden. Auch vermeidet die Hebräische Bibel den direkten Konflikt mit dem Vertragsrecht, indem sie die prinzipielle Überlegenheit der ethischen Forderung über das Vertragsrecht voraussetzt, Verträge also dem Sozialprogramm entsprechend zu schließen seien. Die Durchsetzungsschwäche der biblischen Programme ist die Staatsferne der Sozialprogramme, die auf ihre staatliche Durchsetzung verzichten und stattdessen auf den ethischen Appell durch die Paränese setzen[38], die für diese Programme im Deuteronomium wie im Heiligkeitsgesetz charakteristisch ist. Was sich auf den ersten Blick als Schwäche der biblischen Programme zeigt, ihre Staatsferne, erweist sich, wie wir noch sehen werden, als ihre Stärke.

Ist die altorientalische und biblische Antike auch nicht in der Lage, den im Gerechtigkeitsbegriff implizierten Gedanken des sozialen Ausgleichs wirkungsvoll in das Rechtssystem zu überführen, so wird doch seine kulturhistorische, durch das Alte Testament als Teil des christlichen Kanons vermittelte Bedeutung für die moderne Rechtsentwicklung deutlich, wenn man ihn mit dem Wertesystem der okzidentalen Antike vergleicht[39]. Das Wertesystem Griechenlands unterscheidet sich darin von dem des Alten Orients, dass es nicht primär auf einer bäuerlich-bürgerlichen Alltagsmoral, sondern einem Adelsethos ruht, das zunächst nicht den Zusammenhalt der Gemeinschaft im Blick hat, sondern agonale Werte des Streits betont, der Verteidigung der Ehre (*timè*) also den Vorrang vor der Durchsetzung von Gerechtigkeit im Sinne des gemeinschaftsfördernden Handelns einräumt. Im 24. Gesang der Odyssee lässt der Dichter Odysseus 108 junge Männer, die während seiner langen Abwesenheit um die Hand seiner Ehefrau Penelope anhielten, umbringen und verherrlicht ein Verhalten, das den Ruhm der Großtat vor einem Adelspublikum, und sei es ein Massenmord, höher

---

36 Vgl. dazu Z. FALK, Introduction to Jewish Law of the Second Commonwealth, Bd. II, Leiden 1978, 204–208.
37 Das spätvorexilische Sozialprogramm des Deuteronomiums wurde auch mit dem Bewusstsein der Überlegenheit über die neuassyrische (*an-*)*dur?ru*-Institution verfasst, die, sofern sie nicht vom König gewählte Privilegien, sondern die Restitution betraf, für nicht relevant erklärt werden konnte; vgl. E. OTTO, Das Deuteronomium. Politische Theologie und Rechtsreform in Juda und Assyrien, Berlin/New York 1999, 369 ff.
38 Vgl. dazu J.M. HAMILTON, Social Justice and Deuteronomy. The Case of Deuteronomy 15, Atlanta 1992, 26 ff.; M. OOSTHUIZEN, Deuteronomy 15:1–18 in Socio-Rhetorical Perspective, in: Zeitschrift für Altorientalische und Biblische Rechtsgeschichte 3 (1997), 64–91.
39 Vgl. dazu K.J. DOVER, Greek Popular Morality in the Time of Plato and Aristotle, Oxford 1974.

schätzt als den Frieden in der Gemeinde⁴⁰. Der Aspekt der sozialen Kohäsion und Solidarität, der den ostwestsemitischen Gerechtigkeitsbegriff prägt, ist dem griechischen Denken von Haus aus fremd und findet erst Eingang mit Hesiod, der die homerische Verherrlichung der Ehre und des Streits in Frage stellt und im Übergang vom achten zum siebten Jahrhundert die Gerechtigkeit (*dikaiosyne*) zum zentralen Begriff des Wertesystems macht, wobei er auf altorientalische Weisheitsliteratur zurückgreift⁴¹. Ein Ethos, das den Sieg im Kampf zum höchsten Wert erklärt, wird als hybrides Unrecht gebrandmarkt, das die Götter, die, allen voran Zeus, nun ebenfalls ethisiert werden, rächen sollen. Die Adligen werden als Richter für die Durchsetzung von Gerechtigkeit verantwortlich gemacht, wobei *dikaiosyne* ausschließlich die Bestrafung des Unrechts meint. Die *dikaiosyne* impliziert bei Hesiod, dass der Frieden und das Wohlergehen der Gemeinde höher bewertet wird als der Ruhm des Helden. Der maßlosen Rache wird die Aufforderung entgegengesetzt, Buße, die der Kontrahent willig ist zu zahlen, auch anzunehmen und so einen Konflikt zu beenden. Will der Gegner aber nicht einlenken, so soll man bei bester Gelegenheit zurückschlagen⁴². Die maßlose Ehrwahrung wird noch, wie die Tragödiendichtung zeigt, bis weit in die klassische Zeit hinein thematisiert, um sie aber, wie die Tragödien von Aischylos und Sophokles zeigen, unter dem Einfluss des von Hesiod rezipierten altorientalischen Gerechtigkeitsbegriff der Kritik zu unterwerfen, denn nur wenn höhere Werte als die Ehre gelten, könne man der Rache eine Grenze setzen⁴³.

---

40 Vgl. dazu E. FLAIG, Ehre gegen Gerechtigkeit. Adelsethos und Gemeinschaftsdenken in Hellas, in: J. ASSMANN u. a. (Hg.), Gerechtigkeit. Richten und Retten in der abendländischen Tradition und ihren altorientalischen Ursprüngen, München 1998, 97–140.

41 Vgl. auch M.L. WEST, The East Face of Helicon. West Asiatic Elements in Greek Poetry and Myth, Oxford 1997, 276 ff.

42 Einen Vergeltungsverzicht fordert Hesiod im Gegensatz zu den altorientalischen Weisheitslehren ebenso wenig wie er die Talion übernimmt, die im altbabylonischen Recht zum Schutz der freien Bürger (*awīlū*) vor Körperverletzungen eingeführt und im biblischen Bundesbuch auf die Körperverletzung mit Todesfolge eingeschränkt, in allen anderen Fällen aber zugunsten der Schadensregelung durch Ersatzleistung außer Kraft gesetzt wird; vgl. E. OTTO, Die Geschichte der Talion im Alten Orient und in Israel, in: DERS., Kontinuum und Proprium. Studien zur Sozial- und Rechtsgeschichte des Alten Orients und des Alten Testaments, Wiesbaden 1996, 224–245. Wenn Hesiod den doppelten Gegenschlag für angemessen hält, trägt er dem Adelsethos der Ehrverteidigung Rechnung. H.-J. GEHRKE (Die Griechen und die Rache: Ein Versuch in historischer Psychologie, 1987, 130 ff) rechnet mit einer griechischen Gerechtigkeitsdefinition, der der Grundsatz des Gabentausches derart zu Grunde liege, dass gerecht handle, wer seinen Feinden nach allerbesten Kräften Schaden zufüge. Auch darin schlägt sich das archaische Adelsethos nieder; vgl. auch K. TRAMPEDACH, Platon, die Akademie und die zeitgenössische Politik, Stuttgart 1994, 155 ff.

43 Erst Platon destruiert endgültig in „Georgias" und Politeia" den Ehrbegriff zu Gunsten der *dikaiosyne* jenseits des Gesetzes mit dem Ergebnis, dass Unrecht zu leiden besser sei als Unrecht zu tun, so dass der Begriff der Gerechtigkeit zur Bezeichnung einer Eigenschaft der Seele in Spannung gerät zum traditionellen Gerechtigkeitsbegriff der platonischen Polis; vgl. dazu E.A. HAVELOCK, The Greek Concept of Justice. From Its Shadows in Homer to Its Substance in Plato, Cambridge/Mass. 1978, 308 ff.

Die in Bezug auf das Wertesystem moralischen Handelns zu beobachtende Differenz zwischen dem orientalischen und okzidentalen Denken in der Antike, das erst durch entscheidende Impulse aus dem Orient die Bindung des Gerechtigkeitsbegriffs an ein Adelsethos überwinden konnte, wiederholt sich in der Gottesidee. Der wesentliche Unterschied zwischen Mensch und Gottheit besteht für griechisches wie altorientalisches Denken darin, dass die Götter im Gegensatz zum Menschen unsterblich sind. Moralisch aber ist der Unterschied zwischen Gottheit und Mensch für griechisches Denken gering, da die Götter wie die Menschen moralisch nicht unfehlbar (*anharmatetos*) sind. Auch sie sind durch Eros verführbar, auf ihre Ehre bedacht und eifersüchtig wie die Menschen. Die wichtigsten griechischen Götter können in Archaik und Klassik als gleichgültig gegenüber den sozialen Normen menschlicher Gemeinschaft bezeichnet werden. Wurzel dieses religiösen Denkens ist wiederum das archaische Adelsethos, das eine individuelle Beziehung zwischen einem einzelnen Helden und seiner Schutzgottheit zulässt, die gemeinschaftssprengend ist. Die Logik der Reziprozität im Umgang von Mensch und Gott ist die von Freundschaftsbeziehungen im Adelsethos, so dass die Gottheit ihren Schutzbefohlenen auch dort unterstützt, wo er gegen die Solidarität verstößt, wenn er nur seine Ehre verteidigt. Normen, die den Gemeinschaftszusammenhang durch solidarisches Handeln unter Einschluss der Konfliktregelung fördern, konnten so gerade nicht durch Impulse der Religion gefördert werden. Hesiod setzt dem unter Einfluss des Orients die Moralisierung des Gottes Zeus entgegen und nimmt für sich einem biblischen Propheten nicht unähnlich in Anspruch, Zeus' Willen zu kennen. Er findet Nachfolger erst in der sich von der Religion emanzipierenden Philosophie, da in Griechenland eine intellektuelle Schicht religiöser Spezialisten als Träger der ethischen Rationalisierung der Religion fehlt. Die griechische Religion als Opferreligion erwartet von jedermann die Wahrung der Opferpflichten und lässt neben der politischen Führungsschicht, die ihre Leitbilder aus dem kriegerischen Adelsethos bezieht, keine eigenständige Priesterschicht aufkommen. Damit fehlt auch in der Bürgerpolis eine religiöse Intellektuellenschicht, die in der Lage gewesen wäre, das Religionssystem ethisch auf sozial förderliche Werte hin so zu rationalisieren, dass es als Politische Theologie der Politik gegenübertreten und den Normen politische Geltung verschaffen könnte. Ein Ausweg aus der traditionellen Religion wird dann notwendig, wenn die Einsicht wächst, dass sich der Mensch gegen die Kontingenzen im Leben nicht magisch sichern kann und auf einen Beistand der Götter kein Verlass ist, da sie selbst an keine Normen gebunden sind. Hat in Griechenland die politische Elite also eine ethische Rationalisierung der Religion verhindert, so lässt in der ägyptischen Spätzeit eine Dominanz der Priester über die Politik die Religion zu einer die sozialen Normen konnektiver Gerechtigkeit aus dem Blick verlierenden, persönlichen Frömmigkeit regredieren. Diese Spätform ägyptischer Religion entlässt die Götterwelt aus den Normen der Ma'at zugunsten der willkürlichen Freiheit göttlichen Handelns, der der Mensch in einer persönlichen Frömmigkeit begegnet, indem er die Normen konnektiver Gerechtigkeit aus der sozialen Dimension entlässt und auf das Gottesverhältnis überträgt⁴⁴. Nicht durch soziales Verhalten soll nun das Lebensglück gesichert werden, sondern durch die Zuwendung der Gottheit gegenüber nach dem *do ut des*-Prinzip, was auch für den ägyptischen König gilt, der zum paradigmatischen Frommen in seinem Volk wird, während das Motiv des Gottessohnes vom König auf ein Gotteskind in einer Göttertriade übertragen wird. Das Religionssystem verliert immer dann, wenn eine produktive Spannung zwischen Religion und staatlicher Politik fehlt, seine Kraft zur ethischen Rationalisierung einer Gesellschaft, für die das antike Israel/Juda der Hebräischen Bibel Beispiele gibt. In den sozialen Krisen der judäischen Königszeit theologisieren priesterliche Intellektuelle Normen solidarischer Nachbarschaftsethik als Gotteswillen und entwerfen im Bundesbuch und im Deuteronomium Modelle einer solidarischen Gesellschaft, die der faktisch vollzogenen Politik entgegengehalten werden[45]. Die Schriftpropheten und die sich auf sie berufenden Intellektuellenkreise messen das Verhalten des Volkes an den in den priesterlichen Rechtssammlungen propagierten Maßstäben ethischen Verhaltens und kündigen die Folgen ihrer Missachtung für das Volk an. Kennzeichen der priesterlichen Theologie ist ihre Staatsferne, die eine implizite Staatskritik ist, die die Propheten als Königskritik explizieren. JHWH als der eine sittlich handelnde und sittliches Handeln fordernde Gott wird so zum Zielpunkt einer konsequenten ethischen Durchrationalisierung aller Lebensbereiche seiner Klientel des nachexilischen Judentums, die sich im Pentateuch als Tora niederschlägt und die dadurch ihre handlungsleitende Kraft entfaltet, dass keine Magie, die in Ägypten die rationalisierende Kraft des Gedankens eines Totengerichts unterminiert, von den Folgen des Handelns zu befreien vermag. Die Magiefeindlichkeit der judäisch-jüdischen Religion verbunden mit der durch den Monotheismus unterbundenen Möglichkeit, Unglück auf negative Götter in einem Pantheon und eine daraus abgeleitete negative Anthropologie zurückzuführen, verstärken das Bedürfnis nach einer ethischen Gestaltung des Lebens, da Unglück nur Folge des menschlichen Tuns sein könne. Die Rationalisierungsleistung der Religion wird weiter dadurch gesteigert, dass die Erfahrung, den Großmächten politisch ausgeliefert zu sein, mit allen Konsequenzen für das Schicksal des Einzelnen, Antworten fordert, wie diese Erfahrung mit dem einen Gott JHWH als dem sittlichen zusammenzudenken sei. Die Konsequenz ist eine universale Weltperspektive eschatologischen Denkens, die die gesamte Völkerwelt dem sittlichen Willen JHWHs unterwirft und darin die Lösung der Theodizeeproblematik für Juda sucht[46]. Dieses hohe Maß ethischer Rationalisie-

---

44 Vgl. J. ASSMANN, Ma'at a. a. O. (Anm. 29), 252 ff.
45 Vgl. E. OTTO, Wandel der Rechtsbegründungen in der Gesellschaftsgeschichte des antiken Israel. Eine Rechtsgeschichte des „Bundesbuches" Ex XX 22-XXIII 13 (StB 3), Leiden/New York 1988; DERS., a. a. O. (Anm. 37), 15–90.203–378; DERS., Wirtschaftsethik im Alten Testament, in: DERS., Kontinuum und Proprium. Studien zur Sozial- und Rechtsgeschichte des Alten Orients und des Alten Testaments, Wiesbaden 1996, 331–341.
46 Die mesopotamische Religionsgeschichte bietet ein komplexes, nach literarischen Gattungen zu differenzierendes Bild, das die Vorstellung älterer Forschung ersetzt, nach der zur Zeit Hammurapis in der ersten Hälfte des zweiten Jahrtausends eine Versittlichung der Gottesidee eingesetzt

rungsleistung in der Hebräischen Bibel zieht nun auch eine Emanzipation der Gesetze vom Staat nach sich, die kulturhistorisch in der Antike singulär ist. Ist in Mesopotamien der König von den Göttern zur Durchsetzung des von ihm ausgehenden Rechts beauftragt und erhalten im Achämenidenreich Rechtsentscheide des Königs die Funktion unveränderbarer Gesetze für die Gerichte, so wird im Pentateuch die Tora einer Funktionalisierung durch politische Mächte dadurch entzogen, dass ihr Ursprung als göttliche Offenbarung an einen Gottesberg in der Wüste verlegt und auf die Autorität JHWHs als einziger Rechtsquelle, nicht aber auf die des Staates in Gestalt des Königs zurückgeführt wird. Mit der Ablösung des Rechts vom Staat ist der Staat selbst dem Recht unterworfen (Dtn 17,2–14)[47]. Im Gegensatz zur neuassyrischen Königsideologie ist das Volk unmittelbar und nicht vermittelt durch den König Bundespartner Gottes[48], das Volk

---

habe, die aus den Göttern als sittlich fehlsamen Gestalten solche einer dem Menschen nicht erreichbaren sittlichen Vollkommenheit habe werden lassen, so dass der Mensch Unglück nicht mehr auf Dämonen, sondern auf unsittliches Verhalten zurückgeführt habe. Bereits die sumerischen Überlieferungen des ausgehenden dritten und frühen zweiten Jahrtausends erfordern aber eine differenziertere Interpretation. In mythischen Erzählungen hat das Götterpantheon die Funktion, empirisch widersprüchlich erscheinende Phänomene der menschlichen Lebenswelt wie die Gegensätze von Leben und Tod, Ordnung und Chaos, Frieden und Krieg, Fruchtbarkeit und Unfruchtbarkeit, Mann und Frau zu einer für den Menschen dadurch begreiflichen Weise zu vermitteln, dass diese Erscheinungen als Götter personifiziert werden, die nach der Logik menschlicher Interaktion handeln. Eine ethische Idealisierung der Götter müsste diese Funktion des Mythos unterminieren. Von der Funktion der Götter in den Mythen ist ihre Aufgabe in den Weisheits- und Rechtsüberlieferungen abzuheben, in denen die Götter nicht primär miteinander, sondern mit dem Menschen handeln und sein Handeln durch Begründung einer Werteordnung leiten. Diese ethische Bindung von Gott und Mensch kommt insbesondere in der religiösen Begründung der Rechtsschöpfungsfunktion des Königs sowie in der Zeugenfunktion der Götter im Vertragsrecht zum Tragen. Das offizielle Pantheon der Götter ist in beiden Funktionen auf den König und nur durch ihn als Leitkanal göttlichen Handelns in der Welt vermittelt auf den einzelnen Bürger ausgerichtet, auch wenn Götter wie šamaš, Marduk oder Ištar in Gebeten von jedermann angerufen werden können. Die Gottesbeziehung des Bürgers konzentriert sich auf seinen persönlichen Schutzgott, der seinen Lebensweg begleitet und als Vermittlungsinstanz zu höheren Göttern auftritt. Da das göttliche Pantheon auf Grund des ethisch ambivalenten Umgangs der Götter miteinander nur geringe ethische Vorbildfunktion für das Handeln des Menschen hat, die von der Religion ausgehenden ethischen Impulse göttlicher Vergeltung noch durch magische Manipulation abgefangen werden können und die Parteinahme eines persönlichen Gottes als Schutzgott für seinen Klienten auch im Falle seines moralischen Versagens erwartet wird, gehen von der Religion in Mesopotamien nur geringe Impulse ethischer Rationalisierung aus. Eine Emanzipation der weisheitlichen Gelehrsamkeit, die in den staatlichen Schreiberschulen gepflegt wird, von der Religion als Philosophie nach griechischem Muster, für die ethische Indifferenz der Religion eine gute Voraussetzung bietet, verhindert die enge Verbindung der Religion mit dem Staat, die auch eine Emanzipation priesterlicher Spezialisten als Träger einer ethischen Rationalisierung der Religion verhindert. Das gilt entsprechend auch für die ägyptische Religion.

47 Vgl. dazu J.-L. SKA, Le droit d'Israël dans l'Ancient Testament, in: A. BORRAS u. a. (Hg.), Bible et droit. L'esprit des lois, Namur 2001, 28 ff.
48 Vgl. E. OTTO, Die Ursprünge der Bundestheologie im Alten Testament und im Alten Orient, in: Zeitschrift für Altorientalische und Biblische Rechtsgeschichte 4 (1998), 1–84.

also gottunmittelbar geworden (Dtn 5,2-3.22; 29,10-1[49]). Tritt das Gesetz dem Staat gegenüber, so werden die in Mesopotamien und Ägypten im König verkörperten Rechtsdurchsetzungsfunktionen auf das verschriftete Gesetz übertragen, das im Gegensatz zum Recht mesopotamischer Rechtssammlungen, das deskriptiv ist, präskriptive Funktionen übernimmt[50]. Darin berührt sich das biblische Recht mit dem des klassischen Griechenlands, das ebenfalls königsfern ist, da es in der Agora seine Legislative und im Demos der Polis seine Rechtsquelle hat[51]; doch ist es nur partiell staatsunterwerfend, insofern als in der Polis zwischen Legislative und Exekutive unterschieden wird und ein Minderheitenschutz unbekannt ist. Erst in der modernen Verfassungsgeschichte können mit der Unterscheidung zwischen supremativ- und majoritätsfesten Grundrechten und parlamentarischen Mehrheitsentscheidungen unterliegendem Recht[52] diese beiden Linien biblischen und griechischen Gesetzesverständnisses zusammengeführt werden[53].

---

49 Zur literaturgeschichtlichen Verortung vgl. E. OTTO, Das Deuteronomium im Pentateuch und Hexateuch. Studien zur Literaturgeschichte von Pentateuch und Hexateuch im Lichte des Deuteronomiumrahmens, Tübingen 2001, 110-273.
50 Vgl. dazu E. OTTO, Kodifizierung und Kanonisierung von Rechtssätzen in keilschriftlichen und biblischen Rechtssammlungen, in: É. LÉVY (Hg.), La codification des lois dans l'Antiquité. Actes du colloque de Strasbourg 27-29 novembre 1997, Paris 2000, 77-124.
51 Vgl. dazu K.J. HÖLKESKAMP, Schiedsrichter, Gesetzgeber und Gesetzgebung im archaischen Griechenland, Stuttgart 1999, 270 ff. In der hellenischen Archaik gelten zunächst wie in Juda Götter als Verkünder bzw. Inspiratoren von Gesetzen, die an die Mauern heiliger Bezirke geschrieben wurden; vgl. dazu H. und M. VAN EFFENTERRE, Ecrire sur les murs, in: H.-J. GEHRKE (Hg.), Rechtskodifizierung und soziale Normen im interkulturellen Vergleich, Tübingen 1994, 87-96. Zu den Gesetzen von Gortyn vgl. jetzt auch A. HAGEDORN, Gortyn. Utilising an Archaic Greek Law Code for Biblical Research, in: Zeitschrift für Altorientalische und Biblische Rechtsgeschichte 7 (2001), 217-242.
52 Vgl. dazu R. HOOKER, Of the Laws of Ecclesiastical Polity (1592-1600), 2 Bde, eingeleitet von C. Morris, London/New York 1907 (Nachdruck 1969); s. dazu W. FIKENTSCHER, Die heutige Bedeutung des nichtsäkularen Ursprungs der Grundrechte, in: E.W. BÖCKENFÖRDE / R. SPAEMANN (Hg.), Menschenrechte und Menschenwürde. Historische Voraussetzungen - säkulare Gestalt - christliches Verständnis, Stuttgart 1987, 43-73.
53 Vgl. E. OTTO, „Menschenrechte" im Alten Orient und im Alten Testament, in: G. HÖVER (Hg.), Religion und Menschenrechte. Genese und Geltung, Baden-Baden 2001, 13-45. Bereits G. ROTH (Die Erklärung der Menschen- und Bürgerrechte. Ein Beitrag zur modernen Verfassungsgeschichte [München ³1919]) hat aufgezeigt, dass der Ursprung der neuzeitlichen Bürgerrechtsdeklarationen in der Religionsgeschichte zu suchen ist: „Aufs tiefste verknüpft mit der großen religiös-politischen Bewegung, aus der die amerikanische Demokratie geboren wurde, entspringt [der Grundsatz religiöser Freiheit] der Überzeugung, dass es ein Recht gebe, dass dem Menschen anerschaffen, das der Bürger verliehen sei, dass die Betätigung des Gewissens, die Äußerungen des religiösen Bewußtseins unantastbar dem Staate als Übung höheren Rechts gegenüberstehen. Dieses so lange unterdrückte Recht ist kein ‚inheritance', kein von den Vätern ererbtes Stück, wie die Rechte und Freiheiten der Magna Charta und der anderen Gesetze Englands; nicht der Staat, sondern das Evangelium hat es verkündet" (a.a.O., 55 f). Man kann nur noch ergänzen, dass bereits das Alte Testament diese Freiheitsrechte grundgelegt hat. Zu G. Jellineks Bedeutung für seinen Heidelberger Kollegen M. Weber vgl. auch E. OTTO, Tora a.a.O. (Anm. 5), 22 f; G. HUBER, Max Webers deutsch-englische Familiengeschichte 1800-1950, Tübingen 2001, 470.

III. Die Universalisierung antiker Gerechtigkeitsbegriffe in moderner Wirtschaftsordnung als Aufgabe des Völkerrechts

Die Gerechtigkeitsidee der orientalischen Antike hat ihre bleibende und kulturhistorisch bis in die Moderne durch die biblische Vermittlung wirksame Bedeutung in der Konnotation der Gemeinschaftstreue des Handelns, die ihren Ausdruck in der Hilfe für die sozial Schwächeren findet, wobei außerhalb Judas die Durchsetzung dieser Hilfe Aufgabe des Staates ist, in Juda aber Verpflichtung eines jeden Judäers, der dazu in der Lage ist. Steht dieser ostmediterrane Gerechtigkeitsbegriff im Dienste der Stärkung der Kohäsion einer Gemeinschaft, so hat er gerade darin auch seine Grenze der Universalisierbarkeit, so sehr er einem Gerechtigkeitsbegriff überlegen ist, der nur an der „Erwiderungsmoral des Gabentausches"[54] in dem Sinne orientiert ist, dass gerecht handelt, wer gibt, was er schuldig ist, den Freunden also nach Kräften nützt und den Feinden schadet, einem Gerechtigkeitsbegriff also, der nicht an der Gesellschaftskohäsion, sondern einer elitären Konfliktmentalität orientiert ist. In mesopotamischem und ägyptischem Denken endet der Gerechtigkeitsbegriff im Sinne der Gemeinschaftstreue an den Reichsgrenzen, deren Jenseits Bereich des Chaos ist, das es mit Gewalt niederzuhalten gilt. Völkerrechtliche Beziehungen werden analog zum privaten Vertragsrecht, das in Mesopotamien gerade in Spannung zur sozialen Konnotation des Gerechtigkeitsbegriffs steht, gestaltet[55]. Es ist erst der Moderne möglich, und wir stehen noch am Anfang dieses Prozesses, den sozialen Aspekt im Gerechtigkeitsbegriff zu universalisieren und den Gedanken der sozialen Kohäsion auf die Völkergemeinschaft zu übertragen. Es geht heute darum, eine durch das Völkerrecht abgesicherte Weltwirtschaftsordnung zu definieren[56], die die Aspekte materialer Gerechtigkeit im Sinne der Kohäsion der Völkergemeinschaft integriert und dabei die 1966 von der Vollversammlung der Vereinten Nationen verabschiedeten wirtschaftlichen sozialen und politischen Rechte zu Grunde legt[57]. Menschenwürde wird langfristig auch durch die Fest-

---

54 Vgl. dazu H.-J. GABRIEL, Verschriftung und Verschriftlichung sozialer Normen im achämenidischen und klassischen Griechenland, in: É. LÉVY (Hg.), La codification des lois dans l'Antiquité. Actes du colloque de Strasbourg 27–29 novembre 1997, Paris 2000, 142 ff. 151 ff.
55 Im Alten Orient dient der Gegensatz von Chaos und Ordnung, der mythisch seinen Ausdruck im Chaoskampfmotiv findet, das seinen Ursprung im westsemitischen Raum hat und von dort nach Mesopotamien, aber in Ansätzen auch nach Ägypten gewandert ist, der Begründung militärisch offensiver Politik, für die nicht Krieg und Frieden, sondern Krieg und Chaos Gegensätze sind; vgl. dazu E. OTTO, Krieg und Frieden in der Hebräischen Bibel und im Alten Orient. Aspekte für eine Friedensordnung in der Moderne, Stuttgart 1999, 13–75. In Hellas wird dieser Gegensatz nicht zur Begründung von Großreichspolitik, sondern kulturell als Gegensatz von Griechen und Nichtgriechen als Barbaren zum Ausdruck des kulturell begründeten Selbstwertgefühls der Menschen des griechischen Raumes genutzt, das sich auch als moralische Überlegenheit formulieren kann.
56 Vgl. E. OTTO, Entschuldung aus bibeltheologischer Sicht, in: K. GABRIEL u. a. (Hg.), Die Diskussion um eine Insolvenzrecht für Staaten (Volkswirtschaftliche Schriften), Berlin 2002/03.
57 Vgl. dazu W. HUBER, Gerechtigkeit und Recht. Grundlinien christlicher Rechtsethik, Gütersloh 1996, 372 ff.

legung international gültiger sozialer Mindeststandards, beginnend mit der Bewahrung des Menschen vor dem Hungertod, sozial definiert werden[58]. Mit der Universalisierung ist in der Moderne auch eine weitere im antiken Gerechtigkeitsbegriff des ostmediterranen Raumes, der nicht am Gedanken einer Verteilungsgerechtigkeit, sondern einer Bewahrung traditioneller Gesellschaftsstrukturen orientiert war, angelegte Beschränkung zu überwinden. Sie galt als gerecht, gerade weil sie überkommen ist, und als solche soll sie gegen Veränderungen, die ökonomisch begründet sind, geschützt werden. Dieser Traditionalismus im antiken Gerechtigkeitsbegriff, dem traditionelles Verhalten im Sinne des Normalen als das Gute gilt und der entsprechend auch auf ein traditionelles Gesellschaftsmodell fixiert ist, demgemäß jeder in seiner angestammten Profession bleiben soll, nehmen den Gerechtigkeitsedikten Mesopotamiens und Sozialprogrammen der Hebräischen Bibel ihre Wirksamkeit. Traditionalismus und Universalisierungsblockade im antiken Gerechtigkeitsbegriff bedingen sich gegenseitig. In der Hebräischen Bibel wird die Universalisierungssperre durch die Differenzierung zwischen Binnen- und Außenmoral in den Sozialprogrammen von Erlass- und Jobeljahr sowie des Zinsverbots ausgedrückt. Hat die jüdische Exegese an dieser Differenzierung prinzipiell festgehalten, stand die christliche Auslegung des Alten Testaments als Teil ihres Kanons vor der Schwierigkeit, zu erklären, wer für den Christen der Bruder und wer der Fremde sei[59]. Die Auslegung des Zinsverbots in der Alten Kirche und im Mittelalter hat den Aspekt der Binnenmoral immer weiter universalisiert und Zinsnahme für den Christen grundsätzlich als unstatthaft verworfen. Erst im Spätmittelalter und vor allem in der Reformation setzte ein Umschlag zur Universalisierung der Außenmoral ein, die bei Johannes Calvin ihren Zielpunkt erreicht, wenn er den durch Geld vermittelten und auf Gewinn abzielenden Umgang mit dem anderen erlaubt, der gerade dadurch zum „Bruder" wird, dass man Geschäftsbeziehungen mit ihm unterhält. Benjamin N. Nelson hat diesen Prozess wiederholt nachgezeichnet[60] und damit Max Webers Protestantismus-Kapitalismusthese[61] rezeptionshistorisch untermauert, indem er anhand der Auslegungsgeschichte des Zinsverbots den Zusammenhang zwischen Altem Testament und reformierter Theologie der Reformation herstellt, die ihrer-

---

[58] Vgl. dazu T. KOCH, Menschenwürde als das Menschenrecht – Zur Grundlegung eines theologischen Begriffs des Rechts, ZEE 35 (1991), 96–112, bes. 105.

[59] Vgl. dazu E. OTTO, Gerechtigkeit und Erbarmen im Recht des Alten Testaments und seiner christlichen Rezeption, in: J. ASSMANN u. a. (Hg.), Gerechtigkeit. Richten und Retten in der abendländischen Tradition und ihren altorientalischen Ursprüngen, München 1998, 79–95; DERS., „Um Gerechtigkeit im Land sichtbar werden zu lassen ...". Zur Vermittlung von Recht und Gerechtigkeit im Alten Orient, in der Hebräischen Bibel und in der Moderne, in J. MEHLHAUSEN (Hg.), Recht – Macht – Gerechtigkeit, Gütersloh 1998, 107–145.

[60] Vgl. B.N. NELSON, The Idea of Usury. From Tribal Brotherhood to Universal Otherhood, Chicago ²1969; DERS., Der Ursprung der Moderne. Vergleichende Studien zum Zivilisationsprozeß, Frankfurt/Main 1986, 180 ff.

[61] Vgl. M. WEBER, Die protestantische Ethik und der Geist des Kapitalismus, in: DERS., Gesammelte Aufsätze zur Religionssoziologie I, Tübingen ⁷1978, 17–206; DERS., Die protestantischen Sekten und der Geist des Kapitalismus, a. a. O., 207–236.

seits den „Geist des Kapitalismus" aus sich freisetzte. Nur auf den ersten Blick mag es so erscheinen, dass damit die sozialen Aspekte im Gerechtigkeitsbegriff mit der Binnenmoral verbunden zu Gunsten einer formalen Rationalität des Marktes, der „Außenmoral", verdrängt worden seien. Tatsächlich hat sich in der Reformation die Emanzipation der Ökonomien anderer Gesellschaftsbereiche von der Religion vollzogen, die aber gerade auch die Emanzipation der Religion ist, die nicht mehr auf ein traditionales Gesellschaftsmodell bezogen wird. Die Religion war, so hat es Adolf von Harnack formuliert, durch die Reformation, „mit einem Schlage aus der Verkuppelung mit allem ihr Fremden befreit und zugleich das selbständige Recht der natürlichen Lebensgebiete ... anerkannt"[62]. Damit aber sind die in der Religion aufgehobenen Momente der *iustitia connectiva* keineswegs in den Sektor privater Überzeugungen abgedrängt, sondern finden über den Prozess demokratischer Rechtsschöpfung ihren Weg in eine soziale Rechtsgestaltung, die die Kohäsion der Gesellschaft stärkt und dem Prozess der nur formalen Rationalisierung des Rechts zugunsten seiner wertrationalen Fortschreibung eine Grenze setzt, die ihren sichtbaren Ausdruck in der sozialen Gestaltung der Marktwirtschaft findet. Die biblischen Motive sozialer Gerechtigkeit sind zu solchen der Menschenrechte geworden. Gegenüber der Antike hat also ein bedeutsamer Umformungsprozess stattgefunden. Die Gerechtigkeit im Sinne der *iustitia connectiva* diente in der Antike als Gruppenrecht, dem das Individuum unterzuordnen ist und das Vorrang vor seinen Rechten beansprucht. Wie das Dilemma des ungelösten Verhältnisses von Restitutionsedikten zum privaten Vertragsrecht zeigt, war das Verhältnis von Recht des Einzelnen und Gruppenrecht schon in der Antike prekär. In einer modernen Gesellschaft kehrt sich das Verhältnis um. Die partikularen Gruppenrechte noch in ihrer universalisierten und formalisierten Gestalt einer Weltwirtschaftsordnung und eines Welthandelsrechts müssen die universalistischen Menschenrechte und -pflichten integrieren, die im einzelnen Menschen die personne humaine der idealen Menschheit schützen[63]. Darin liegt die Erwartung begründet, dass die nationale Ordnung der Marktwirtschaft als soziale langfristig auch Eingang in eine völkerrechtlich gesicherte Welthandelsordnung finden wird. Den Kirchen fällt weltweit die Auf-

---

[62] Vgl. A. von HARNACK, Martin Luther in seiner Bedeutung für die Geschichte der Wissenschaft und der Bildung. Festrede gehalten am 10. November 1883 in der großen Aula der Ludwigs-Universität Gießen, Gießen ⁴1911, 21; s. dazu T. RENDTORFF, Adolf von Harnack und die Theologie. Vermittlung zwischen Religionskultur und Wissenschaftskultur, in: K. NOWAK / O.G. OEXLE (Hg.), Adolf von Harnack. Theologe, Historiker, Wissenschaftspolitiker, Göttingen 2001, 397–417.
[63] Diese Entwicklung hat E. Durkheim überzeugend herausgearbeitet; vgl. dazu W. SCHLUCHTER, Individualismus (Anm. 21), 59–85; W. GEPHART, Gesellschaftstheorie und Recht. Das Recht im soziologischen Diskurs der Moderne, Frankfurt/Main 1993, 321–428. E. Durkheim hat nicht nur gefordert, die Menschenrechte in eine Zivilreligion einzubetten, sondern auch als Strafrecht mit Sanktionen zu bewehren. Die zunehmende Zahl internationaler Gerichtshöfe liegt auf dieser Linie der Entwicklung des Völkerrechts.

gabe zu, das „soziale Kapital" der modernen Marktgesellschaften zu bewahren und zu mehren[64].

Abstract

Die Gerechtigkeitsidee der orientalischen Antike betont im Gegensatz zu der des frühen Griechenland die Kohäsion der Gesellschaft, indem die Fürsorge für die der Hilfe Bedürftigen im Zentrum steht. Es gelingt aber weder in Mesopotamien, wo dieser Aspekt der Gerechtigkeit nur durch Außerkraftsetzung des Vertragsrechts zur Geltung gebracht werden kann, noch in der Hebräischen Bibel, in der die soziale Ethik neben das Recht tritt, Recht und Gerechtigkeit zu vermitteln. Erst in den modernen Verfassungs- und Sozialrechten gelingt die Vermittlung.

In Ancient Near Eastern antiquity the idea of justice contrary to the definition in early Greece included aspects of social solidarity. But neither in Mesopotamia, where the aspect of social justice could only be realized by canceling valid contracts, nor in the Hebrew Bible, where the social ethical programs complemented the law without any realization, laws and justice could be connected effectively. Only modern legal systems realize the social aspects of justice in social laws and mediate between law and justice.

---

[64] F.W. Graf fordert zu Recht auch ein, dass die Kirchen sich an der Suche nach einer neuen ökonomischen Institutionsordnung beteiligen müssen, „die einerseits den Markt sehr viel weniger reguliert und begrenzt als der alte Sozialstaat – nur so kann der rheinische Kapitalismus global wieder konkurrenzfähig werden oder bleiben – und andererseits den tatsächlich marginalisierten Gruppen Schutz und Unterstützung bietet"; vgl. F.W. GRAF, a.a.O. (Anm. 26), 583, sowie A. GIDDENS, The Third Way, Oxford 1998.

Diskussion zum Vortrag
von Prof. Dr. Eckart Otto

Herr Buchen:
An einem Punkt haben Sie von der Magiefeindlichkeit der judäischen Religion gesprochen. Ist es nicht so, dass diese Aussage eingegrenzt werden muss? Wenn wir z. B. im Alten Testament an die Geschichte der Hexe von En-Dor (1. Sam 28) denken, wo zwar auch an der magischen Praxis Kritik geübt wird, so zeigt sich doch gerade dort, dass die judäische Volksreligion in vollem Umfang Anteil hat am ganzen antiken Zauberwesen und sich da durch nichts unterscheidet. Das ist ja auch die Quelle der Entwicklungen in der jüdischen Mystik und späteren Kabbala, wo sich das ja auch mit Händen greifen lässt.

Prof. Otto:
Dem darf ich natürlich als Alttestamentler heftig widersprechen. Selbstverständlich haben wir für die vorexilische Zeit auch eine Volksreligion anzunehmen, aber das Alte Testament, das ja im Wesentlichen das Dokument der nachexilischen Zeit ist, zeigt eben die Reinigungsprozesse, die stattgefunden haben, und dass diese Art magisch orientierter Alltagsethik der vorexilischen Zeit nicht überlebt hat zugunsten des Gesetzesbegriffs der Thora, und dies ist nun für die Wirkungsgeschichte der hebräischen Bibel entscheidend. Sie ist magiefeindlich, wenn Sie es etwa mit den Möglichkeiten der ägyptischen, aber auch der mesopotamischen Religion, die Frage des Lebensglücks magisch zu beantworten, vergleichen.

Es gibt natürlich immer wieder auch Volksreligiosität. Aber das Amulettwesen hat eben in der nachexilischen Zeit nicht mehr eine vergleichbare Bedeutung, wie es das etwa in den Umweltkulturen hat. Auch die Archäologie zeigt uns sehr deutlich, dass dieser Gedanke der magiekritischen Religionsgestalt, der zunächst einmal nur von intellektuellen Eliten gedacht worden ist, sich nach unten in die Bevölkerung des nachexilischen Judentums durchgesetzt hat. Ich habe eine rezeptionshistorische Perspektive eingenommen. Texte sind rezipiert worden, nicht Praktiken. Es mag ja durchaus Praktiken geben, die Sie dann, meinetwegen auch aus der Wirkungsgeschichte im Mittelalter, einige Jahrhunderte rückdatierend rekonstruieren können. Das kann man tun. Nur rezipiert worden ist zunächst einmal christlich das Alte Testament in Gestalt der Septuaginta als schriftlicher Text. Der Text ist entscheidend, alles andere ist Spekulation. Wo die Grenze der Wirkung der Texte auf die Alltagsmoral der damaligen Menschen gewesen ist, ist nicht entscheidend, sondern die entscheidende Frage ist, wie die Rezeption der Texte durch die Jahrhunderte deren Impulse weitergegeben hat.

Prof. Welten:
In Ihrer bewundernswerten Elementarisierung haben Sie eigentlich für die gesamten viertausend Jahre mit einem undifferenzierten Staatsbegriff gearbeitet.

Kann man in der nachexilischen Zeit einfach von Staatsferne sprechen? Ich denke, es wäre auch gerade für die Transformation jetzt im Blick auf die Gegenwart, im Blick auf Demokratie und ähnliche Fragen, eine Differenzierung hilfreich. Ihr Interesse ist ja, einen Fortschritt im Blick auf heutige Rechtsentwicklung zu proklamieren. Ich habe aber den Eindruck, Sie führen ein heutiges Staatsverständnis zurück in die Antike.

Prof. Otto:
Wir haben in unserem Rechtssystem die Integration von Ideen, die bis in die Antike rückführbar sind. Insofern scheint ja nun doch ein sehr differenzierter Begriff des Staates vorzuliegen, wenn ich sage: Moderne Überführung von Motiven, die in der Antike nur staatsfern geäußert werden konnten, in das demokratische Rechtssystem. Diese Rückholung von Gedanken, die zunächst einmal in Abwehr religiöser „staatlicher" Autorität geäußert wurden, in einem Prozess durch demokratische Staatsorgane fortgeschriebenen Rechts, das scheint mir nun ein sehr großer Fortschritt der Moderne zu sein. Es war wohl notwendig, dass in der orientalischen Antike, also Israel und Juda, der Gedanke gedacht werden konnte: der Mensch hat Rechte gegenüber dem Staat. Das ist nun tatsächlich ein ungeheurer Gedanke, der erstmalig in Israel im 7. Jh aufgetaucht ist, im gesamten alten Orient sonst nicht denkbar war, wie uns die Wirkungsgeschichte gezeigt hat.

Zum Zweiten aber auch die sozialen Rechte. Als Verantwortung des je Einzelnen bündeln wir sie heute wieder in einer repräsentativen Demokratie, in den demokratischen Fortschreibungen unseres Rechtes als soziale Rechte, als Grenzrechte für den Markt in einer sozialen Marktwirtschaft. Wo kommen denn diese Ideen her? Das ist Wirkungsgeschichte biblischer Überlieferung. Ich meine also, hier ist durchaus schon mit einem sehr differenzierten Staatsbegriff gearbeitet worden und die Entwicklung mit in Rechnung gestellt, die die Emanzipation des Menschen vom altorientalischen religiös überhöhten oder religiös interpretierten Staat auch notwendig machte.

Prof. Palaver:
Mir hat die Aufweisung, dass die biblische Botschaft einen sehr wichtigen verändernden Einfluss gerade auf unsere moderne Welt gehabt hat, sehr gut gefallen. Wo ich aber Fragezeichen setzen würde, allerdings Fragezeichen, die eher für Sie sprechen, ist Ihr Optimismus zum Schluss, dass es möglich wird, so eine Weltwirtschaftsordnung zu schaffen.

Prof. Otto:
Wir müssen es!

Prof. Palaver:
Da bin ich ganz Ihrer Meinung, aber woher nehmen Sie diesen Optimismus? Es gibt gerade wirtschaftssoziologische oder wirtschaftspolitische Untersuchungen, die zeigen, dass das neoliberale Modell, das in den letzten 20 Jahren ganz stark

Gerechtigkeit in der orientalischen und okzidentalen Antike   63

an Boden gewonnen hat, eher wieder auf heidnische Konzepte zurückgreift und gerade die biblische Grundierung dessen, was wir als soziale Marktwirtschaft kennen, zurückdrängt. Vielleicht könnten Sie ein wenig entfalten, warum Sie glauben, dass das, was wir müssen, auch so einfach gehen wird.

Prof. Otto:
In dem Sinne würde ich meinen, sind wir im Zweifelsfalle auch immer verpflichtet kontrafaktisch zu glauben. Noch immer hat der Blick in viertausend Jahre Geschichte eine ordnende Funktion und er gibt uns nicht einfach nur negative, sondern er gibt uns eher positive Perspektiven. Ich meine, dass wir ja alle sehr egoistische Wesen sind. Wir wollen ja überleben. Und das wird uns dazu zwingen, eine Weltwirtschaftsordnung zu strukturieren, die am Ende für Ausgleich sorgt, aus ganz egoistischen Gründen. Nicht weil wir alle so gute Menschen sind, sondern weil wir eine zunehmende Sicherheit wollen. Und dass es Progress gibt, zeigt sich daran, dass Menschenrechtsverletzungen jetzt in Den Haag in einem internationalen Gerichtshof erstmalig in der Geschichte verfolgt werden. D. h. wir sind also tatsächlich dabei, das Völkerrecht im Sinne der schon realisierten Rechtsstrukturen mitteleuropäischer Staaten und ihrer Werte zu gestalten. Und bin sehr sicher, dass das der Weg ist, den die Weltgemeinschaft zukünftig gehen wird, d. h. die Werte der justitia connectiva werden auch im Zeitalter der Globalisierung – nie konfliktfrei – ihren Ort haben und sich durchsetzen.

Prof. Gräb:
Mir ist fraglich, inwieweit Ihr eigenes Unternehmen dem, was Sie wollen und was wir alle wollen sollten, diese soziale Weltmarktwirtschaft zu erreichen, wirklich dienlich ist. Sie führen das soziale Gerechtigkeitsdenken auf die hebräische Bibel zurück und damit ja doch auf eine partikulare Religionstradition, und haben dann selber von den Universalisierungsblockaden gesprochen, die es immer wieder noch gibt. Richten Sie nicht eine neue auf, indem Sie dasjenige, was generalisiert werden sollte, dieses Gerechtigkeitsdenken, auf eine spezifisch religiöse Tradition zurückführen? Wem ist damit gedient? Es geht doch gerade darum, sozusagen im Horizont des Allgemeinverbindlichen, Naturrechtlichen oder wie auch immer, als allgemeinverbindlich zu plausibilisieren, was Sie sich als Verdienst anrechnen, nun auf die hebräische Bibel rückgeführt zu haben.

Prof. Otto:
Wir müssen ja zunächst einmal in den Logiken unserer Tradition und unseres Kulturraumes denken, wenn wir nun weiter so universalisieren wollen, dass wir auch den Islam und den fernen Osten mit hineinholen. Das bedeutet aber doch nicht, dass wir uns zunächst einmal nicht unserer eigenen Identität versichern. Wenn wir dann in den internationalen Diskurs gehen, dann tun wir das so, wie die Vereinten Nationen es etwa mit den zwei Pakten der Menschenrechte tun, die sie auf die Menschenwürde der Aufklärungstradition basieren lassen. Sicherlich bedarf der Begriff der Menschenwürde, der ja dort dann sozusagen religionsneu-

tral eingeführt wird, zumindest was unseren Kulturraum betrifft, wiederum der Rückversicherung. Was ist die Fundamentierung dieses Begriffs der Menschenwürde, wenn wir nicht mehr einfach nach der Aufklärungstradition im Kantischen Sinne aus dem vernünftigen Wesen des Menschen etwas derartiges ableiten wollen? Das ist nach dem 19. Jh., würde ich meinen, bei uns schlicht nicht mehr möglich. Hier stoßen wir auf die alten unerledigten orientalischen Überlieferungen, die auch über Griechenland – ich sprach in meinem Vortrag von Hesiod – das Fundament unserer europäischen Kulturgeschichte darstellen und weltgeschichtlich wirksam werden.

VI. WOLFGANG PALAVER
Die antike Polis im Lichte biblischer Gewaltanschauung. Die mimetische Theorie René Girards zum Problem des Politischen

Der folgende Beitrag versucht in drei Schritten der Frage des Politischen von seinen Ursprüngen in der griechischen Polis bis hin in unsere heutige Welt der Globalisierung nachzugehen. In einem ersten Schritt wird jene Paradoxie der Gewalt ans Licht gebracht, die für das griechische Denken der Antike konstitutiv ist. Weil interne Bürgerkriege durch politische Freund-Feind-Verhältnisse nach außen abgeleitet wurden, konnte die antike Polis die menschliche Gewalttätigkeit eindämmen, ohne dass die Menschen ihre Gewalttätigkeit aufgeben mussten. Ein zweiter Schritt beschäftigt sich mit der Deutung dieses politischen Paradoxons. Aus der Sicht der mimetischen Theorie René Girards stimmt es mit dem Bild des Satans im Neuen Testament überein und lässt sich auf den kulturgründenden Sündenbockmechanismus zurückführen. Langfristig unterminierte aber diese biblische Einsicht in den gewalttätigen Ursprung der Kultur alle Formen traditioneller Freund-Feind-Politik. In einem dritten Schritt geht es daher um die Entwicklung hin zu unserer modernen Welt der Globalisierung, in der einhergehend mit der Schwächung von politischen Freund-Feind-Verhältnissen ein bisher ungeahntes Potential an menschlicher Zerstörungskraft sichtbar wird. Nach Girard weist die moderne Welt apokalyptische Züge auf, d. h. die biblische Aufdeckung des Sündenbockmechanismus setzt jene Kräfte frei, die bisher durch Formen der Freund-Feind-Politik gebunden blieben. Zwar verzögerte das Wirken einer dem Satan nicht unähnlichen, aufhaltenden Macht – eines Katechons – die Entfaltung des apokalyptischen Impulses der Bibel und erlaubte es so auch der Christenheit, Formen der Freund-Feind-Politik zur Eindämmung interner Gewalt zu entwickeln. Heute aber sind wir Zeugen eines dramatischen Erlahmens katechontischer Freund-Feind-Politik, die der biblischen Botschaft der Gewaltfreiheit eine bisher noch nie da gewesene politische Bedeutung zukommen lässt.

1. Das Paradox der Gewalt als Merkmal der antiken Polis

Paradoxien gehören zu den auffälligen Kennzeichen der antiken Polis. Ob wir die Götterwelt der Polis betrachten oder auch nur das in ihr vorherrschende philosophische Denken, sehr rasch stoßen wir auf die Paradoxie einer „Harmonie des

Auseinanderstrebenden"[1] oder das paradoxe „Band der Teilung"[2], das den antiken Stadtstaat zusammenhält.

Platons Bild für die Aufgabe der Wächter in seiner „Politeia" macht das Paradoxon der antiken Polis anschaulich.[3] Die Wächter sollen sich wie gute Wachhunde freundlich und zahm zu den Einwohnern der Stadt verhalten, gleichzeitig aber auch angriffslustig und bissig sein, wenn sie auf Feinde der Stadt treffen. Dieses Bild Platons führt uns bereits näher zu den tieferen Ursachen der die Polis bestimmenden Paradoxie. Sie hängt mit der Gewalt zusammen, deren dosierte Anwendung zu den heiklen Aufgaben der Wächter zählt. Gewaltbereit sollen sie die Einwohner der Stadt vor der Gewalt äußerer Feinde beschützen. Zu Recht spricht Leo Strauss von der „Verwickeltheit des Gerechtigkeitsproblems" in Platons Polis, deren – zwischen innerem Freund und äußerem Feind unterscheidende – Bürgermoral an einem „unvermeidlichen Selbstwiderspruch" leide. Die Bürgermoral „behauptet, daß im Krieg andere Verhaltensregeln gelten als im Frieden, aber kann nicht umhin, zumindest einige wichtige Regeln, die nur im Frieden gelten sollen, als allgemeingültig zu betrachten"[4].

Es ist der vorsokratische Philosoph Heraklit, der den Zusammenhang von Paradoxie und Gewalt noch deutlicher hervortreten lässt. Sein Denken betont nicht nur das „Zusammenstimmen des Widereinanderstehenden", die „Fügung des Wider-Spännstigen" oder die paradoxe Einheit von Recht und Streit, sondern auch die paradoxe Vaterschaft des Krieges, der nicht als bloßer Zerstörer allem Frieden ein Ende bereitet, sondern gerade umgekehrt als lebensspendende Kraft zur Quelle der Kultur erhoben wird: „Krieg ist aller Dinge Vater, aller Dinge König. Die einen erweist er als Götter, die anderen als Menschen, – die einen läßt er Sklaven werden, die anderen Freie."[5]

Wenn wir das Paradox der antiken Polis direkt im Zusammenhang mit der Welt des Politischen kennen lernen wollen, drängt sich eine genaue Analyse von Aischylos' Tragödie „Die Eumeniden" auf, an der wir am deutlichsten die Entstehung des Politischen bei den Griechen studieren können.[6] An der Welt des Aischylos fällt zuerst ihre paradoxe Theologie, die Harmonie der Gegensätze in der Götterwelt auf. Nach Hans Blumenberg ist diese gespaltene Götterwelt des Aischylos die mythische Quelle, aus der Goethes berühmte lateinische Umschreibung des im Zwiespalt der Götter sich ausdrückenden Dämonischen

---

1 Vgl. G. NEBEL, Platon und die Polis, in: DERS., Griechischer Ursprung, Band I, Wuppertal 1948, 22.
2 N. LORAUX, Das Band der Teilung, in: J. VOGL (Hg.), Gemeinschaften. Positionen zu einer Philosophie des Politischen, Frankfurt am Main 1994, 31–64.
3 PLATON, Der Staat (Politeia), übersetzt und hg. von K. VRETSKA, Stuttgart 1982, 375a–376b.
4 L. STRAUSS, Naturrecht und Geschichte, Deutsche Übersetzung von H. BOOG, Stuttgart 1956, 154 f.
5 HERAKLIT, Fragmente, Griechisch und Deutsch, hg. von B. SNELL, Düsseldorf [12]2000, B 8, B 51, B 80, B 53.
6 Vgl. C. MEIER, Die Entstehung des Politischen bei den Griechen, Frankfurt am Main [3]1995, 144–246.

stammt: „Nemo contra deum nisi deus ipse."⁷ Von Apollo dazu aufgestachelt tötet Orestes seine Mutter aus Rache für deren Mord an seinem Vater. Als Muttermörder wird er dafür von den für seine Mutter Partei ergreifenden Rachegöttinnen – den Erinnyen – fast zu Tode gehetzt. Die paradoxe Theologie des Aischylos – die „Widersprüchlichkeit des Göttlichen" – lässt sich mit Karl Reinhardt als die „geheime Einheit einer concordia discors" bezeichnen.⁸ Doch was sich zuerst nur als eine paradoxe Theologie zeigt, entpuppt sich bei näherem Hinsehen als grundsätzliches Paradoxon der Polis, deren politische Wirklichkeit und somit deren Verhältnis zur Gewalt sich bloß im Gefüge der Götterwelt spiegelt.

Das zentrale politische Problem, das die Tragödie „Die Eumeniden" zum Ausdruck bringt, ist die Überwindung des Bürgerkriegs in der Stadt. Der Freispruch, den Orestes durch den Einsatz der Göttin Athena vor dem Areopag erhält, ist der Schlusspunkt einer unendlichen Kette aufeinander folgender Racheakte, deren Ende der Überwindung des Bürgerkriegs in der Stadt entspricht. Der Chor der zu segenbringenden Eumeniden verwandelten Rachegöttinnen beschwört die Absage an den Bürgerkrieg: „Den kein Leid sättgen kann, nie durchbrause Bürgerkrieg / Diese Stadt, das ist mein Wunsch. / Nie nehme, trunken vom dunklen Blute der Bürger, / Im Zorn der Rachgier wechselnden Mords Blutrausch / Auf hier der Boden der Stadt!"⁹ Ein erster schneller Blick glaubt in den „Eumeniden" ein Beispiel für die typisch biblische Gewaltfreiheit und Liebesbotschaft sehen zu können.¹⁰ Doch dieser erste Eindruck täuscht. Nicht so sehr allein Liebe und Freundschaft beenden den Bürgerkrieg in der Stadt, sondern vielmehr noch der gemeinsame Hass nach außen, d.h. die gemeinsame Bereitschaft, den Krieg innerhalb der Stadt nach außen vor ihre Tore zu verlagern. Der Chor der Eumeniden besingt sowohl die gegenseitige Freundschaft und Liebe als auch den gemeinsamen Hass als Heilmittel gegen den Bürgerkrieg: „Freuden mög wechselnd man tauschen, / Einmütig liebenden Herzens, / Und auch hassen eines Sinns! / Das ist's, was viel Leid den Menschen heilt."¹¹ Die Göttin Athena beschreibt, wie der Krieg vor den Toren der Stadt den Bürgerkrieg im Innern überwinden soll: „Drum wirf in meines Lands Gebiete nicht hinein / Blutigen Streits Wetzsteine, schädgend das Gemüt / Der Jugend, daß sie weinlos trunken, rast in Wut, / Noch mach, aufreizend ihnen, Hähnen gleich, das Herz,

---

7   J.W. v. GOETHE, Aus meinem Leben. Dichtung und Wahrheit, Vierter Teil, 20. Buch, in: DERS., Werke, Hamburger Ausgabe in 14 Bänden, Bd. 10, 177; H. BLUMENBERG, Arbeit am Mythos, Frankfurt am Main 1996, 580.
8   K. REINHARDT, Aischylos als Regisseur und Theologe, Bern 1949, 162.
9   AISCHYLOS, Die Eumeniden, in: DERS., Tragödien, übersetzt von O. Werner, mit einer Einführung und Erläuterungen von B. Zimmermann, München 1990, 976–982.
10 G. BAUDLER, Töten oder Lieben. Gewalt und Gewaltlosigkeit in Religion und Christentum, München 1994, 153: „Apollinisch-frauliche Vernunft überwindet den Kreislauf von Gewalt und Gegengewalt, den Kreislauf der Rache des Blutes. Das Drama endet in einem einzigen Jubel der Freude über die Versöhnung von alten und neuen Göttern und Menschen, einer Versöhnung, die keines Opfers bedarf."
11 AISCHYLOS, a.a.O. (Anm. 9), 984–987.

/ Bei meinen Bürgern heimisch hier den Gott des Streits, / Der Brüder eines Stammes aufeinanderhetzt! / Vorm Tore nur soll Krieg sein, der unschwer entbrennt; / Dort such ihr Feld sich hehren Ruhms gewaltge Gier! / Doch gleichen Hofs Geflügel sei der Kampf verwehrt!"[12] Das Paradox des Politischen bzw. das Paradox der Gewalt zeigt sich in den „Eumeniden" in der Überwindung der Gewalt in der Stadt durch deren Kanalisierung in ein gewaltbestimmtes Verhältnis zwischen den Stadtstaaten. Friedrich Nietzsche hat diese Form der Befriedung durchschaut, als er festhielt, dass „die Stadtgemeinden sich unter einander zerfleischten, damit die Stadtbürger jeder einzelnen vor sich selber Ruhe fänden"[13]. In den „Eumeniden" zeigt sich bereits jene von der Freund-Feind-Unterscheidung geprägte Grundlogik des europäischen Nationalstaates, wie er viel später von Thomas Hobbes oder Jean-Jacques Rousseau angedacht wurde und bis ins 20. Jahrhundert vorherrschend blieb.[14]

Auf ein weiteres Beispiel für die Paradoxie der Polis – geschichtlich zwischen den „Eumeniden" und dem europäischen Nationalstaat situiert – stoßen wir in den Lehren des antiken Wundertäters Apollonios von Tyana, der im 2. Jahrhundert nach Christus, als die klassische antike Polis schon lange untergegangen war, immer noch deren paradoxe Logik hochhielt. Der Stadt Smyrna empfiehlt Apollonios, eine „uneinige Eintracht" zu bilden: „In der Eintracht ... wird Zwietracht den Staaten zum Heile dienen."[15]

2. Das Paradox des Satans:
Von der biblischen Einsicht in den Sündenbockmechanismus

Wer eine schnelle biblische Entsprechung für die Paradoxie der antiken Polis sucht, wird bald in der neutestamentlichen Beschreibung des Satans fündig werden, „dessen Reich in sich gespalten ist" und der „mit sich selbst im Streit liegt" (Mt 12, 25 f). Es mag zuerst erschrecken, wenn ich als Theologe den Teufel bei den Hörnern packe und es wage, die Welt der antiken Polis mit der Logik des Satans in Verbindung zu bringen. Viel zu lange aber haben die Theologen schon zu diesem Thema geschwiegen und sich dadurch auch der Fähigkeit beraubt, tiefere Zusammenhänge der Welt des Politischen besser verstehen zu können. Ich möchte hier nicht im Sinne eines schlechten theologischen Traditionalismus den Glauben an einen tatsächlich existierenden individuellen Teufel postulieren. Mich interessiert vielmehr das Deutungspotential, dass mit der Figur des Satans verbunden ist. Sie beschreibt eine im Leben der Menschen wirkmächtige soziale

---

12 AISCHYLOS, a.a.O. (Anm. 9), 858–866.
13 F. NIETZSCHE, Götzen-Dämmerung, in: DERS., Sämtliche Werke, Kritische Studienausgabe in 15 Einzelbänden, hg. von G. COLLI und M. MONTINARI, München 1988, Bd. 6, 157.
14 Vgl. H. ARENDT, Über die Revolution, München ³1986, 97 f.
15 PHILOSTRATOS, Das Leben des Apollonios von Tyana, Griechisch-Deutsch, hg., übersetzt und erläutert von V. Mumprecht, München 1983, 359–361 (4.8).

Größe, deren Erkenntnis das Funktionieren der Welt besser verständlich macht. Ich würde aber nicht so zu reden wagen, wenn ich hier nicht auf große Vorbilder zurückschauen könnte.

Goethes Mephistopheles – jenes paradoxe teuflische Wesen, das „stets das Böse will, und stets das Gute schafft"[16] – ist ein erstes großes literarisches Beispiel für das Deutungspotential der Figur des Satans zur Klärung gesellschaftlicher Zusammenhänge, der in dieser Hinsicht vielleicht nur von Dostojewskis Großinquisitor in dessen Roman „Die Brüder Karamasoff" übertroffen wurde. Aber nicht nur die großen Schriftsteller haben sich ohne allzu große Ängstlichkeit der Figur des Satans bedient. Deutsche Sozialwissenschaftler wie Max Weber, Helmuth Plessner oder Niklas Luhmann wagten es, den Teufel ins Kalkül zu ziehen. Weber – wegen seiner fehlenden religiösen Musikalität theologisch unverdächtig – betonte in seinem Vortrag „Politik als Beruf" von 1919, dass alles politische Handeln immer wieder auch mit Gewalt zu tun habe und die politischen Menschen sich diesen „diabolischen Mächten" stellen müssten, wolle man nicht, dass sie unbewusst blieben und sich dadurch in ihrer Gefährlichkeit verschärften.[17] In Übereinstimmung mit dem paradoxen Wesen Mephistopheles betont Weber, dass aus Gutem nicht nur Gutes und aus Bösem nicht nur Böses, sondern oft gerade auch das Gegenteil kommen könne. Wer das nicht sehe, sei „politisch ein Kind"[18]. Mit Goethes Mephistopheles forderte Weber daher auf, dem Teufel altersgerecht zu begegnen: „Der Teufel, der ist alt, / So werdet alt, ihn zu verstehen!"[19] Weber zielt dabei nicht auf das biologische Lebensalter, sondern auf die innere Befähigung zur „Rücksichtslosigkeit des Blickes in die Realitäten des Lebens". Wenige Jahre nach Weber hat auch Plessner festgehalten, dass mit der „Wirklichkeit rechnen mit dem Teufel rechnen" heiße.[20] In unseren Tagen hat Niklas Luhmann immer wieder auf das Bild des Satans verwiesen, um damit jene Paradoxien zu illustrieren, die mit jedem innerweltlichen – auf Unterscheidungen angewiesenen – Beobachten auftreten. Nach Luhmann tritt verständlicherweise der „Teufel als Vertreter einer Ordnung auf, die auf Unterscheidungen gebaut ist und diese festhalten muß"[21].

Heute bietet die mimetische Theorie René Girards ein plausibles Instrumentarium, um das satanische Paradox zu erklären. Es war kein verlagstechnischer

---

16 J.W.v. GOETHE, Faust I, 1336, in: DERS., a.a.O. (Anm. 7), Bd. 3, 47.
17 M. WEBER, Politik als Beruf, in: DERS., Gesammelte Politische Schriften, hg. von J. WINCKELMANN, Tübingen 5¹⁹⁸⁸, 558.
18 M. WEBER, a.a.O. (Anm. 17), 554.
19 J.W.v. GOETHE, Faust II, 6817 f, in: DERS., a.a.O. (Anm. 7), Bd. 3, 209; M. WEBER, a.a.O. (Anm. 17), 558.
20 H. PLESSNER, Grenzen der Gemeinschaft. Eine Kritik des sozialen Radikalismus, in: DERS., Gesammelte Schriften V: Macht und menschliche Natur, Frankfurt am Main 1981, 126. Vgl. ebd., 24, 40.
21 N. LUHMANN, Stenographie, in: DERS. / H. MATURANA / M. NAMIKI u.a., Beobachter. Konvergenz der Erkenntnistheorie?, München 2¹⁹⁹², 119–137, hier 125. Vgl. DERS., Die Wirtschaft der Gesellschaft, Frankfurt am Main 2¹⁹⁹⁶, 265 f; W. GUGGENBERGER, Niklas Luhmanns Systemtheorie. Eine Herausforderung der christlichen Gesellschaftslehre, Innsbruck 1998, 188 f., 193.

Werbetrick, dass Girards vorletztes Buch den Titel „Ich sah den Satan wie einen Blitz fallen" trägt.[22] Girard führt angeleitet von Texten des Neuen Testaments die Logik des Satans auf den Sündenbockmechanismus am Ursprung der Gesellschaft zurück. Während in der griechischen Antike die Paradoxie der Gewalt als eine unabänderliche kosmische Wahrheit verstanden wurde, betont Girard die Einzigartigkeit der biblischen Schriften, die solche menschlichen Vorstellungen auf einen Gründungsmord zurückführen. Zentrale biblische Texte sind von einer Gewaltanschauung geprägt, die keine ewige kosmische Gewalt anerkennt, sondern alle Gewalt auf Konflikte zwischen den Menschen zurückführt.

Krisenhafte Ereignisse, ein Krieg aller gegen alle am Beginn der menschlichen Zivilisation haben zu einem kulturgründenden Mord geführt. Ein Mitglied der Gruppe wurde auf nicht bewusste Weise getötet und indem so der Krieg aller gegen alle sich in einen Krieg aller gegen einen wandelte, entstand wieder Frieden in der Gruppe. Mittels des Einsatzes eines Minimums an Gewalt wurde die allgemeine Krise der Gewalt überwunden. Diesen Ursprungsmord, der von Girard meist als Sündenbockmechanismus benannt wird, kennzeichnet genau jene Paradoxie, die für die antike Polis typisch ist. Der Sündenbockmechanismus bedeutet keine grundsätzliche Überwindung der Gewalt, sondern besteht in der paradoxen Form einer gewalttätigen Überwindung von Gewalt. Seine Eindämmung von Gewalt bleibt selbst fundamental von Gewalt bestimmt.

Neutestamentlich lässt sich die Paradoxie des Sündenbockmechanismus mit dem Satan identifizieren.[23] So wie im Sündenbockmechanismus aus dem Chaos Ordnung hervorgeht, so ist der Satan gleichzeitig die Verkörperung von Chaos und Ordnung. Er ist sowohl der *diabolos*, der Durcheinanderwürfler, als auch das weltliche Ordnungsprinzip, wenn er bei Johannes als „Herrscher der Welt" (Joh 12,31; 14,30; 16,11) bezeichnet wird. Der Satan ist mit dem Paradox des mimetischen Begehrens identisch. Wo die Menschen durch ihr nachahmendes Begehren zu Rivalen um unteilbare Objekte werden, zeigt sich der Satan von seiner chaotischen, konflikterzeugenden Seite. Wo hingegen eine zerrüttete Gemeinschaft sich durch das mimetische Begehren in einer zugespitzten Krisensituation, in der sich viele Rivalen nur noch in gewalttätiger Feindschaft gegenüberstehen und die umstrittenen Objekte bereits vergessen sind, plötzlich gegen ein Opfer vereinen, zeigt sich der Satan als ordnende Kraft. Nach Girard findet sich im Johannesevangelium ein komprimierter Hinweis auf den mimetischen Wesenskern des Satans, der weder das falsche Begehren noch die kulturgründende Funktion des Sündenbockmechanismus sowie dessen mythische Verschleierung uner-

---

22 R. GIRARD, I See Satan Fall Like Lightning, translated by J.G. WILLIAMS, Maryknoll, New York 2001.
23 Vgl. R. GIRARD, Der Sündenbock, aus dem Französischen von E. Mainberger-Ruh, Zürich 1988, 270; DERS., Wenn all das beginnt... Dialog mit M. Treguer, aus dem Französischen von P. Veldboer, Thaur, Münster 1997, 74 f; DERS., The Girard Reader, ed. by J.G. WILLIAMS, New York 1996, 202; DERS., Satan a. a. O. (Anm. 22), 34.

wähnt lässt. Als Jesus mit jenen Menschen konfrontiert war, die ihn töten wollten, enthüllte er das Wesen des Satans: „Ihr habt den Teufel zum Vater, und ihr wollt das tun, wonach es euren Vater verlangt. Er war ein Mörder von Anfang an … und ist der Vater der Lüge." (Joh 8,44) [24]

Die biblische Gewaltanschauung erlaubt eine Dekonstruktion des antiken Denkens und der damit verbundenen Konzeption des Politischen. Die für die antike Polis typische Paradoxie der Gewalt ist nicht die Folge einer naturgegebenen Ambivalenz allen menschlichen Lebens, sondern Frucht jenes Sündenbockmechanismus, der sich aus der Sicht der biblischen Texte am Ursprung aller Kultur erkennen lässt.

Girard hat immer wieder auf die Prägung der antiken Polis und des antiken Denkens durch den Sündenbockmechanismus hingewiesen. So führt er Heraklits Philosophie auf den Sündenbockmechanismus zurück und deutet dessen Fragment vom Krieg direkt als eine Zusammenfassung des kulturgründenden Ursprungsmordes.[25] Wo Heraklit die beiden Götter Hades und Dionysos miteinander identifiziert, sieht Girard einen Hinweis auf seine mimetische Deutung des Satans.[26] In einer ausführlichen Untersuchung hat er den Logos Heraklits vom johanneischen Logos im Neuen Testament unterschieden.[27] Während der Logos Heraklits mit Gewalt in Verbindung steht, weil in ihm die „gegenstrebigen" Entitäten gewaltsam zusammengefügt werden, ist dem johanneischen Logos – als stets vertriebenem Logos – die Gewalt fremd.[28] Auch Platons Philosophie entstammt nach Girard dem Gründungsmord.[29] Eingehend hat er sich auch mit den „Eumeniden" des Aischylos auseinander gesetzt und deren politische Logik als Produkt des Sündenbockmechanismus enthüllt.[30] In Aischylos' zentraler politischer Formel „Einmütig liebenden Herzens, / Und auch hassen eines Sinns!"[31] erkennt Girard genau jene Logik des Sündenbockmechanismus, die den Frieden in der Gruppe durch die einmütige Gewalt gegen einen gemeinsamen Feind erzeugt. Das politische Freund-Feind-Verhältnis zwischen den antiken Stadtstaaten ist nur noch die Weiterentwicklung dieser Grundlogik. Sie ergibt sich aus der bewussten rituellen Nachahmung des Ursprungsereignisses und verleitet in Folge der Verschleierung des tatsächlichen Geschehens zur irrtümlichen Annahme, dass die eigentliche Bedrohung einer Gruppe immer schon der Feindschaft fremder Gruppen entspringen würde. Der gemeinsame Nenner von Sündenbock-

---

24 R. GIRARD, Das Ende der Gewalt. Analyse des Menschheitsverhängnisses, Übersetzung aus dem Französischen von A. Berz, Freiburg 1983, 165–168; DERS., Reader a.a.O. (Anm. 23), 204; DERS., Satan a.a.O. (Anm. 22), 38–43.
25 R. GIRARD, Das Heilige und die Gewalt, aus dem Französischen von E. Mainberger-Ruh, Zürich 1987, 133, 213, 218, 375 f.
26 Vgl. HERAKLIT, a.a.O. (Anm. 5), B 15; R. GIRARD, Satan a.a.O. (Anm. 22), 120.
27 R. GIRARD, Ende a.a.O. (Anm. 24), 275–295.
28 R. GIRARD, a.a.O. (Anm. 24), 278, 284.
29 R. GIRARD, a.a.O. (Anm. 24), 435–437.
30 R. GIRARD, Hiob – ein Weg aus der Gewalt, aus dem Französischen von E. Mainberger-Ruh, Zürich 1990, 185–193.
31 AISCHYLOS, a.a.O. (Anm. 9), 985 f.

mechanismus und dem politischen Freund-Feind-Verhältnis zeigt sich in der Abschiebung der Gewalt auf einen äußeren Feind. In den „Eumeniden" lässt sich die Verwurzelung der politischen Logik im Sündenbockmechanismus dort deutlich erkennen, wo den Eumeniden als den älteren religiösen Kräften auch zukünftig die Ausmerzung interner Gruppenmitglieder zugewiesen blieb. Die Göttin Athena forderte die zu segenspendenden Eumeniden gewandelten Erinnyen dazu auf, wie Gärtner alles Unkraut auszureißen und zu vertilgen: „Gottlose aber jäte um so stärker aus! / Wünsch ich doch nach des guten Pflanzenzüchters Art / Der recht Gediehnen unverkümmert edlen Schlag."[32]

Die biblische Sichtweise widerspricht dem in den „Eumeniden" sichtbar werdenden Denken. Sowohl die interne Jagd nach Sündenböcken als auch die Verfeindungslogik wird abgelehnt. Den Menschen ist das Ausreißen des Unkrauts untersagt, weil sie sonst allzu schnell auch den Weizen damit vernichten könnten (vgl. Mt 13,24–30).[33] Und die Aufforderung zur Feindesliebe in der Bergpredigt zeigt sich als direkte Ablehnung der in den „Eumeniden" ausgedrückten Freund-Feind-Unterscheidung: „Ihr habt gehört, daß gesagt worden ist: Du sollst deinen Nächsten lieben und deinen Feind hassen. Ich aber sage euch: Liebt eure Feinde und betet für die, die euch verfolgen, damit ihr Söhne eures Vaters im Himmel werdet." (Mt 5,43–45)[34]

Auch am Beispiel des Apollonios lässt sich der Gegensatz von antikem Denken und biblischer Gewaltanschauung deutlich machen. Ähnlich wie Aischylos geht es auch Apollonios um die Überwindung des Bürgerkriegs in der Stadt: „Aufruhr, die zum Schwert greift und zur gegenseitigen Steinigung führt, sei der Stadt fern."[35] Doch wie soll ein „gegenseitiger Wettstreit" die Stadt zum Wohlstand führen, wenn auch Apollonios weiß, dass es nicht nur einen guten Wettstreit gibt, der die Stadt befördert, sondern auch einen schlechten, der alles zerstören kann[36]. Im nächsten Abschnitt seines Lebensberichtes erzählt Philostratos, wie Apollonios den Bewohnern von Smyrna am Beispiel eines ausfahrenden Schiffes erklärte, dass das fehlende Zusammenspiel an Bord sehr leicht einen zerstörerischen „Sturm" unter der Besatzung auslösen könne, der eine „schlechte Fahrt" zur Folge haben werde.[37] Greift auch Apollonios auf die Kräfte des Sündenbockmechanismus zurück, um den grundsätzlich förderlichen Wetteifer so einzudämmen, dass daraus kein Bürgerkrieg entsteht? Der erste Eindruck legt die Vermutung nahe, Apollonios würde sich vom antiken Muster der gewaltsamen Gewalteindämmung abheben, wenn er sich von den Spartanern und ihrer alleinigen Konzentration auf das „Kriegswesen" distanziert und in der Herrschaft des

---

32 Aischylos, a.a.O. (Anm. 9), 910–912.
33 R. Girard, Hiob a.a.O. (Anm. 30), 197.
34 Vgl. R. Girard, Ende a.a.O. (Anm. 24), 190, 213, 282; Ders., Hiob a.a.O. (Anm. 30), 197; Ders., Wenn a.a.O. (Anm. 23), 73.
35 Philostratos, a.a.O. (Anm. 15), 361 (4.8).
36 Ebd.
37 Philostratos, a.a.O.(Anm. 15), 363 (4.9).

Gesetzes sowie in der Arbeitsteilung, wonach „jeder einzelne das leistet, was er am besten kann und versteht"[38], den besten Schutz gegen Krisen sieht. Sein Beispiel mit dem Schiff unterstreicht dieses Vertrauen in die arbeitsteilige Einhegung des gegenseitigen Wettstreits: „Seht euch das Schiffsvolk an und achtet darauf, wie die Ruderer die Schleppbote besteigen, andere die Anker mit Riemen in die Höhe ziehen und aufhängen, wie diese Männer die Segel nach dem Winde reffen und jene Besatzung auf dem Hinterdeck und vorne Wache halten."[39] Doch diese scheinbare Idylle eines arbeitsteilig geschützten gegenseitigen Wettstreits bildet nicht schon den innersten Kern von Apollonios Forderung nach einer „uneinigen Eintracht". Bereits der nächste Abschnitt in seiner Biographie zeigt, dass im Extremfall – ähnlich wie in den „Eumeniden" des Aischylos – der Sündenbockmechanismus als Quelle dieser gesellschaftlichen Ordnung in den Vordergrund tritt. Wie in Heraklits Fragment vom Krieg wurzeln die das gegenseitige Wetteifern einhegenden Differenzierungen in einem Gründungsmord. In Ephesos wütete die Pest und konnte nicht mehr unter Kontrolle gebracht werden. Die am Beispiel des Schiffs angesprochene Möglichkeit einer alles zerstörenden Krise war Wirklichkeit geworden und Apollonios wurde zu Hilfe gerufen. Er empfahl, den Kräften des Sündenbockmechanismus zu vertrauen und riet den Bewohnern von Ephesos, einen alten Bettler zu steinigen:

„Als er ... die Epheser zusammengerufen hatte, sprach er: ‚Seid zuversichtlich! Noch heute werde ich der Seuche ein Ende machen.' Auf diese Worte hin führte er die ganze Jugend vor das Theater, wo das Standbild des Apotropaios errichtet war. Hier sahen sie einen alten Mann, der zu betteln schien und kunstfertig mit den Augen zu blinzeln verstand. Er trug einen Ränzel mit einem Stück Brot darin, war in Lumpen gehüllt und hatte ein schmutziges Antlitz. Apollonios ließ diesen Mann von den Ephesern umringen und rief: ‚Hebt Steine in großer Menge auf und bewerft damit den Feind der Götter!' Die Epheser wunderten sich über diesen Befehl und hielten es für grausam, einen so armseligen Fremdling zu steinigen, der jammerte und um Erbarmen flehte. Apollonios aber ließ nicht locker und feuerte sie an, auf den Mann einzudringen und ihn nicht fliehen zu lassen. Daraufhin begannen ihn einige aus der Ferne zu beschießen, und als nun der Fremdling, der zuerst nur zu blinzeln schien, auf einmal aufblickte und Augen voll Feuer zeigte, erkannten die Epheser in ihm den bösen Geist und steinigten ihn jetzt so, daß ihn bald ein Hügel von Steinen begrub. Nach einer kleinen Weile ließ Apollonios die Steine wegräumen, um das Wesen, das sie getötet hatten, zu betrachten. Als nun die Steine zur Seite geschafft waren, schien der Mann, den sie zu steinigen geglaubt hatten, verschwunden zu sein. An seiner Stelle fand sich ein Hund vor, der in der Form und im Aussehen dem Molosser glich und an Größe einem Löwen gleichkam. Er war von den Steinen ganz zerschmettert und schäumte wie die tollwütigen Tiere. Die Statue des Apotropaios

---

38 PHILOSTRATOS, a. a. O. (Anm. 15), 361 (4.8).
39 PHILOSTRATOS, a. a. O. (Anm. 15), 363 (4.9).

– es war ein Herakles – steht an der Stelle, wo das Gespenst gesteinigt worden ist."[40]

Nach Girard vertritt die Bibel nicht die Lehren des Apollonios. Er nennt die Klugheit des Apollonius „diabolisch" und sieht in ihm ein Beispiel für das Wirken des Satans.[41] Als biblisches Gegenbeispiel zu Apollonios' Rat, durch eine Steinigung die Pest in Ephesos zu überwinden, nennt Girard das Johannesevangelium, das davon berichtet, wie Jesus die Steinigung einer Ehebrecherin verhinderte, in dem er die Meute der Verfolger an ihre eigenen Vergehen erinnerte.[42] „Wer von euch ohne Sünde ist, werfe als Erster einen Stein auf sie" (Joh 8,7) lauteten die Worte Jesu, mit denen er die gegenseitige Aufschaukelung der Verfolger unterbrach, sie zur langsamen Auflösung des Mobs anregte und dadurch der Frau das Leben rettete.

3. Das Paradox des Katechon:
Politische Apokalyptik im Zeitalter der Globalisierung

Die biblische Aufdeckung des Sündenbockmechanismus bedeutet zuerst nicht sogleich die Herabkunft eines himmlischen Friedens, sondern die Schwächung jener archaischen Mechanismen, die den Menschen bisher einen relativen Frieden ermöglichten. Als erste Folge der biblischen Botschaft droht eine Zunahme menschlicher Gewaltkonflikte. Jesus sprach dies dort aus, wo er sagte, dass er nicht gekommen sei, „um Frieden auf die Erde zu bringen ..., sondern das Schwert" (Mt 10,34). In dieser mit der Aufdeckung des Sündenbockmechanismus gleichzeitig gegebenen potentiellen Gefährdung der Welt liegt das apokalyptische Moment der biblischen Botschaft, die im umfassenden Sinne des Wortes „Apokalypse" sowohl aufdeckend als auch zerstörerisch wirken kann. Die mimetische Theorie hebt diese apokalyptische Seite der biblischen Botschaft ausdrücklich hervor. Das bedeutet aber nicht, dass Girard das baldige Ende der Welt predigt oder auf einen zukünftigen Racheakt Gottes hofft, sondern nur, dass er die apokalyptischen Texte des Neuen Testaments ernst nimmt. Aus seiner Sicht sprechen diese Prophezeiungen von einer ganz allein von den Menschen verursachten Gefahr und bieten daher einen rationalen Ausblick auf das, was Menschen einander und ihrer Umwelt antun werden, wenn sie die biblischen Warnungen vor dem Rachedenken missachten und sich gleichzeitig auf keine sakralen Schutzmechanismen mehr verlassen können: „Wenn die Menschen den Frieden zurückweisen, den Jesus ihnen anbietet, den Frieden, der nicht aus Gewalt kommt und deshalb *über das menschliche Verstehen hinausgeht*, wird die Wirkkraft der Offenbarung Jesu zunächst durch Gewalttätigkeit in Erscheinung treten, durch eine sakrifizielle und kulturelle Krise, die unerhört radikal sein wird, weil es kein

---

40 PHILOSTRATOS, a. a. O. (Anm. 15), 365–376 (4.10).
41 R. GIRARD, Satan a. a. O. (Anm. 22), 53, 55.
42 R. GIRARD, Satan a. a. O., 54–61. Vgl. DERS., Wenn a. a. O. (Anm. 23), 169–175.

sakralisiertes Opfer mehr geben wird, das ihre Wirkungen unterbrechen würde."[43]

Am Bild des Satans macht die Schrift die apokalyptischen Folgen der Aufdeckung des Sündenbockmechanismus dort deutlich, wo sie vom „Freilassen" (Offb 20,3.7) des Satans spricht.[44] Der freigelassene Teufel möchte noch einmal alle seine Kräfte sammeln, um sein Reich aus dem Chaos der Gewalt wieder aufrichten zu können. Doch dieses letzte Aufbäumen wird schließlich in der Selbstzerstörung des Satans enden, weil der Kreuzestod Jesu den Sündenbockmechanismus aufgedeckt und ihn damit für immer seiner Wirkmacht beraubt hat.[45] Obwohl also mit Kreuz und Auferstehung Jesu der Sündenbockmechanismus überwunden ist, konnte der biblische Impuls nicht unmittelbar, überall und sofort seine ganz aufdeckende Wirkung entfalten. Für eine Weile war das endgültige Freilassen des Satans noch aufgeschoben. Die Offenbarung des Johannes spricht von einem Engel, der den Satan für tausend Jahre mit einer „schweren Kette" (Offb 20,1) fesseln wird.

Was bedeutet diese Fesselung, die ein zu frühes Freilassen des Satans hinauszögert? Im zweiten Brief an die Thessalonicher findet sich dazu eine wichtige Schriftstelle, die zur Klärung beiträgt. Sie erwähnt einen Aufhalter oder eine aufhaltende Macht – einen Katechon –, der sich einerseits dem Wirken des satanischen Antichrist entgegenstellt und gleichzeitig aber auch die von den frühen Christen herbeigesehnte Wiederkunft Christi hinauszögert (vgl. 2 Thess 2,1–12):

„Laßt euch durch niemand und auf keine Weise täuschen! Denn zuerst muß der Abfall von Gott kommen und der Mensch der Gesetzwidrigkeit erscheinen, der Sohn des Verderbens, der Widersacher, der sich über alles, was Gott oder Heiligtum heißt, so sehr erhebt, daß er sich sogar in den Tempel Gottes setzt und sich als Gott ausgibt. Erinnert ihr euch nicht, daß ich euch dies schon gesagt habe, als ich bei euch war? Ihr wißt auch, was ihn jetzt noch zurückhält, damit er erst zur festgesetzten Zeit offenbar wird. Denn die geheime Macht der Gesetzwidrigkeit ist schon am Werk; nur muss erst der beseitigt werden, der sie bis jetzt noch zurückhält." (2 Thess 2,3–7)

Ähnlich der antiken Polis und dem Satan ist auch der Katechon eine paradoxe Größe.[46] Er hält nämlich nicht nur die vollständige Machtergreifung des Bösen ab, sondern auch die Wiederkunft Christi. Der Katechon enthält in sich Elemente jener bösen Macht, die er gleichzeitig aufzuhalten versucht.

Am Beginn der frühen Kirche wurde meist das Römische Imperium mit dem Katechon identifiziert. In Dostojewskis Legende vom Großinquisitor können wir

---

43 DERS., Ende a. a. O. (Anm. 24), 211; vgl. DERS., A Theater of Envy: William Shakespeare, New York 1991, 282.
44 Vgl. DERS., Reader a. a. O. (Anm. 23), 209; DERS., Satan a. a. O. (Anm. 22), 185.
45 Vgl. DERS., Satan a. a. O. (Anm. 22), 137–153.
46 Vgl. DERS., Satan a. a. O. (Anm. 22), 186; W. PALAVER, Hobbes and the Katéchon: The Secularization of Sacrificial Christianity, in: Contagion, Vol. 2 (Spring 1995), 57–74; M. CACCIARI, Ambivalenz des Katechon, in: Tumult 25 (2001), 73–86; W. SEITTER, Katechontiken im 20. Jahrhundert nach Christus. In: Tumult 25 (2001), 106.

eine große literarische Darstellung jenes Katechon entdecken, der in der Anpassung der Christenheit an das römische Reich wurzelt. Dostojewski beschreibt in dieser Legende eine die Weltherrschaft anstrebende Kirche, die sich auf ein Bündnis mit dem Satan eingelassen hat, um jenes bis zum gegenseitigen Kannibalismus gehende gewalttätige Chaos zwischen den Menschen einzudämmen, das durch die Freiheitsbotschaft Christi möglich geworden ist.[47] So wie der Katechon gleichzeitig das Böse zurück- aber auch das Kommen Christi aufhält, so stellt sich auch der Großinquisitor gegen die Wiederkunft Christi.[48] Während die Bibel mit dem Ruf nach der Wiederkunft Christi schließt (Offb 22,20), endet Dostojewskis Legende mit dem Wunsch des Großinquisitors, Jesus möge nie wieder zurückkommen.[49]

Unsere moderne Welt, an der Girard in vielen seiner Schriften die apokalyptische Wirkung der biblischen Botschaft besonders deutlich hervorhebt, lässt sich als eine Welt beschreiben, die potentiell die beste und schlechteste aller bisherigen Welten darstellt.[50] In ihr zeigt sich der Einfluss der biblischen Botschaft dort, wo wir aus Solidarität mit allen Sündenböcken der Weltgeschichte uns immer mehr für die Menschenwürde eines jeden Menschen einsetzen und uns weltweit für die Achtung der Menschenrechte engagieren. Dieser biblische Impuls treibt auch den Prozess der Globalisierung voran, indem er traditionelle Freund-Feind-Verhältnisse unterhöhlt und immer mehr das Entstehen einer großen Menschheitsfamilie möglich macht. Die von gegenseitigen Freund-Feind-Verhältnissen geprägten Nationalstaaten zeigen sich als katechontische Aufhalter, die auch auf Grund des biblischen Einflusses an politischer Bedeutung verloren haben.

Doch diesen positiven Seiten einer durch die biblische Offenbarung radikal veränderten Welt stehen Probleme gegenüber, die nicht weniger typisch für unsere Welt sind und zum apokalyptischen Charakter der Moderne gehören. Das 20. Jahrhundert hat sich mit seinen Weltkriegen und Totalitarismen als das blutigste Jahrhundert der Geschichte gezeigt, und auch unsere unmittelbare Gegenwart straft jeden naiven Optimismus Lügen. Das letzte Jahrzehnt des 20. Jahrhunderts brachte zwar das Ende des Kalten Kriegs mit sich, aber statt eines Friedenszeitalters stehen wir seither einer Welt des Bürgerkriegs gegenüber. Die jüngsten

---

47 F.M. DOSTOJEWSKI, Die Brüder Karamasoff, aus dem Russischen übertragen von E. K. Rahsin, München 1996, 401–432 (I.5.5).
48 H. PLESSNER, a. a. O. (Anm. 20), 126, verweist auf das den Großinquisitor prägende Paradox: „Das Gesetz dieser Welt ..., auch wenn der Erlöser in ihr erschienen ist, verlangt die paradoxe Selbstnegation des Inquisitors, der um den Preis der Ordnung das Herz der Ordnung an seiner Existenz verhindern muß, der ungeheuerlich es zu denken, weil er an Christus, den Erschienenen, glaubt, Christus, den Erscheinenden, zu opfern entschlossen ist."
49 Vgl. R. GIRARD, Resurrection from the Underground: Feodor Dostoevsky, translated by J. G. Williams, New York 1997, 134.
50 Vgl. K. RAHNER / H. VORGRIMLER (Hg.), Kleines Konzilskompendium. Sämtliche Texte des Zweiten Vatikanums, Freiburg [14]1980, 456 (Gaudium et spes Nr. 9): „Die moderne Welt zeigt sich zugleich stark und schwach, in der Lage, das Beste oder das Schlimmste zu tun; für sie ist der Weg offen zur Freiheit oder Knechtschaft, Fortschritt oder Rückschritt, Brüderlichkeit oder Haß."

Terroranschläge auf New York und Washington zeigen sogar Spuren eines sich intensivierenden Weltbürgerkriegs, der die positiven Entwicklungen der Globalisierung wie ein dunkler Schatten zu begleiten scheint.[51] Wo Girard auf die apokalyptische Dimension unserer Welt zu sprechen kommt, betont er immer wieder die Möglichkeit der Selbstzerstörung der Welt, die die technische Entwicklung den Menschen heute in die Hände gelegt hat.[52]

Dieser nüchterne Blick auf die Geschichte erklärt vielleicht, warum viele politische Denker des 20. Jahrhunderts sich wie Katechonten auf die Seite des Großinquisitors und gegen Christus stellten. Max Weber, Carl Schmitt, Helmuth Plessner oder auch Hannah Arendt können hier genannt werden.[53] Ein genauerer Blick auf Schmitt hilft, in diesem Zusammenhang noch einmal das Verhältnis von griechischer Antike und Bibel zu beleuchten. Schmitts Parteinahme für den Großinquisitor weist größere Nähe zum antiken Denken als zur biblischen Offenbarung auf. Sein Verständnis der katholischen Kirche erinnert an das Paradox der antiken Polis, wenn er diese als eine „complexio oppositorum" begreift, die alle Gegensätze umfasst.[54] Dazu passt auch Schmitts spezifische politische Theologie. Schmitts Himmel ist ähnlich wie der des Aischylos in sich gespalten. Schon in seinem frühen Werk „Römischer Katholizismus und politische Form" kommt er in jenem Abschnitt, in dem er die Kirche als „weltgeschichtliche Machtform" darstellt und sich mit dem Großinquisitor identifiziert, auf die zu dieser Kirche gehörenden „ewigen Opposition von Gerechtigkeit und ruhmvollem Glanz" zu sprechen.[55] Auch wenn Schmitt gleichzeitig behauptet, dass in Gott der „Gegensatz von Macht und Güte restlos aufgehoben" sei, schimmert hier eine Rivalität in Gott durch, wenn er im Anschluss daran eine von Léon Bloy überlieferte Allegorie von Ernest Hello wiedergibt, in der ein Verdammter des Jüngsten Gerichts vor dem Weltenrichter Jesus bei dessen Ruhm gegen dessen Gerechtigkeit Berufung einlegt.[56] Bloy spricht an der entsprechenden Stelle direkt von einem „Gegensatz im Schoße der Dreifaltigkeit".[57] In Schmitts Spätwerk tritt dieser Zwiespalt in der Dreifaltigkeit offen zu Tage. Gegen Blumenbergs These, dass in unserer Gegenwart die politische Feindschaft zwischen den Nationalstaaten zu Ende gehe, besteht Schmitt auf seiner These von der Unüberwind-

---

51 Vgl. R. GIRARD, Ce qui se joue aujourd'hui est une rivalité mimétique à l'échelle planétaire, in: Le Monde (6.11.2001).
52 Vgl. W. PALAVER, Gespräch mit René Girard. Aus dem Englischen von H. Lipecky. In: Sinn und Form 53/6 (2001), 760–774, hier 773 f; DERS., Der Tod aller Kulturen. Zur subversiven Wirkung der biblischen Offenbarung. In: Psychoanalyse im Widerspruch 13/25 (2001) 21–33, hier 21–25.
53 Vgl. M. WEBER, a.a.O. (Anm. 17), 553; C. SCHMITT, Römischer Katholizismus und politische Form, Stuttgart 1984, 54 f; H. PLESSNER, a.a.O. (Anm. 20), 126–128; H. ARENDT, a.a.O. (Anm. 14), 103–111.
54 C. SCHMITT, Katholizismus a.a.O. (Anm. 53), 11–14.
55 C. SCHMITT, a.a.O. (Anm. 53), 36, 53.
56 C. SCHMITT, a.a.O. (Anm. 53), 54–56.
57 L. BLOY, Das Heil und die Armut. Das Blut des Armen und Das Heil durch die Juden, mit Beiträgen von G. Bernanos, R. Maritain und K. Pfleger, Heidelberg 1953, 371.

barkeit der Feindschaft, die er nun sogar in der Dreifaltigkeit selbst bestätigt sieht. Jede „Heils- und Erlösungsreligion" trage einen „Dualismus von Schöpfergott und Erlösergott" in sich.[58] Ähnlich wie Aischylos endet Schmitt bei einem paradoxen Verhältnis von „Gott gegen Gott".[59]

Mit Schmitt lässt sich das durch den Einfluss der biblischen Botschaft verschärfte Problem des Politischen besser verständlich machen. Schmitt erkannte die Gefahren, die mit der Auflösung archaischer Gewalteindämmungsformen einhergehen. Er beschrieb, wie sich die politische Feindschaft bis zur Vernichtung von Unmenschen steigern konnte, sobald die alte Hegung von Feindschaft ihre aus dem Sündenbockmechanismus gewonnene Kraft zu verlieren begann.[60] Die heutigen Gefahren des Terrorismus hätten ihn in seiner panischen Angst vor allen Entwicklungen in Richtung einer Welteinheit mehr als bestätigt. Mit aller Vehemenz und in bewusster Identifikation mit den Katechonten der Vergangenheit versuchte er die Wirkung jenes biblischen Impulses zu bremsen, der die traditionellen Formen der Freund-Feind-Politik aufzulösen begann. Seine Betonung der Freund-Feind-Unterscheidung als Kriterium des Politischen wurzelt in der mythischen Welt des Aischylos. Sehnsüchtig blickte er auf die antike Polis zurück, deren Hegung der menschlichen Gewalt er für die moderne Welt zurückgewinnen wollte.[61] Nach dem absehbaren Ende des klassischen Nationalstaates setzte er seine letzten Hoffnungen auf eine Welt von Großräumen, die in gegenseitiger Verfeindung im Inneren Ordnung ermöglichen sollten.[62] Heute diskutieren wir ein solches politisches Konzept am Beispiel von Huntingtons „Kampf der Kulturen".[63]

Zwingt uns die aktuelle politische Entwicklung dazu, mit dem Katechonten Schmitt für den Großinquisitor Partei zu ergreifen und den biblischen Impuls zurückzudrängen, um jene Formen des Politischen bewahren zu können, die in der antiken Polis grundgelegt wurden? Die mimetische Theorie Girards weist Schmitts nostalgischen Blick auf die Polis zurück. Die biblische Aufdeckung des Sündenbockmechanismus unterminiert alle traditionellen Formen des Politischen und drängt uns Menschen zur Annahme der Botschaft von der Gewaltfreiheit. „Der endgültige, vorbehaltlose Verzicht auf Gewalttätigkeit zwingt sich

---

58   C. SCHMITT, Politische Theologie II. Die Legende von der Erledigung jeder Politischen Theologie, Berlin 1970, 120.
59   Vgl. W. PALAVER, Die mythischen Quellen des Politischen. Carl Schmitts Freund-Feind-Theorie, Stuttgart 1998, 59–65.
60   C. SCHMITT, Der Begriff des Politischen, Berlin 1987, 37, 54 f, 119. Vgl. DERS., Theorie des Partisanen. Zwischenbemerkung zum Begriff des Politischen, Berlin ³1992, S. 93 f.
61   Vgl. A. MOTSCHENBACHER, Katechon oder Großinquisitor? Eine Studie zu Inhalt und Struktur der Politischen Theologie Carl Schmitts, Marburg 2000, 304–313.
62   Vgl. W. PALAVER, Globalisierung und Opfer. Carl Schmitts Lehre vom Nomos, in: B. DIECKMANN (Hg.), Das Opfer – aktuelle Kontroversen. Religions-politischer Diskurs im Kontext der mimetischen Theorie. Deutsch-Italienische Fachtagung der Guardini Stiftung in der Villa Vigoni 18.–22. Oktober 1999, Münster, Thaur 2001, 181–206.
63   S.P. HUNTINGTON, Der Kampf der Kulturen. The Clash of Civilizations. Die Neugestaltung der Weltpolitik im 21. Jahrhundert, aus dem Amerikanischen von H. Fliessbach, München 1996.

uns auf als *conditio sine qua non* des Überlebens der Menschheit und eines jeden einzelnen von uns."[64]

Am Beispiel Dietrich Bonhoeffers lässt sich zeigen, wie diese Forderung Girards konkret Wirklichkeit werden könnte. Ähnlich wie Schmitt erkennt auch Bonhoeffer, wie die moderne Welt zur Steigerung der Gewalt neigt, in der der „Feind" schließlich zum „Verbrecher" wird, der vernichtet werden muss.[65] Doch diese überraschende Parallele zwischen Bonhoeffer und Schmitt darf uns nicht die viel tiefer gehenden Unterschiede zwischen ihnen übersehen lassen. Während Schmitt fast bruchlos an die paradoxe Theologie der Antike anschließen konnte, betonte Bonhoeffer gerade den Unterschied zwischen antiker Tragödie und Christentum. Gegen den tragischen „Zwiespalt der Götter" identifiziert er sich mit der christlichen „Einheit Gottes".[66] Die Wirksamkeit der Kirche folgt für ihn im Unterschied zu Schmitt nicht aus der ihr „verbliebenen politischen Macht", sondern aus ihrem „Leiden".[67] Diese Unterschiede wirken sich auch in einem deutlich anderen Verständnis des Katechons aus.[68] Im Gegensatz zu Schmitt ist für Bonhoeffer der Katechon keine makellose Macht, der wir blind vertrauen sollten, sondern ein Regiment, das selbst nicht „ohne Schuld" ist. Auch steht für Bonhoeffer der Katechon nicht allein dem möglichen Untergang entgegen. Denn noch vor den katechontischen Ordnungsmächten nennt er die Kirche, die durch das „Wunder einer neuen Glaubenserweckung" vor dem Abgrund retten kann. Diese Unterscheidung von katechontischen Ordnungsmächten in der Welt und der zur Verkündigung der biblischen Botschaft aufgerufenen Kirche zielt nicht auf deren radikale Trennung, sondern auf eine neue Form des Zusammenwirkens. Die Kirche stößt nach Bonhoeffer die ihre Nähe suchenden Ordnungsmächte nicht von sich, sondern ruft sie zur „Umkehr" auf. Weil die heutigen Kirchen aus dem Zentrum der politischen Macht gerückt sind und nicht mehr selbst die Last des Katechons zu tragen haben, sind sie dazu aufgerufen, in ihrem Wirken Spuren des Reiches Gottes sichtbar zu machen, die der Welt zeigen, wie Friede zwischen den Menschen ohne Sündenböcke und äußere Feinde möglich werden kann.

Abstract

Mittels der Theorie Girards lässt sich die Freund-Feind-Unterscheidung der antiken Polis auf den Sündenbockmechanismus zurückführen. Die biblische Offenbarung enthüllte diese Gründungsgewalt und führte langfristig zu unserer Welt der Globalisierung, in der wir immer weniger auf gewalteindämmende Freund-

---

[64] R. GIRARD, Ende a. a. O. (Anm. 24), 140; vgl. R. GIRARD, Ende a. a. O., 204, 270, 299.
[65] D. BONHOEFFER, Ethik, hg. von I. Tödt, H. E. Tödt, E. Feil und C. Green, München ²1998, 100.
[66] D. BONHOEFFER, a. a. O. (Anm. 65), 265.
[67] D. BONHOEFFER, a. a. O. (Anm. 65), 124.
[68] D. BONHOEFFER, a. a. O. (Anm. 65), 122–124.

Feind-Muster zurückgreifen können, sondern mit Hilfe der Kirchen die politische Bedeutung der Gewaltfreiheit neu entdecken müssen.

Girard's theory helps to find the roots of the friend-enemy-distinction governing the ancient polis in the scapegoat mechanism. The biblical revelation uncovered this foundational violence and led to our world of globalization, in which we are less and less able to rely on traditional friend-enemy patterns but need the help of the churches to discover the political meaning of nonviolence anew.

Diskussion zum Vortrag
von Prof. Dr. Wolfgang Palaver

Prof. Gestrich:
In „Das Unbehagen in der Kultur" bemerkt Freud am Schluss, der Sündenbock helfe manchmal das Unbehagen zu verringern und wir Juden hätten viel dazu beigetragen, dass die anderen Völker dies versucht haben, nur habe es ihnen nichts genutzt. Durch die Kanalisierung machen sie sich keineswegs glücklich und erlangen auch keinen Frieden. Diese Lehre ist offensichtlich noch unterwegs, um endlich verstanden zu werden. Ich habe nun auch René Girard so verstanden, dass er sagt, die Hauptbedeutung des Christentums in dieser Frage müsste darin liegen, vom Sündenbock wegzukommen und ihn zu entlarven als ein nicht nützliches Instrument der Gewaltbeseitigung. Da müsste man noch weitere Auskünfte haben, wie der nächste Schritt nun aussieht.

Prof. Palaver:
Nach Girard ist es die zentrale Aufgabe des Christentums, den Sündenbockmechanismus zu entlarven. Nur denke ich, die Entlarvung des Sündenbockmechanismus allein ist zu wenig. Man kommt dann sehr leicht in Gefahr, die Sündenbockmechanismen aufzudecken und zu entlarven, um die eigenen Feinde und andere Leute, denen man Sündenböcke unterschiebt, besser anklagen zu können. Eine der gefährlichsten Versuchungen der christlichen Botschaft ist die, zu sagen: jetzt weiß ich um den Sündenbockmechanismus, jetzt stelle ich mich auf die Seite der Opfer und kann jetzt die Gewalttäter besser kritisieren, besser habhaft machen. Wer sind die zentralen christlichen Figuren im Neuen Testament, die uns verständlich machen, wie dieser Entlarvungsmechanismus funktioniert? Gewiss Petrus, der als umgekehrter Verleumder in dieser ganzen Sündenbockgeschichte gegen Jesus mitgespielt hat und der Verfolger Saulus/Paulus, der von Christus in Damaskus gerufen wird. D. h. die Möglichkeitsbedingung dafür, dass wir Christen – und das zeigt sich auch im Alten Testament bei Deuterojesaja – überhaupt den Sündenbockmechanismus durchschauen können, ist die Fähigkeit, uns selbst als Täter zu erkennen. Bei Dostojewski in den Brüdern Karamasow ist das gerade in den positiven Teilen dieser Schrift genau angesprochen, wenn z. B. der Starez Sosima zu den Mönchen sagt: wenn ihr hier im Kloster nicht versteht, dass ihr schlimmer seid, als die da draußen in der Welt, dann habt ihr vom Christentum gar nichts verstanden. Jetzt könnte man noch einen Schritt zurückgehen: Und was ist die Möglichkeitsbedingung, dass ich in meine eigenen Abgründe hineinschauen kann, über meine Sündenböcke nachdenken kann und dadurch zur Entlarvung beitragen kann? Da kann man gut christlich sagen: das ist eine Gnadenerfahrung. Und wie Girard es jetzt in den neueren Schriften sagt: Die Auferweckungserfahrung der Jünger hat sie befähigt, ohne große Skrupel in die eigenen Abgründe zu schauen, in das eigene Versagen

angesichts der Kreuzigung, und hat sie dann befähigt, im Unterschied zu den Mythen Texte zu schreiben, die auf der Seite der Opfer stehen und nicht auf der Seite der Verfolger. Vielleicht stammt die beste Darstellung dieses Gedankens von El Greco, der ein sehr schönes Bild gemalt hat über den Petrus in Tränen. Im Hintergrund sehen Sie das leere Auferstehungsgrab und Maria Magdalena zu Petrus hinlaufen und das ist das helle Licht, das den Petrus befähigt, über seine eigene Schwäche zu weinen. Das sind die Menschen, die eine Schrift geschrieben haben, die zum ersten Mal in der Geschichte der Menschheit nicht auf der Seite der Verfolger, sondern auf der Seite der Opfer steht.

Prof. Otto:
Herr Palaver, ich glaube, unsere Vorträge ergänzen sich sehr gut. Sie haben die negativen Seiten, die Seiten der Gefährdung, die ich bewusst ausgeblendet habe, noch nachgeholt. An einem Punkt möchte ich aber noch nachfragen. Sie haben im Bezug auf die Polis ein Modell entwickelt, in dem man die Konflikte nach außen notwendig hatte, um den Frieden nach innen zu wahren. Nach meiner Kenntnis der Geschichte Athens scheint mir das nicht so ganz einfach zu gehen. Es sind zunächst einmal ganz handfeste, nicht zuletzt auch wirtschaftliche Konflikte, die dazu führen, dass man nach außen Krieg führt. Es ist sicherlich richtig, dass sich nach innen Solidaritäten bilden, wenn man einen äußeren Feind hat. Aber der Umkehrschluss, dass man den äußeren Feind braucht, um nach innen Frieden herzustellen, der scheint mir nicht legitim zu sein. Und noch einen Schritt tiefer, was mir große Probleme bereitet, ist die Voraussetzung, wir wären sozusagen von Natur aus gewaltbesetzte Wesen. Nach aller meiner Kenntnis, die ich mir versucht habe in Papua-Neuguinea zu erwerben, kann ich das so nicht sehen. Ich habe Dörfer kennen gelernt – und das würde zunächst einmal in eine Girardsche Interpretation genau passen –, wo die Menschen nicht die Kenntnis haben, dass der Mensch natürlich sterben muss. Wenn also ein Mensch stirbt, bedarf es einer Erklärung. Man sucht diese Erklärung so, dass man dann durch das Dorf zieht und sieht über dem Haus eines der Mitmenschen einen Stern stehen und dieser wird dann getötet. Der sei Schuld daran, dass ein anderer Mensch gestorben sei. Da könnte man sagen, das sei ein klassischer Sündenbockmechanismus. Australische Ethnologen haben aber dann recherchiert, welche Menschen am Ende diejenigen sind, die auf diese Art eliminiert werden und dabei herausgefunden, dass es immer die sind, die am wenigsten sozial angepasst sind, d. h. also die Außenseiter. Wenn sie in ein Dorf in Papua-Neuguinea kommen als Fremder, dann sind sie derjenige, der sofort überschüttet wird mit aller Form von Kritik, die man untereinander nicht zu sagen wagt. Also wenn sie in einem Dorf in Papua-Neuguinea Kritik üben an einem anderen, ist das sozial unverträglich, d. h. sie haben eine Gemeinschaft, die nicht die Fähigkeit hat Kritik zu integrieren und Fremde zu integrieren. Das bedeutet aber nicht, dass eine prinzipielle Gewaltbereitschaft da ist, die sich sozusagen austoben muss, indem man sie auf einen anderen Menschen lenkt, sondern man ist nicht in der Lage das Fremde zu integrieren, das scheint eine Grenze zu sein. Wenn das richtig ist, würde ich die Voraussetzung, die Girard

macht, dann doch in Frage stellen: sind wir tatsächlich ohne den Katechon die stets gewaltbereiten Menschen, die Mechanismen brauchen, um die Gewalt zu kanalisieren. Das wäre mir dann doch etwas zu negativ.

Prof. Palaver:
Meine Interpretation von Aischylos stimmt, von einigen wenigen jetzt für unsere Frage nicht wichtigen Dingen abgesehen, mit Christian Meiers Studie „Die Entstehung des Politischen bei den Griechen" überein. Meier hat gezeigt, wenn wir das Politische bei den Griechen verstehen wollen, sollen wir zuerst die Eumeniden lesen, dann Platon und Aristoteles und dann sehen wir eher, wo sie zusammenkommen. Die große Frage im Hintergrund ist: Woher kommen die Konflikte? Ich glaube schon, dass es bei den Eumeniden darum geht, interne Konflikte nach außen abzuleiten. Wenn Sie sagen, das hat was mit wirtschaftlich verursachten Konflikten zu tun, dann würde ich Ihnen sogar sehr zustimmen. Es gibt ein Wort, das, glaube ich, bei Aischylos nur einmal vorkommt, das ist die Göttin Eris. Das ist ja die Göttin des Streits, der Zwietracht, die, wie schon die Namensähnlichkeit sagt, eine Schwester des Kriegsgottes Ares ist.

Ist die Girardsche Theorie eine Ontologie der Gewalt? Ich würde sagen, der Mensch ist nicht notwendigerweise auf den Konflikt hin programmiert, die Menschen müssen nicht notwendigerweise Katechons haben oder politische Freund-Feind-Verhältnisse, um in Frieden leben zu können. Die Frage ist: Wie schaut der Wettstreit um das Gute – für diese Formulierung greift Aischylos auf das Wort „eris" zurück – aus? Ein wichtiger Teil der Theorie Girards, den ich heute nicht beleuchtet habe, weil es zeitlich nicht möglich war, ist der Teil der mimetischen Theorie, wo er sagt, das zentrale menschliche Merkmal ist das mimetische Begehren. Wir begehren das, was andere haben. Insofern wir uns sehr oft im menschlichen Begehren auf Güter konzentrieren, die innerweltliche Güter sind, kommen wir notwendigerweise in Konflikt. Und Thomas Hobbes sagt es ja, eine der Hauptursachen für die Kriege zwischen den Menschen ist es, wenn zwei Menschen dasselbe haben wollen, das man nicht teilen kann.

Wie entkommen wir der Gewalt? Augustinus hat gesagt, alles Irdische dürfen wir bloß gebrauchen, unser wahres Begehren muss auf das Überirdische, Ewige, auf die Gottesliebe ausgerichtet werden, die dürfen wir genießen. Wenn Sie Augustinus mit Thomas Hobbes vergleichen, so spricht auch Augustinus von der Hauptursache des Krieges: zwei Menschen wollen dasselbe haben, das sie nicht beide besitzen können. Als Beispiel erwähnt er den Konflikt zwischen Romulus und Remus. Beide wollten erster und einziger Führer Roms werden, was nicht geht, also sei der Brudermord logische Folge. Dann sagt er, die christliche Geschichte, und hier ist das positive Bespiel Abel, richtet sich auf Dinge aus, die nicht zum Streit führen, sondern zusammenführen. Wenn man Girard betrachtet, dann ist er im besten Sinne des Wortes ein Augustiner und schließt genau an diese Haltung an. Mit der großen christlichen Tradition sagt er, die Menschen seien wetteifernde, sich nachahmende Wesen und nur wenn wir unser zentrales Begehren auf die ewigen Güter ausrichten, die nicht trennen, sondern zusammenführen, dann sind sie auch nicht zur Gewalt verurteilt. Für Thomas Hobbes gilt eine Ontologie der Gewalt, für Girard gilt sie nicht.

Prof. Schmitt:
Wenn man Ihnen als Klassischer Philologe zuhört, dann muss man einen Einwand gegen die Pauschalität vieler Ihrer Aussagen über die Antike und die antike Polis erheben. Eine differenziertere Betrachtung würde hier auch die Chance mit sich bringen, die Bedeutung und den Wert, den das Poliskonzept, wie es von Platon und Aristoteles entwickelt worden war, im Christentum und insbesondere im christlichen Mittelalter gewonnen hat, besser einschätzen und in dem dahinter stehenden konzeptuellen Niveau sachlich korrekter beurteilen zu können.

Zunächst zur *Politeia*: Auf jeden Fall kann man festhalten, dass die ‚Wachhunde' für Platon nicht die Funktion haben, innere Konflikte nach außen abzuleiten, und dass äußere Feindbilder in diesem Sinn nicht dazu benötigt werden, um innere Missstände oder wesentliche Spannungen zu kompensieren. Sondern die ‚Wachhunde' sind dazu geeignet und erforderlich, das, was eine Gefahr für die Gemeinschaft bedeutet, komme es nun von innen oder von außen, von dieser Gemeinschaft fernzuhalten. Nach Platon wie auch nach Aristoteles ist der Grund für die Gründung eines Staates nicht, dass der Mensch dem Menschen Feind ist und die Menschen untereinander ausschließlich in einem Verhältnis der Konkurrenz stehen, sondern im Gegenteil: der Grund ist, dass die Menschen einander bedürfen, um sich selbst und ihr eigentliches Glück zu verwirklichen. Aristoteles gründet den Staat ausdrücklich auf die Freundschaft und benutzt als Beispiel dafür die Erfahrung, die man macht, wenn man in die Fremde kommt und dort in der Regel eine freundliche Aufnahme findet.

Auch im Fall der *Eumeniden* kann man nicht davon sprechen, dass da etwas, etwa ein innerer Konflikt, nach außen projiziert und nach außen hin abgeleitet würde. Vielmehr geht es um die komplizierte Frage, in welchem Umfang ein Staat es zulassen kann, dass ein begangenes Unrecht bestraft und gerächt wird. In dieser Frage bergen beide Extreme Gefahren: der Staat kann weder Unrecht vollkommen ungestraft und ungesühnt lassen, er kann es aber auch nicht zu Exzessen in der Rache kommen lassen. Das ist das Thema der *Eumeniden*. Der Spruch „In Liebe und Hass vereint" ist die Maxime der Erinnyen; sie und die dahinter stehende Haltung soll aber gerade überwunden werden und kann daher keinesfalls als *das* spezifisch antike Konzept bezeichnet werden, das zu überwinden erst in der Neuzeit oder durch das Christentum gelungen sei.

Prof. Palaver:
Sicher gibt es einige Punkte, die Sie als klassischer Philologe genauer und richtiger sehen, aber ich möchte hier noch einmal Christian Meier anführen, der das bei den Eumeniden sehr schön rekonstruiert hat. Wenn man den Text wirklich aufmerksam liest, dann muss man doch sagen, es geht um eine Überredung. Athene versucht die Erinnyen zu überreden, dass sie als Rachegöttinnen zu Segensgöttinnen werden. Das Programm der Überredung ist: versuchen wir doch

lieber geeint nach außen zu wirken, als uns im Internen zu zerfleischen. Das erscheint mir evident.

Aber zu Aristoteles würde ich gern noch etwas sagen. Wenn man diese großen Autoren liest und das Girardsche Modell im Hintergrund hat, dann ist es interessant, dass man bei wirklich großen Autoren immer wieder entdeckt, dass sie an den Rand dieser Geschichten herankommen. Sie haben natürlich Recht, im Zentrum der Philosophie, auch der politischen Philosophie des Aristoteles steht die Freundschaft. Am Beginn des Kapitels über die Freundschaft sagt Aristoteles sehr schön: Freundschaft ist der Kitt, der die Politik und die Gesellschaft zusammenhält. Dann erwähnt er Sprichwörter wie: Gleich und gleich gesellt sich gern. Dann fällt ihm jedoch Hesiod ein, weil er auch ein Leser seiner antiken Vorgänger war und er zitiert jene Verse: Dichter neidet dem Dichter! Und dann fragt er, was nun gelte: Gleich und gleich gesellt sich gern, oder ist vielmehr, wenn zwei das Gleiche tun, der Konflikt sehr wahrscheinlich? Aristoteles spricht also am Anfang des Kapitels über die Freundschaft beide Seiten an und stellt fest, das widerspricht sich doch. Man kann sagen, je gleicher die Menschen sind, desto potentiell gefährlicher sind sie. Und auf der anderen Seite sagt uns aber die ganze Tradition: Gleich und gleich gesellt sich gern. Aristoteles bricht das ab, und redet nur noch über eine Seite.

Zu Platon möchte ich noch folgendes sagen. Ich finde eines der besten Werke zu dieser Frage, das aber heute unterschätzt wird, ist das „Naturrecht" von Leo Strauß. Leo Strauß zeigt am Beispiel von Platon auf, das Platon irgendwo bewusst war, solange Gerechtigkeit sich nur an das enge exklusive Konzept der Polis anschließt, ist es ungerecht. Und er geht dann schon in Richtung eines Universalismus. Und Leo Strauß zeigt auf, dass Platon erkannt hat, sein Konzept könnte nur stimmen, wenn es eine Welteinheit gäbe, aber dann dürfte kein Mensch, sondern müsste Gott regieren. Dann merkt er wieder, das geht mit dem Politischen nicht zusammen. Da zeigt sich bei Platon eine große Paradoxie und Widersprüchlichkeit, weil er gewusst hat, um das zu tun, was man tun müsste, wäre es nötig, die Exklusivität der griechischen Polis im Sinne unserer modernen Welt aufzubrechen. Aber das war jenseits des politisch möglichen Horizonts von Platon. Und Leo Strauß sagt sehr richtig: Die Paradoxien, die sich in gleicher Weise bei Platon, Aristoteles und bei den Stoikern, bei Cicero zeigen, sind erst dann gelöst worden, als man sich – wie das bei Thomas von Aquin geschehen ist – auf die jüdisch-christlichen Texte beziehen konnte, die andere Weisen des Umgangs mit diesen Problemen aufgezeigt haben.

VII. CHRISTOF RAPP

Gemeinschaft und individuelle Glückssuche. Bemerkungen zum Verhältnis von antikem und modernem Kommunitarismus

I.

Im ethischen Diskurs der vergangenen zehn bis zwanzig Jahre wurde von einer immer größer werdenden Zahl von Autoren der Verdacht geäußert, dass die seit der Neuzeit vorherrschenden Ethikmodelle unsere moralische Praxis auf eine sehr einseitige und verzerrende Weise rekonstruieren. Die wesentliche Verzerrung bestehe darin, dass man versuche, alle praktischen Überlegungen auf die Frage zuzuspitzen, ob es eine allgemeine Regel oder Verpflichtung gibt, durch die eine gegebene Handlungsoption geboten oder verboten ist, und wie, falls es mehrere einschlägige Verpflichtungen gibt, sich ein drohender Konflikt abwenden lasse.[1] Hingegen würden bestimmte andere Fragen durch dieses vorherrschende Ethikverständnis systematisch ausgeklammert: Ob man zum Beispiel das, was man tun soll, gerne tut oder nicht und mit welcher emotionalen Einstellung man es tut, ob es einem auf Grund äußerer Umstände oder aufgrund charakterlicher Dispositionen leicht fällt oder nicht, seinen Verpflichtungen nachzukommen, und ob sich die Erfüllung dieser Pflichten auf das eigene Wohlergehen auswirkt – all das spiele in diesem vorherrschenden Ethik-Verständnis nicht nur keine Rolle, sondern werde im Gegenteil systematisch unterdrückt.

Allein der Verdacht, dass es sich so verhalten könnte, dass wir nämlich unter dem Einfluss irreführender ethischer Theorien unsere eigene moralische Praxis grundsätzlich missverstehen und sie ohne Not in der Terminologie von Pflicht und Verbot interpretieren, während wir zum Beispiel freundschaftliche Gefühle, Lust oder Freude, Neigungen, Interessen, überhaupt die Erwartung eines guten Lebens als außermoralische Beweggründe gering schätzen, ist in der Tat beunruhigend. Als Heilmittel gegen die diagnostizierte Einseitigkeit des ethischen Vokabulars wird ein ums andere Mal die Rückbesinnung auf antike Ethik empfohlen. In den ethischen Theorien der Antike nämlich stehen nicht die Begriffe „Pflicht" und „Verbot" im Mittelpunkt, sondern der Begriff des guten, gelungenen Lebens (*eudaimonia*); es wird nicht nach einzelnen Handlungen gefragt, sondern nach dem Leben im ganzen, folglich steht auch nicht die Frage im Mittel-

---

[1] Paradigmatisch dafür ist Bernard Williams' Darstellung der Moralität in: B. WILLIAMS, Ethics and the Limits of Philosophy, London 1985.

punkt, wie wir in einer bestimmten Situation handeln müssen, sondern die Frage, wie wir überhaupt unser Leben gestalten wollen. Außerdem beansprucht die antike Ethik anders als die neuzeitliche nicht, dass ihre Ergebnisse für jedermann bindend und unentrinnbar seien, vielmehr wendet sie sich ausdrücklich nur an den, der grundsätzlich bereit ist, seine Lebenspraxis durch vernünftige Überlegung zu verbessern; wer das nicht will, braucht sich zwar auf die ethische Überlegung nicht einzulassen, verzichtet damit aber auch auf den Vorteil für die Lebensführung, den die ethische Reflexion prinzipiell in Aussicht stellt. Schließlich sind die antiken Ethiken in der Regel um den Begriff der Tugend zentriert, und sobald man von Tugenden spricht, hat man nicht mehr einzelne Handlungen, sondern die Person des Handelnden als ganze, ihre beständigen Einstellungen und Charakterzüge im Blick; es geht dann nicht mehr allein darum, ob eine einzelne Handlung gerecht oder ungerecht, besonnen oder zügellos ist, sondern vor allem darum, ob jemand ein gerechter und besonnener Mensch ist, und letzteres wird man von jemandem nur dann sagen, wenn er gerechte und besonnene Handlungen zuverlässig und mit einer gewissen Beständigkeit ausführt und wenn er zur Ausführung solcher Handlungen ohne externe Anreize motiviert ist.

Das ist der Hintergrund, warum die Ethik der klassischen antiken Philosophie heute so viel Beachtung findet, wie schon lange nicht mehr. Es ist noch nicht sehr lange her, als Versuche zur Wiederbelebung antiker Ethik wegen ihrer gesellschaftspolitischen Blindheit oder ihres vormodernen und vernunftoptimistischen Charakters belächelt worden wären. Eigentlich also hätten alle die, die sich *ex professione* – als Historiker, Klassische Philologen, Theologen oder Philosophen – mit der Antike befassen, allen Grund zur Freude und zum Stolz über die Beachtung, die ihrer Arbeit bzw. dem Gegenstand ihrer Arbeit in der neueren Ethik-Debatte zuteil wird. Jedoch will diese Freude nicht so recht aufkommen, wenn man sich erst einmal klar gemacht hat, dass das derart gelobte, sogenannte „antike" Ethik-Modell in vielen Punkten gar nicht der Platonischen, Aristotelischen oder Stoischen Ethik entnommen sein kann, sondern vielmehr eine Fiktion gerade derjenigen Autoren darzustellen scheint, die dieses Modell so eifrig loben. Zwar ist es richtig, dass die antike Ethik, wie gesagt, den Begriff des guten Lebens, nicht den Begriff der Pflicht in den Mittelpunkt stellt, dass sie sich mehr auf die Bewertung von Persönlichkeitsmerkmalen als auf die Bewertung von Einzelhandlungen konzentriert, in vielen weiter gehenden Details jedoch wird hier ein Ethik-Typ konzipiert, der durch unbefangene Selektion und eine bisweilen durchaus kühne Extrapolation historischer Theoriemomente entstanden sein muss. Im folgenden Text möchte ich diese Diskrepanz zwischen dem in der modernen Ethik-Debatte vielerorts beschworenen Bild von der Antike und dem etwas komplexeren Eindruck, der sich aus den einschlägigen Texten selbst ergibt, am Beispiel des Themas „Gemeinschaft" bzw. „Kommunitarismus" etwas näher beleuchten. Was der Kommunitarist an der antiken Ethik schätzt, ist die Bedeutung, die dort die Gemeinschaft für die moralische Identität des Einzelnen hat, und tatsächlich scheint sich die Rolle der Gemeinschaft in der antiken Ethik von der vorherrschenden Auffassung in modernen liberalen Gesellschaften nicht unwesentlich zu unterscheiden. Daher meinen kommunitaristische Philosophen sich auf die Antike berufen zu können, wenn sie an den modernen liberalen Gesellschaften kritisieren, dass diese universalisierbare Gerechtigkeitsgrundsätze höher schätzen als das je gemeinschaftliche Gut, das eine Gemeinschaft definiert und zusammenbindet und aus dem erst alle anderen moralischen Regeln hergeleitet werden können. – Für mein heutiges Projekt einer Gegenüberstellung eignet sich besonders gut die Konzeption von Alasdair MacIntyre, welche (1.) viele derjenigen Merkmale aufweist, die für eine moderne Tugendethik typisch sind, welche (2.) das kommunitaristische Prinzip der Priorität des gemeinschaftlichen Guts gegenüber allgemeinen Gerechtigkeitsgrundsätzen formuliert und welche sich (3.) bei alledem direkt auf das Vorbild Aristotelischer Ethik beruft. Im Folgenden werde ich kurz die Hauptthesen MacIntyres Buch *After Virtue* in Erinnerung rufen, um dann zu zeigen, worin die wesentlichen Unterschiede zu dem vermeintlichen Vorbild in der Antike bestehen.[2]

II.

MacIntyre konstatiert für die Gegenwart eine schwere moralische Krise. Konkurrierende moralische Standpunkte seien prinzipiell unvereinbar geworden, weil diese Standpunkte heute nur noch Bruchstücke kontextlos gewordener Begriffsschemata darstellten. Zwar beanspruche die Sprache der Moral nach wie vor Objektivität, jedoch gebe es in Ermangelung eines einheitlichen Rahmens für alle die verschiedenen Standpunkte keinen rationalen Weg mehr, um zu einer Übereinstimmung zu finden. Losgelöst von ihrem geschichtlichen und sozialen Ursprung könne den konkurrierenden moralischen Standpunkten keine Wahrheitsfähigkeit mehr zukommen, vielmehr stellten sie – gerade wie im ethischen Emotivismus – nur noch den Ausdruck unterschiedlicher Vorlieben, Einstellungen und Gefühle dar. Das moderne Selbst habe „no necessary social content and no necessary social identity"[3], so dass der Adaption eines moralischen Standpunkts völlige Beliebigkeit zukomme. Historisch verantwortlich für die sogenannte moralische Krise der Gegenwart sei die Aufklärung, die die Kontinuität zur aristotelischen Tradition unterbunden und uns mit ihrem Scheitern die völlige Beliebigkeit bei der Wahl moralischer Standpunkte beschert habe. Die einzig konsequente Haltung, die aus dem Zusammenbruch der Aufklärung folgt, sei diejenige Nietzsches; daher gebe es nur die Alternative „entweder Nietzsche oder Aristoteles?"[4], entweder man ziehe die Lehre der rationalen Unbegründbarkeit

---

[2] Im folgenden Abschnitt II greife ich auf Überlegungen zurück, die ich gründlicher bereits in zwei Abhandlungen dargelegt habe: Ch. Rapp, Was Aristotle a Communitarian?, in: Graduate Faculty Philosophy Journal 17 (1994), 333–349, und Ders., War Aristoteles ein Kommunitarist? in: Internationale Zeitschrift für Philosophie (1997), 57–75.
[3] A. MacIntyre, After Virtue. A Study in Moral Theory, London 1981, 30.
[4] A. MacIntyre, a. a. O. (Anm. 3), 111 f.

der Moral oder man vertrete die Auffassung, dass das Aufklärungsvorhaben „nicht nur verfehlt war, sondern überhaupt nicht hätte in Angriff genommen werden sollen"[5].

MacIntyre selbst wählt die zweite Option und unternimmt es, gewissermaßen zur Therapie des gegenwärtigen Zustandes, „die Ethik des Aristoteles oder etwas ihr sehr Ähnliches" [6] neu zu verteidigen. Dazu geht er – wie alle konsequenten Tugendethiker – von einer Priorität der Tugenden vor allen Regeln aus: Nicht die Rechtfertigung von Tugenden soll von einer vorausgehenden Rechtfertigung von Regeln und Grundsätzen abhängen, vielmehr müssen wir uns um die Tugenden kümmern, um die Funktion und Autorität von Regeln zu begreifen. Er konzipiert die Tugenden als Dispositionen, die uns dazu befähigen, die Güter zu erreichen, die einer Praxis inhärent sind.[7] Bei einer Praxis handelt es sich um eine „kohärente und komplexe Form sozial begründeter, kooperativer menschlicher Tätigkeit"[8]. Indem man versuche, diejenigen Maßstäbe der Vortrefflichkeit zu erreichen, die einer solchen Tätigkeit angemessen sind, verwirkliche man die einer Praxis je inhärenten Güter. Für MacIntyres Begriff der Praxis zentral ist der hier erwähnte Begriff eines inhärenten Guts. Das inhärente Gut des Schachspiels etwa sei die Vortrefflichkeit im Schachspiel, und derjenige verfehle dieses spezifische Gut, der den Gewinn im Spiel für externe Zwecke instrumentalisiert oder sich, um zu gewinnen, regelwidriger Mittel bedient. Ausgehend von den so bestimmten Begriffen „Tugend" und „Praxis" gewinnt MacIntyre seinen Standpunkt in weiteren zwei Schritten: Erstens muss sich jede Praxis in die Einheit eines individuellen Lebensplans einfügen lassen. Dass eine einzelne Praxis einen sinnvollen Platz in einem Leben als ganzem betrachtet hat, schlägt sich nieder in der Fähigkeit des einzelnen, über sein Leben in Form einer teleologisch angelegten Geschichte zu erzählen. Zweitens aber ist „die Geschichte meines Lebens stets eingebettet in die Geschichte jener Gemeinschaften von denen ich meine Identität herleite. Ich wurde mit Vergangenheit geboren; und der Versuch, mich auf individualistische Art von dieser Vergangenheit abzutrennen, bedeutet die Deformierung meiner gegenwärtigen Beziehungen"[9]. Der Einzelne ist nicht imstande, nur in der Eigenschaft als Individuum das Gute zu suchen oder die Tugenden auszuüben, und zwar nicht nur weil verschiedene Individuen unter verschiedenen sozialen Umständen leben, sondern weil „wir alle unsere eigenen Umstände als Träger einer besonderen sozialen Identität auffassen"[10]. Was nämlich „gut für mich ist, muss gut für jemanden sein, der diese Rollen"[11], wie etwa Sohn, Bruder, Onkel von irgend jemand, Bürger dieser oder jener Stadt usw., innehat. „Die Suche des einzelnen nach seinem Gut erfolgt daher im allgemei-

---

5 Ebd.
6 Ebd.
7 A. MACINTYRE, a.a.O. (Anm. 3), 178.
8 A. MACINTYRE, a.a.O. (Anm. 3), 175.
9 A. MACINTYRE, a.a.O. (Anm. 3), 205.
10 A. MACINTYRE, a.a.O. (Anm. 3), 204.
11 A. MACINTYRE, a.a.O. (Anm. 3), 205.

nen und charakteristischerweise in einem Kontext, der durch die Traditionen definiert wird, für die das Leben des einzelnen ein Teil ist"[12]. Dadurch fällt den Tugenden im besonderen die Aufgabe zu, die Beziehung zu „jenen Traditionen" zu erhalten, „die sowohl der Praxis wie dem Leben des einzelnen den notwendigen historischen Kontext liefern"[13].

Soweit erst einmal MacIntyres Tugendkonzeption. Was hat das alles mit der Ethik der Antike zu tun? Wie die meisten modernen Tugendethiker, so kann auch MacIntyre mit den Tugendbegriffen Platons und der Stoa nicht allzu viel anfangen; deren Lehre von der Einheit aller Tugenden verhindere die gemeinschaftsabhängige Pluralität von Tugenden sowie mitfolgend auch die Möglichkeit eines echten Konflikts zwischen verschiedenen Tugenden. Außerdem glaubt man sich im Falle Platons mit der Ideenlehre und im Falle der Stoa mit der Lehre des kosmisch wirksamen *logos* schwere metaphysische Folgelasten einzuhandeln. Der Lieblingsgrieche MacIntyres ist daher – wie bei den meisten Tugendethikern – Aristoteles.

In dessen Ethik findet MacIntyre ganz verschiedene Momente, an die er anknüpfen zu können meint: die Rolle der Tugenden, der Begriff des gemeinschaftlichen Guts in der *polis*, die mit der vortrefflichen Ausübung einer Tätigkeit verbundene Lust, die Stellung der Freundschaft im staatlichen Gemeinwesen, das Verhältnis von Gesetz und Tugend sowie verschiedene andere Themen, die ein Kontinuum zwischen Gemeinschaft und individueller Moral oder sogar die Abhängigkeit letzterer von ersterer nahe legen. Die verschiedenen Einzelbeobachtungen aus der Aristotelischen Ethik dienen bei MacIntyre insgesamt einem sehr starken Argumentationsziel; es läuft auf etwas hinaus, was man als die „These von der Unmöglichkeit des privaten Gebrauchs praktischer Vernunft" bezeichnen könnte. In Abwandlung von Wittgensteins berühmtem Diktum über das Regel-Folgen könnte man dieser These die folgende Form geben: es kann nicht ein einziges Mal nur ein Mensch ein Gut verfolgt oder es verwirklicht haben. MacIntyre selbst formuliert: „ich bin nie imstande, nur in meiner Eigenschaft als Individuum das Gute zu suchen oder die Tugenden auszuüben"[14]. Der Einzelne in experimenteller Isolation betrachtet wäre gar kein zu moralischen Empfindungen, Urteilen und Handlungen befähigtes Wesen, und zwar nicht nur in dem Sinn, dass kein anderer da wäre, den er anerkennen, niemals nur als Zweck gebrauchen oder dem er Gutes und Gerechtigkeit widerfahren lassen könnte, auch nicht in dem Sinn, dass er irgendwann schon erlebt haben muss, was gegenseitige Anerkennung, Achtung, Empörung usw. ist, sondern in dem viel stärkeren Sinn, dass ich mich nicht zugleich in Abstraktion von der mich jeweils prägenden Tradition und Gemeinschaft und zugleich als moralisch empfindendes, urteilendes, handelndes Subjekt denken kann; als ein derart isoliertes

---

[12] A. MACINTYRE, a. a. O. (Anm. 3), 207.
[13] Ebd.
[14] A. MACINTYRE, a. a. O. (Anm. 3), 204.

Subjekt wäre ich nicht in der Lage zu bestimmen, was für mich gut ist, und somit auch nicht in der Lage, das für mich gute, glückliche Leben zu konzipieren und – erst recht nicht – zu verwirklichen. Für MacIntyre ist diese Zuspitzung erforderlich, um seinem Plädoyer für Tradition, Patriotismus[15], Tugend usw. die Form einer Widerlegung aller aufklärerischen, deontischen, universalistischen, liberalistischen usw. Ansätze zu geben; andernfalls nämlich ließe sich eine Tugendethik wie die seinige leicht als Ergänzung zu einem deontischen oder universalistischen Ansatz vereinnahmen: Zum Beispiel könnte man argumentieren, dass der Aspekt der Tugend andere ethische Ansätze sinnvoll ergänzen könne, etwa weil es die Begründung nur allgemeiner Grundsätze ohne die Ergänzung durch Tradition, Sitte, Tugend, Institutionen nicht erlaube, konkrete Handlungsanweisungen herzuleiten, oder weil solche allgemeinen Regeln den Handelnden kognitiv und operational überfordern könnten, den motivationalen Aspekt ausblenden würden, die Befolgung dieser Grundsätze nicht sicherstellen könnten usw. Genau diese Komplementaritätsthese aber, wonach nur die auf Allgemeinheit drängende Begründungsfrage einerseits und die partikularen sittlichen Ausgestaltungen andererseits die vollständige Rekonstruktion des moralisch-ethischen Diskurses gewährleisten, will MacIntyre nicht; er will mit der These von der Unmöglichkeit des privaten Gebrauchs die mit allgemeinen Grundsätzen und Ableitungen operierende Ethik grundsätzlich widerlegen und vollständig ersetzen. Dafür scheint ihm Aristoteles ein geeignetes historisches Vorbild zu sein, weil nach Aristoteles jede Gemeinschaft ein gemeinschaftliches Gut erstrebe, von dem sowohl das gute Leben des Einzelnen wie auch seine Tugenden wesentlich abhängig seien.

Zwar nimmt MacIntyre auch zur Kenntnis, dass Aristoteles das glückliche Leben aus einer allgemeinen Natur des Menschen zu bestimmen versucht, was mit MacIntyres Konzeption des parochial Guten völlig unvereinbar ist, jedoch kritisiert er diese als Ausdruck einer „metaphysischen Biologie"[16], die er zugleich mit dem Argument zu marginalisieren versucht, dass sie von Aristoteles, der ja wisse, dass praktische Sätze nur in der Regel (*hôs epi to poly*), aber nicht notwendig gelten, nicht einmal konsistent durchgehalten werden könne. Ein Anhänger MacIntyre's übrigens hat das Problem so gelöst, dass er wegen dieser sogenannten metaphysischen Biologie die aristotelischen *Ethiken* als Vorbild für das MacIntyre'sche ganz aufgab, und sich nur noch auf die aristotelische *Rhetorik* berief, die angeblich frei von solchen anthropologischen Annahmen sei.[17]

---

15 Vgl. DERS., Ist Patriotismus eine Tugend?, in: A. HONNETH (Hg.), Kommunitarismus, Frankfurt a. M. 1993, 84–102.
16 A. MACINTYRE, a. a. O. (Anm. 3), 139.
17 E. GARVER, Aristotle's Rhetoric. An Art of Charakter, Chicago/London 1994.

III.

Damit komme ich zum vermeintlichen Vorbild des MacIntyre'schen Kommunitarismus, zur antiken und insbesondere aristotelischen Ethik. Zunächst will ich MacIntyre und allen geistesverwandten Autoren gerne zugestehen, dass die kommunitaristischen Argumente, die auf die Bedeutung der Gemeinschaft für die Glückssuche des Einzelnen zielen, weit eher in der antiken als in der neuzeitlichen Ethik zu finden sind. Vor allem die Idee eines individuell verschiedenen Lebensweges, der in der Moderne oft mit großer Emphase vertreten wird, kommt in der Ethik der klassisch griechischen Philosophen so sicherlich nicht vor. Die am weitesten gehende Abhängigkeit des individuellen Glücks von dem Leben in der staatlichen Gemeinschaft könnte MacIntyre wohl im Staatsmodell von Platons *Politeia* finden. Nach diesem Modell ist der Einzelne nur glücklich, wenn die *polis* als ganze glücklich ist, und diese wiederum ist glücklich, wenn sie gerecht ist, d. h., wenn die verschiedenen Stände oder die Angehörigen derselben die ihnen jeweils zukommende Aufgabe erfüllen und sich nicht die Kompetenzen eines anderen Standes anmaßen. In diesem Modell ist das Glück der *polis* das Glück des Einzelnen. Die Abhängigkeit der individuellen Glückssuche von der staatlichen Gemeinschaft geht hier so weit, dass sogar Aristoteles diesen Entwurf später gerade deswegen kritisieren wird: Die staatliche Gemeinschaft ist für Aristoteles dadurch legitimiert, dass sie die Glückschancen des Einzelnen verbessert; die Rede von einem guten Leben der Polis sei nur dann sinnvoll, wenn sie in einem distributiven Sinn das gute Leben der einzelnen Bürger meint.[18] Warum das platonische Modell trotz dieser starken Abhängigkeit des individuellen Glücks von der Gemeinschaft den modernen kommunitaristischen Autoren dennoch nicht als Vorbild dient, ist leicht zu sehen: mit der Berufung auf Platon würde man sich nicht nur einen Ständestaat und das Theorem der Philosophenherrschaft einhandeln, sondern auch die Autorität einer unveränderlichen Idee des Guten, die die Pluralität und den historischen Wandel der Tugenden klarerweise ausschließen würde.

Aber auch bei einem gemäßigteren Modell wie dem des Aristoteles kann man immer noch eine sehr starke Bedeutung der Gemeinschaft für das individuelle Glücksstreben nachweisen. Auch für Aristoteles steht außer Frage, dass die Erlangung des guten Lebens nicht vom Zusammenleben in einer Gemeinschaft getrennt werden kann. Beginnen wir mit dem Erwerb und der Ausübung der Tugenden im aristotelischen Modell. Glücklichsein hat bei Aristoteles auf eine noch näher zu bestimmende Weise mit der Ausübung von Tugenden zu tun, und davon gibt es bekanntlich zwei Arten: Tugenden des vernünftigen Seelenteils, die sogenannten Verstandestugenden, und Tugenden des unvernünftigen, für Begierden und Emotionen zuständigen Seelenteils, die sogenannten Charaktertugenden. Tugenden beider Art tragen zum Glück des Einzelnen nur dann bei, wenn man sie ausübt und nicht schon, wenn man sie im Sinne einer Disposition be-

---

[18] Vgl. ARISTOTELES, Politik, 1264b17 ff.

sitzt. Die Ausübung beider Tugendarten werden aber in gewisser Weise durch das Leben in einer Gemeinschaft unterstützt. So können sich die meisten Charaktertugenden, wie zum Beispiel Gerechtigkeit und Großzügigkeit nur im Umgang mit anderen bewähren und nur durch einen solchen Umgang überhaupt ausgeübt werden. Auch die ungehinderte Betätigung der theoretischen Anlagen, nämlich der Verstandestugenden, setzt die Einbindung in eine Gemeinschaft voraus, durch die der Einzelne von der Sorge um die Notwendigkeiten des Lebens entbunden wird. Hieran schließt sich ein weiterer Aspekt an: Viele der Tugenden, die wir ausüben, befördern unmittelbar nicht unser eigenes Wohlbefinden, sondern das einzelner anderer oder der Gemeinschaft, in der wir leben; traditionell wird im griechischen Moralverständnis die Tapferkeit als eine solche Tugend genannt, die primär das Wohl der Gemeinschaft als ganzer befördert. Die Ausübung solcher Tugenden kann nur dann mit dem individuellen Glücksstreben vereinbart werden, wenn der Einzelne sich daran gewöhnt hat, das Wohl seiner Freunde und der Gemeinschaft, in der er lebt, nicht als Behinderung, sondern im Gegenteil als Bestandteil seines eigenen Glücks anzusehen.

Noch weit wichtiger aber ist die Rolle der Gemeinschaft beim Erwerb der Tugenden. Zumindest die Charaktertugenden werden nach Aristoteles nur durch eine langfristige Gewöhnung erworben. Warum die Gewöhnung für Aristoteles so wichtig ist, wird an folgendem Unterschied klar: Stellen wir uns zwei Personen A und B vor, die beide die Möglichkeit hätten, sich einem ausschweifenden Vergnügen hinzugeben, die dies aber beide am Ende nicht tun. A verzichtet nur ungern und der Verzicht tut ihr weh, während B gar nicht ernsthaft in Versuchung war, so dass für sie der Verzicht auch nicht schmerzhaft ist. Person A unterscheidet sich von einer lasterhaften Person dadurch, dass sie sich am Ende im Sinne der Tugend entscheidet; aber sie verfügt nicht über die tugendhafte Eigenschaft der Besonnenheit, weil sie sich zu der lasterhaften Alternative hingezogen fühlt und nur durch Selbstbeherrschung der schlechten Handlungsweise widersteht. Person B dagegen fühlt sich zu lasterhaften Handlungen nicht einmal hingezogen, weil sie über eine allgemeine Einstellung zugunsten der Tugend verfügt und daher das Tugendhafte ohne Schmerz, gerne und sogar mit Freude tut. Um aber einen der Tugend entsprechenden Charakterzug auszubilden und dadurch Freude an der Tugend zu empfinden, genügen nicht einzelne Handlungen, sondern muss man sich an das tugendhafte Handeln gewöhnt haben. Und nur wenn man daran gewöhnt ist und tugendhafte Handlungen gerne tut, kann die Tugend als konstitutiver Teil des eigenen Glücks verstanden werden.

Die Gewöhnung einer Person an das tugendhafte Handeln ist Sache der richtigen Erziehung; von dieser hängt es nämlich ab, ob es einem gelingt, einen tugendhaften Charakter auszubilden. Hat man erst einmal die falschen Gewohnheiten, ist es äußerst schwierig, zu einer tugendhaften Einstellung zu gelangen. Dass man aber zur Tugend erzogen wird, hängt nicht unwesentlich davon ab, ob man unter den richtigen Gesetzen aufwächst,[19] Gesetzgebung aber ist bereits

---

[19] DERS., Nikomachische Ethik, 1179b31 f.

Sache des Staates. Weil Gesetze immer auch mit Strafandrohung und Belohnung verbunden sind, erreichen sie auch solche Menschen, die für ein gutes Argument oder einen ethischen Traktat nicht empfänglich sind. Somit tragen gute Gesetze dazu bei, dass die größtmögliche Zahl von Menschen tugendhafte oder tugendanaloge Charakterzüge ausbildet, durch deren Betätigung sie auch eher glücklich sein werden. Aber auch solche Menschen, die im Prinzip bereit sind, einem besseren Argument Folge zu leisten, um sich dadurch in ihrer Lebenspraxis anleiten zu lassen, mussten zuvor in der Regel erst daran gewöhnt werden, auf den *logos* zu hören – was ebenfalls eine Sache der Erziehung ist.

Das genügt schon, um zu zeigen, dass für Aristoteles der Erwerb und die Ausübung von Tugenden, welche wiederum Voraussetzung für ein gelungenes, glückliches Leben sind, immer im Kontext einer Gemeinschaft stehen. Wenn man will, kann man daher Aristoteles' Position zu den kommunitaristischen Theorien zählen; aber auf solche Schubladen soll es hier nicht ankommen. Worauf es mir im Folgenden ankommt, sind die Unterschiede zur MacIntyre'schen Version des Kommunitarismus und damit auch zum gesamten relativistisch-parochialistischen Zweig der modernen Tugendethik.

IV.

Ein erster solcher Unterschied wird bereits an der Frage der durch die staatliche Gemeinschaft und ihre Gesetzgeber gelenkten Erziehung deutlich: Zwar, sagt Aristoteles, sei es am besten, wenn eine gemeinschaftliche Erziehung zustande kommt, wo das aber nicht möglich sei, da könne auch der Einzelne versuchen, seinen Kindern und Freunden zur Tugend zu verhelfen.[20] Die Bemerkung scheint harmlos, macht aber eine wichtige Differenz deutlich: Die Beteiligung der staatlichen Gemeinschaft bei der moralischen Erziehung erbringt einen operationalen Vorteil: sie hat mehr Mittel und eine größere Reichweite als der private Erzieher – aber ihre Rolle bei der Erziehung ist prinzipiell ersetzbar und kann von Einzelnen übernommen werden; das wiederum bedeutet, dass sie – anders als im modernen Kommunitarismus – keine definierende Funktion hat; d. h., worin die Tugend besteht, zu der jemand erzogen werden soll, muss nicht erst von der Gemeinschaft definiert werden.

Dass eine solche definitorische Abhängigkeit der Tugend von der jeweiligen Gemeinschaft in der aristotelischen Ethik im Grunde ausgeschlossen ist, ergibt sich schon aus der allgemeinen ethischen Epistemologie des Aristoteles. Die Grundbegriffe der Ethik, wie das Gute, das Glück, die Tugenden usw. können vom Philosophen analysiert werden, wobei sich der praktische Philosoph im Großen und Ganzen nicht anders verhält als andere Wissenschaftler auch. Gegen eine solche wissenschaftliche Konzeption der Ethik könnte man aber gewichtige Einwände erheben: Die Ethik setze sich mit der Frage auseinander, welche Dinge

---

20 ARISTOTELES, a. a. O. (Anm. 19), 1180a29 ff.

als gut, gerecht, usw. gelten. Über solche Dinge bestünden jedoch bekanntermaßen Meinungsverschiedenheiten und es komme auch vor, dass sich Dinge, die für den einen gut und nützlich sind, für den anderen als schädlich auswirken. Man könnte daher einwenden, dass alle solche Fragen nur auf wechselhaften Konventionen beruhen und dass eine Wissenschaft von solchen Dingen ausgeschlossen ist. Aus dieser Problembeschreibung haben Interpreten schon lange vor den kommunitaristischen Erneuerern aristotelischer Philosophie gefolgert, die ganze Ethik sei für Aristoteles nichts anderes als die Anwendung einer besonderen Tugend, nämlich der *phronêsis*, einer wesentlich situationsbezogenen Urteilsfähigkeit, die man zusammen mit den anderen Tugenden ausbilde. Aristoteles selbst jedoch räumt das beschriebene Problem auf ganz andere Weise aus: *Erstens*, sagt er, sei es durchaus richtig, dass ethische Fragen nicht mit derselben Exaktheit behandelt werden können wie etwa die der Geometrie; es wäre aber auch völlig unangebracht, einen solchen Exaktheitsgrad von der Ethik zu verlangen und sie dann als unzureichend zu verwerfen, weil sie ihn nicht erfüllen kann. Vielmehr muss, wer über Ethik handeln will, wissen, dass sie es hierbei mit einem Bereich zu tun hat, in dem Ausnahmen immer möglich sind. Zum Beispiel gilt normalerweise der Reichtum als ein Gut, es gibt aber auch immer wieder Fälle, in denen jemand durch seinen Reichtum zu Schaden kommt.[21] Praktische Philosophie zielt daher gar nicht auf strikt allgemeine und notwendige Aussagen; was von ihr zu erwarten ist, sind Sätze, die in der Regel (*hôs epi to poly*) wahr sind. Dass es die praktische Philosophie mit Aussagen zu tun hat, die nur in der Regel gelten, ist ein Merkmal, das die Möglichkeit echter Wissenschaft keineswegs ausschließt.[22] Sätze, die in der Regel gelten, sind für Aristoteles nicht nur Ausdruck einer statistischen Wahrscheinlichkeit, sondern sind am ehesten mit den notwendigen Sätzen verwandt, obwohl sie anders als diese den Vorbehalt möglicher Ausnahmen enthalten. Daher kann der Bereich, der es mit In-der-Regel-Sätzen zu tun hat, durchaus Gegenstand wissenschaftlicher Betrachtung sein[23]. *Zweitens* kann praktische Philosophie natürlich nicht bestimmen, was für den Einzelnen in einer konkreten Situation das Richtige ist; solche konkreten Fragen sind für Aristoteles Sache einer besonderen Art von Tugend, der schon erwähnten praktischen Vernünftigkeit (*phronêsis*). Die praktische Philosophie als solche kann über solche Dinge nur im Umriss handeln;[24] diesen Umriss in Anbetracht bestimmter Gegebenheiten auszufüllen, ist dann Sache des Handelnden, nicht des Philosophen.

Ich werde gleich darauf eingehen, wie weit die Ergebnisse gehen, die der Philosoph als Philosoph erreichen kann – zuvor aber noch eine vorläufige Konklusion. Wenn es in der Aristotelischen Bestimmung des guten Lebens einerseits Grundzüge des menschlichen Glücks gibt, die der Philosoph als Philosoph be-

---

[21] ARISTOTELES, a. a. O (Anm. 19), 1094b18 f.
[22] DERS., Metaphysik, 1027a20 f.
[23] DERS., Zweite Analytik, 87b20 ff.
[24] DERS., a. a. O. (Anm. 19), 1098a20 ff.

stimmt und andererseits Einzelfallentscheidungen, die nicht durch eine auf das Allgemeine gehende philosophische Vernunft, sondern durch eine auf den Einzelfall gehende, immer mit Tugend verbundene Kompetenz, die schon erwähnte *phronêsis* getroffen werden können, dann ist es genau die zweite Art von Kompetenz, für die sich der Kommunitarist und überhaupt der moderne Tugendethiker interessiert: nämlich eine personale Kompetenz zur Beurteilung ethischer Fragen, die nicht aus vorgängigen Regeln abgeleitet werden kann. Während aber der moderne Tugendethiker daraus ein allgemeines Modell zur Beantwortung praktischer Fragen machen möchte, hat es bei Aristoteles nur eine eingeschränkte Aufgabe, nämlich bei der Entscheidung über konkrete Handlungsoptionen. Der allgemeine Rahmen jedoch, in dem sich diese Entscheidungen bewegen sollen, kann durch den Philosophen, d. h. durch eine auf allgemeine Grundsätze zielende und von parochialen Begebenheiten unabhängige Vernunftform bestimmt werden.

Werfen wir nun einen Blick auf den Kern der Aristotelischen Ethik, seine Bestimmung des menschlichen Glücks. Bekanntlich bestimmt Aristoteles das menschliche Glück als die Aktivität (*energeia*) der Seele gemäß ihrer Tugend,[25] was oft so wahrgenommen wird, als bestünde Aristoteles' Verdienst darin, den Wert der Tugend für das Glück reklamiert zu haben. Aber eine bestimmte Definition von Glück und von Tugend vorausgesetzt, ist das nicht mehr, als was die meisten Zeitgenossen ebenfalls über das Glück behaupten würden. In seiner *Rhetorik* unternimmt es Aristoteles populäre Ansichten über das Glück zusammenzustellen; dort heißt es: „Es sei also das Glück gelingendes Handeln verbunden mit Tugend oder Selbstgenügsamkeit des Lebens oder das angenehmste mit Sicherheit verbundene Leben oder reichliches Vorhandensein von Besitz und körperlichen Gütern verbunden mit der Fähigkeit, diese zu bewahren und damit umzugehen."[26] Wenn man, wie im populären Moralverständnis üblich, die Tugenden als Fähigkeiten ansieht, bestimmte Güter zu beschaffen oder zu bewahren, dann ist nichts weiter dabei, wenn man diesen Tugenden eine gewisse Funktionalität mit Blick auf das gute Leben zuschreibt. Allerdings ist es nach Auskunft derselben Schrift ebenfalls ein Zeichen der populären Moralvorstellung, dass solche Tugenden besondere Wertschätzung genießen, die dem Wohl des anderen bei gleichzeitiger Aufopferung des Eigeninteresses dienen;[27] dadurch zeichnet sich ein Konflikt zwischen dem eigenen Glücksstreben und der Ausübung altruistischer Tugenden ab. Das Problem, das sich daraus ergibt, kennen wir alle aus Platons Auseinandersetzung mit den Sophisten. Die Frage, die dort jeweils zur äußersten Zuspitzung getrieben wird, ist die, ob sich Gerechtigkeit und überhaupt Tugend, für den, der sie ausübt, bezahlt macht oder ob sie dem Glücksstreben nicht vielmehr im Weg steht. Die Lösung dieses Problems bei Platon besteht darin, dass er den Begriff der Tugend im Rahmen einer philoso-

---

25 ARISTOTELES, a. a. O. (Anm. 19), 1098a16–20.
26 DERS., Rhetorik I 5, 1360b14 ff.
27 ARISTOTELES, a. a. O. (Anm. 26), 1366b3 ff.

phischen Seelenlehre neu bestimmt und Tugend als Qualität einer gesunden Seele versteht, wobei die gesunde und tugendhafte Seele zugleich auch eine glückliche Seele ist. – Das begriffliche Instrumentarium ist bei Aristoteles ein anderes, aber die philosophische Pointe ist im Grunde dieselbe: Der auf der Ebene populärer Moral bestehende Konflikt zwischen Glücksstreben und gemeinschaftsbezogenen, altruistischen Tugenden wird auf der Ebene der philosophischen Seelenlehre entschärft, indem die Tugend als guter oder vortrefflicher Zustand bestimmter Seelenteile neu bestimmt wird. Das glückliche Leben hat für Aristoteles genau deshalb mit Tugenden zu tun, weil die Vortrefflichkeit der dem Menschen eigentümlichen Seelenteile nichts anderes als die Tugend (*aretê*) ist. Die Verstandestugenden beschreiben die Vortrefflichkeit des vernunft-besitzenden Seelenteils, die Charaktertugenden die Vortrefflichkeit desjenigen Seelenteils, der in der Lage ist, auf die Vernunft zu hören; dieser für die Emotionen und Begierden zuständige Seelenteil befindet sich in einem vortrefflichen Zustand, wenn er sich so verhält, wie es die Vernunft von ihm verlangen würde; und die Vernunft würde von ihm verlangen, dass er sich richtig verhält, und richtig ist, wenn er weder zu viel noch zu wenig von einer Emotion zeigt, womit die begriffliche Brücke für die berühmte Lehre von der Tugend als der richtigen Mitte gegeben ist.

Diese systematische Stellung der Tugenden bei Aristoteles bringt verschiedene Aspekte zum Vorschein, die für unseren Vergleich mit dem modernen Kommunitarismus einschlägig sind.
1. Die Bestimmung des glücklichen Lebens und der Tugenden würde ihre philosophische Pointe verlieren, wenn man sie aus dem Rahmen der Seelenlehre herauslöste. Aristotelische Tugendlehre ist nicht ohne Seelenlehre zu haben. Die Seelenlehre aber ist ein Projekt, das für die geschichtliche und gemeinschaftsbezogene Verschiedenheit von Tugendvorstellungen natürlich keinen Platz hat.
2. Es erscheint im Aristotelischen Modell keineswegs selbstverständlich, dass Tugenden auf ein gemeinschaftliches Gut bezogen sind; im Gegenteil schien uns der drohende Konflikt zwischen Gemeinschaftsinteressen und individueller Glückssuche ein wesentliches Motiv dafür, den populären Tugendbegriff um einen philosophischen zu ergänzen.
3. Die Lehre von der Tugend als einer Mitte, die sogenannte Mesotês-Lehre, ermöglicht es, Tugenden für verschiedene Lebensbereiche herzuleiten: Tapferkeit ist die richtige Einstellung in Gefahrensituationen und sie ist die Mitte zwischen zu viel und zu wenig Furcht, Besonnenheit ist die richtige Einstellung gegenüber sinnlichen Genüssen, und sie ist die richtige Mitte zwischen zu viel und zu wenig Begierde. Auch wenn durch diese Formeln noch nicht bestimmt ist, welches in einer konkreten Situation die richtige Mitte ist, so ist doch klar, dass es bei diesem Modell nicht darauf ankommt, ob man von der Tugend der Spartaner oder der Tugend der Athener spricht.
4. Die Pluralität der Tugenden, durch die Aristoteles für die Kommunitaristen erst attraktiv wurde, rührt allein aus der Anwendung der Mesotês-Formel auf verschiedene Lebens- und Affektbereiche her; eine Veränderung im Bestand der

Tugenden wäre überhaupt nur denkbar, wenn ein ganz neuer Lebens- oder Affektbereich des Menschen entdeckt würde – und so etwas ist offensichtlich nicht vorgesehen.

5. Die Anwendung der Mesotês-Lehre ermöglicht es sogar, Tugenden zu bestimmen, für die es noch nicht einmal einen Namen gibt und die folglich ihr Tugendhaftsein auch keiner gesellschaftlichen Anerkennung verdanken.

6. Es ist zwar richtig, dass Aristoteles das Schema von der richtigen Mitte in der Regel dazu einsetzt, bereits anerkannte Tugenden, wie Tapferkeit, usw. zu rekonstruieren; d. h. aber nicht, dass das gesellschaftliche Anerkanntsein auch ihren Geltungsgrund darstellen würde; ihre Geltung rührt vielmehr aus der skizzierten Seelenlehre her.

V.

Ich möchte die Überlegungen zum Vergleich von modernem und antikem Kommunitarismus durch ein paar kurze Bemerkungen zur politischen Dimension des Ganzen beschließen. Aristoteles sagt ganz zu Beginn seiner Schrift *Politik*, jede Polis strebe nach einem Gut. Wie wir gesehen haben, ist dies der eigentliche Aufhänger für MacIntyres vermeintlichen Aristotelismus.

Wir Modernen, sagt MacIntyre, kennen diese Vorstellung nur noch aus der Gründung von Krankenhäusern, Schulen, Kunstgalerien oder philanthropischen Einrichtungen.[28] Wir erinnern uns: es ist dieses gemeinsame Gut, von dem nach MacIntyre die Intuitionen, die der Einzelne, in eine solche Gemeinschaft Hineingeborene, vom Guten hat, radikal abhängig sind. Das Lebensziel des Einzelnen kann nur bestimmt werden durch den seiner spezifischen Rolle gemäßen Beitrag zu diesem Gut. Und der Versuch, moralische Vorstellung unabhängig von diesem parochialen Gut zu bestimmen, sei gerade der Sündenfall der liberalistischen Staats- und Moralauffassung. – Ich denke, es lässt sich in sehr knappen Bemerkungen plausibel machen, dass das gemeinsame Gut, von dem Aristoteles spricht, die von MacIntyre vorgesehene Rolle nicht ausfüllen kann.

1. Die Polis, sagt Aristoteles, entsteht um des Überlebens willen, und hat um des Gutlebens willen Bestand.[29] Die Vorstellung vom gemeinsamen Guten, um die sich MacIntyres Entwurf ausschließlich dreht, setzt offenbar erst auf der zweiten Stufe, dem Gutleben, an. Wäre alle Moral von diesem gemeinschaftlich bestimmten Gut abhängig, könnte es auf der ersten Stufe, derjenigen des leiblichen Überlebens, überhaupt keine nicht-beliebigen Vorstellungen vom Guten und Gerechten geben. Das ist aber bei Aristoteles keineswegs so. Das Überleben ist an die Befriedigung elementarer Bedürfnisse geknüpft; und die Befriedigung unterschiedlicher Bedürfnisse legt eine Kooperation mit anderen zumindest drin-

---

[28] A. MacIntyre, a. a. O. (Anm. 3), 141.146.
[29] Aristoteles, Politik, 1252b29 f.

gend nahe. Kooperation vollzieht sich durch Austausch von Leistungen; erst verschiedenartige Leistungen konstituieren die Tauschgemeinschaft, denn „die Gemeinschaft besteht ja nicht aus zwei Ärzten, sondern aus Arzt und Bauern und überhaupt aus Verschiedenen und Ungleichen"[30]. Ohne Bedürfnisse gäbe es keinen Austausch, und ohne Austausch wäre keine Gemeinschaft möglich und bliebe keine Gemeinschaft beisammen, daher ist es „in Wahrheit das Bedürfnis, das alles zusammenhält"[31]. Die Tauschenden bilden eine basale Form von Gemeinschaft und „jedes Gemeinsame hat durch das Gerechte Bestand"[32]. Der Austausch, der den Beteiligten wechselseitig nützt, muss also durch einen Begriff des Gerechten angeleitet sein, der sich noch nicht dem gemeinsamen Gut der Polis verdankt.

2. Die Polis besteht um des guten Lebens willen, das gute Leben ist das gemeinschaftliche Ziel, dessen Verfolgung eine Gemeinschaft erst als *polis* qualifiziert. Erst indem sie das gute Leben als Ziel verfolgt, tritt die Gemeinschaft gleichsam wie ein Handelnder auf. In der Ethik ist das gute, glückliche Leben, wie wir wissen, durch die Tugenden bestimmt. Wenn nun die Polis als ganze das durch die Tugenden bestimmte gute Leben verfolgt, dann haben wir in der Tat den Einklang zwischen Gemeinschaft und individueller Moral, der die Kommunitaristen so fasziniert. Allerdings ist diese Situation auch für Aristoteles nur ein Idealfall. Die bestehenden Verfassungen haben in der Regel eine weniger anspruchsvolle Konzeption des guten Lebens und streben daher weniger hehre Ziele an. Nur in der idealen Verfassung geht es darum, die Bürger zu den Tugenden eines guten Menschen zu erziehen, und Aristoteles lässt keinen Zweifel daran, dass die beste und zugleich anspruchsvollste Verfassung nicht für jede Bevölkerung geeignet ist. Andere, nicht-ideale Verfassungen verfolgen bescheidenere Ziele; in ihnen fallen die Tugenden, die man als guter Bürger braucht, keineswegs mit den Tugenden des guten Menschen zusammen.[33] Dass Aristoteles dies eher für den Normalfall hält als die ideale Verfassung, kann man daran ablesen, dass sich seine Schrift *Politik* weit mehr mit nicht-idealen Verfassungen abgibt als mit der idealen.

Auch auf der politischen Ebene ist es also durchaus so, dass zwar eine gemeinschaftliche Bemühung um diejenigen Tugenden vorgesehen ist, die auch das individuelle menschliche Leben zu einem guten machen, jedoch ist es nicht das gemeinschaftliche Streben nach einer solchen Tugend, das die Polis definiert. So wie sich Aristoteles auch sonst illusionslos mit Bezug auf menschliche Schwächen zeigt, so ist er auch illusionslos was die Realisierung einer solchen idealen Polis in bestehenden Verfassungsformen angeht. Zugleich steht aber nichts im Weg, dass der Einzelne auch unter suboptimalen politischen Bedingungen die Tugenden erstrebt – allein es dürfte unter solchen Voraussetzungen sehr viel schwerer sein.

---

[30] Ders., a. a. O. (Anm. 19), 1133a16 f.
[31] Aristoteles, a. a. O. (Anm. 19), 1133a26 f.
[32] Ders., Eudemische Ethik, 1241b14 f.
[33] Ders., Nikomachische Ethik III4.

Abstract

Der vorliegende Text soll das Verhältnis von modernem und antikem Kommunitarismus erhellen. Es werden verschiedene Aspekte diskutiert, hinsichtlich derer die individuelle Glückssuche von der Gemeinschaft in der wir leben, abhängig ist. Während moderne Kommunitaristen behaupten, dass das für den Einzelnen Gute von der jeweiligen Gemeinschaft definiert wird, nehmen antike Philosophen eine bescheidenere Position ein.

This paper is intended to shed some light on the relation between modern and ancient communitarians. It discusses several respects in which the individual pursuit of happiness is dependent on the community in which one lives. While modern communitarians claim that what is good for the individual must be defined by the common good of the respective community, ancient philosophers, especially Aristotle, make a more modest claim.

Diskussion zum Vortrag
von Prof. Dr. Christof Rapp

Dr. Viktor:
Ich finde, Sie waren etwas zu streng. Die gesamte Philosophiegeschichte ist doch eine Geschichte von fruchtbaren Missverständnissen. So könnte man dieses Kapitel doch auch sehen.

Prof. Rapp:
In der Tat ist es in der Regel so, dass man sich missversteht und dies für beide Seiten fruchtbar ist. Für die neuen Theorien ist es sozusagen egal, woher sie die Ideen haben, solange sie neue Theorien sind. Und wenn in der Moderne eine neue Konzeption aufgebracht wird, die man platonisch oder aristotelisch nennt, dann ist es auch immer fruchtbar für die Interpretation dieser antiken Autoren, weil man dann einen neuen Maßstab und neue Kriterien hat, an denen man die Interpretation orientieren kann. Aber es ist trotzdem nicht ganz uninteressant, dass hier systematisch ein Bild von einer heilen Antike konstruiert wird, das sich so bei den Philosophen nicht finden lässt. Sie haben Recht, die Pointe ist nicht, dass man hier einen Klassiker missbraucht, sondern die Pointe ist, dass das antike Original differenzierter ist und die Dinge da nicht so einfach gelöst werden, wie es dann bei diesen Erneuerern aussieht.

Prof. Krötke:
Es hat mich gewundert, dass Sie nicht auf der anderen Seite einen kleinen Hinweis gegeben haben, inwiefern denn die aristotelische Ethik mit der Grundlage in der Seelenlehre nun ihrerseits für die Ethik der Neuzeit noch etwas zu sagen hat.

Prof. Rapp:
Da ich kein Ethiker bin, bin ich mit solchen Aussagen gerade in diesem Hörerkreis vorsichtig. In der Tat, wie ich am Anfang versucht habe plausibel zu machen, wäre es beunruhigend, wenn die Kritiker der modernen Moral wie Bernard Williams oder Alasdair MacIntyre auch nur annähernd Recht hätten, und wir einfach in Ermangelung besserer Theorien unsere moralische Praxis derart missverstehen. Insofern wäre, ganz allgemein gesagt, aus meiner Sicht ein Rückgriff auf solche antiken Philosophen fruchtbar, wenn man etwa eine reine Pflichtenethik in den Rahmen einer Ethik des guten Lebens stellen würde, wenn man, wie das eben heute in der neuen Moralphilosophie ja schon konventionell ist, der Frage nach der Motivation usw. mehr Beachtung schenken würde. Ob im Einzelnen die aristotelische Ethik erneuerbar ist, das ist ein etwas komplizierteres Projekt. Natürlich hängt auch Aristoteles, obwohl man es ihm nicht so leicht ansieht wie Platon, von metaphysischen Annahmen ab. Ich denke etwa an die

Theorie vom *bios theoretikos*, der in der Schau des ewigen Bewegers besteht. Das ist sicherlich nicht so leicht aktualisierbar. Überhaupt haben ja auch die von mir kurz zitierten Kritiker der Antike nicht Unrecht, wenn sie an antiker Ethik ihren Vernunftoptimismus kritisieren. Da kann man aber auch für Aristoteles stärkere und schwächere Lesarten anführen. Nach der stärkeren Lesart ist es sicherlich problematisch, das menschliche Glück durch den Vernunftgebrauch zu definieren, weil das eben eine bestimmte Anthropologie, eine bestimmte Sicht des Menschen voraussetzt, die wir nicht teilen müssen. Aristoteles ist aber komplex genug, um auch schwächere Lesarten und vielleicht theoretisch attraktivere Lesarten zu finden, wie etwa die, dass der Vernunftgebrauch überhaupt die Voraussetzung dafür ist, dass man sich an Kriterien orientierte Lebenspläne machen kann, und so ein geplantes Leben entwerfen kann. Dies hat etwa Martha Nussbaum in ihrer Aristotelesinterpretation herausgehoben, dass das Vermögen, Pläne zu machen, sich ein gutes Leben zu gestalten, einfach die Voraussetzung für alle möglichen Lebensformen ist. Und wenn man Aristoteles' Betonung des Logos so verstehen will, dann wäre er natürlich modern leichter adaptierbar.

Publikum:
Für mich hinterlässt der Vortrag mehr offene Fragen als Antworten. Das hat damit zu tun, dass man sich den modernen Menschen ganz anders vorstellt als den antiken. Natürlich hat das mit den Idealisierungen zu tun, auf die Sie zu sprechen kamen. Wenn man sich den Menschen der Antike vorstellt als einen Handwerker, der in seinem Beruf lebt, den er irgendwann von seinen Eltern mitbekommen hat, stellt man sich vielleicht einen ausgefüllteren Menschen vor als den heutigen, der bei sehr viel Freizeit sich fragen muss, ob er den richtigen Beruf gewählt hat und wenn das nicht der Fall ist, was er dann mit seiner Freizeit macht. Sind das nicht Dinge, die Sie auch hier in einem solchen Vortrag über Glück, glückliches Leben in irgendeiner Form antippen müssten? Damit habe ich also nur die Büchse der Pandora ein wenig aufgerissen, man ist auch überrascht, dass hier nun die Vernunft angesprochen wird, bei einem Thema, wo man doch sicher auch das Gefühl erwarten würde.

Prof. Rapp:
Generell haben Sie natürlich Recht. Man könnte, wenn man über antike Ethik spricht, sich eben auch die Aufgabe stellen, etwas zur Lebenskunst zu sagen, die man in der antiken Ethik immer wieder findet. Es gibt einflussreiche Interpretationen antiker Ethik oder antiker Philosophie, die sagen: antike Philosophie ist überhaupt nur das – eine Lebenskunst. Ich sehe das nicht so. Es geht in der antiken Philosophie nicht allein darum, wie man Leben gestalten, wie man solche Fragen lösen soll, die Sie hier gerade angesprochen haben. Es gibt in der antiken Philosophie eben auch gerade die Idee einer Theorie, die nur um der Theorie willen da ist. Also ich sehe diesen Blick auf die antike Philosophie, den man heute gern hat, als einen etwas zu engen an.

Noch zwei Bemerkungen zu den konkreten Fragen: Sie haben die Erfüllung in der Berufswahl angesprochen. Eine häufige Reaktion von Studenten, wenn man ihnen den Gedanken des Aristoteles vorstellt, dass das Glücklichsein etwas damit zu tun hat, dass man die eigentümlichen Fähigkeiten verwirkliche, ist genau die, dass sie sagen: meint das dann, dass wenn ich zum Philosophen begabt bin, ich Philosoph, oder wenn ich zum Musiker geboren bin, Musiker werden soll. Das heißt es bei Aristoteles sicher nicht. Weil hier doch die artspezifische Befähigung im Mittelpunkt steht, und das ist eben wirklich einer der Gedanken, der die antike Ethik von unserer modernen Auffassung unterscheidet. Individuelle Lebensführung steht in der klassischen griechischen Ethik nicht im Mittelpunkt. Wenn Sie aber das begriffliche Grundgerüst des Aristoteles nutzen wollen, dann können Sie auch den Gedanken individualisieren, Glück habe etwas mit der Erfüllung der spezifischen Fähigkeiten zu tun. Dafür würde Aristoteles den Hintergrund bilden, aber es war sicherlich nicht seine Intention.

Dann haben Sie noch Vernunft und Gefühl angesprochen. Es ist sicherlich so, dass Aristoteles zu Unrecht dafür getadelt würde, wenn man sagt, er verenge die Sache zu sehr auf die Vernunft, weil es ja gerade in der aristotelischen Ethik immer so ist, dass es nicht genügt, das Richtige zu tun, die richtige Überlegung zu haben. Sondern es muss immer so sein, dass eine gute Handlung auch die richtigen Emotionen mit sich bringen oder beinhalten muss, damit man von einem tugendhaften Menschen sprechen kann. Und die richtigen Emotionen hat man eben nur dann, wenn man diesen Erziehungs- und Gewöhnungsprozess durchlaufen hat, von dem ich gesprochen habe. Aristoteles ist also sicher ein Denker, der den Emotionen gebührenden Wert einräumt, aber die Emotionen müssen sich immer im Rahmen dessen bewegen, was die Vernunft für gut befindet. Denn wenn sie sich sozusagen aufschwingen würden, das umzustürzen, was die Vernunft will, dann würden sie natürlich auch die Möglichkeit vereiteln, überhaupt kohärente Lebenspläne zu verwirklichen. Denn dann wäre es ja immer so, dass wir von plötzlichen Impulsen übermannt werden könnten. Das muss bei Aristoteles gesichert sein. Wenn das gesichert ist, dann gesteht er den Emotionen natürlich jede Bedeutung für das gute Leben zu.

Prof. Krötke:
Ist das Glück selber als eine Emotion zu verstehen?

Prof. Rapp:
Nein. Das ist vielleicht auch ein wichtiger Unterschied im modernen Glücksbegriff und im antiken Glücksbegriff. In der Moderne wird der Begriff Glück oft so verwandt im Sinne eines glücklichen Gefühls, das man hat, wenn man z. B. aufs Mittelmeer blickt und einen kühlen Drink in der Hand hat. Das wäre in der Antike sicher nicht so, sondern da ist der Glücksbegriff objektiv. Den stärksten Ausdruck dieser objektiven Beurteilung, ob ein Leben gelungen ist oder nicht, sieht man daran, wenn Aristoteles allen Ernstes erwägt, ob man einen Menschen schon im Moment seines Todes als glücklich bezeichnen kann oder erst eine gewisse Zeit später. Denn es könnte sich ja herausstellen, dass seine Nachkommen sich kurz nach seinem Tod extrem fahrlässig verhielten, so dass das wieder negatives Licht auf sein Leben als Ganzes werfen würde, so dass man dann even-

tuell Abstriche am Glücklichsein, oder an der Gelungenheit dieses Lebens machen müsste. Das ist ein objektiver Glücksbegriff, der nichts mit dem Gefühl zu tun hat. Das korrespondierende Gefühl zum gelungenen Leben ist die Lust, die man dabei hat. Die muss man haben. Aber Lust fällt nicht mit dem Glück zusammen.

Prof. Schmitt:
Ich überlege, ob man die Position des Aristoteles, die Sie uns ja sehr überzeugend vorgetragen haben, in Ihrem Sinne noch ein wenig stärker machen könnte, indem man sie vom Metaphysikverdacht befreit.

Der besondere Wert Ihrer MacIntyre-Lektüre lag darin, dass sie uns zu einem differenzierteren Aristoteles-Bild verholfen hat, das ja sehr attraktiv ist, so wie Sie es entwickelt haben. Gerade wenn man den Zusammenhang zwischen Psychologie und Ethik sieht, dann sieht man ja, Aristoteles hat eine Psychologie. Und die Psychologie besteht nun genau darin, reflexiv aufzuweisen, welche psychischen Fähigkeiten und Vermögen der Mensch hat bis hin zu seiner Rationalität, zu der er einen direkten kritischen Zugang hat. Wenn man fragt, was hat das mit Ethik zu tun, dann ist die Antwort einfach die, die Sie gezeigt haben: Der Bereich der Ethik ist der von Lust und Unlust. Und Lust und Unlust sind bei Aristoteles keine Pauschalbegriffe, sondern nur die allerhöchste Lust, nämlich die, die sich aus der vollkommensten Verwirklichung der für den Menschen spezifischen Möglichkeit ergibt, ist wirkliches Glück. Deswegen muss man ja, nach Aristoteles, die Menschen das wirklich Angenehme schmecken lehren. Diese Reflexion auf den optimalen Vollzug reflexiv erfahrbarer psychischer Fähigkeiten ist ein wirklicher und bedenkenswerter Ansatz kritischer Ethikbegründung. Wäre das in Ihrem Sinn?

Prof. Rapp:
Ich hatte das vorher schon mit meiner stärkeren und schwächeren Lesart angedeutet, das mir so etwas manchmal durch den Kopf geht. Es als die Intention des Aristoteles zu behaupten, ginge mir zu weit. Aber wenn man eben, und dazu sind wir ja alle frei, an dem Projekt teilnimmt, mit Aristoteles über ihn hinaus zu denken, wäre das wohl ein Weg, den ich auch am liebsten einschlagen würde.

VIII. ARBOGAST SCHMITT

Individualität als Faktum menschlicher Existenz oder als sittliche Aufgabe? Über eine Grunddifferenz im Individualitätsverständnis von Antike und Moderne

Von Individualität in der Antike zu reden, scheint im Sinn einer immer noch verbreiteten Vorstellung über den Unterschied von Antike und Moderne in einem prägnanten Sinn des Wortes nicht möglich. Bestenfalls könne man nach Vorformen oder Vorbereitungen fragen. Denn Individualität ist nicht irgendein für die Moderne charakteristischer Begriff, es ist der Begriff, in dem sich die Moderne als eine radikal neue Epoche unmittelbar gegenüber dem Mittelalter, mittelbar aber auch gegenüber der Antike definiert. Im Sinn dieses Selbstverständnisses der Moderne kann man bei Jacob Burckhardt lesen:

„Im Mittelalter lagen die beiden Seiten des Bewusstseins – nach der Welt hin und nach dem Innern des Menschen selbst – wie unter einem gemeinsamen Schleier träumend oder halbwach. Der Schleier war gewoben aus Glauben, Kindesbefangenheit und Wahn; durch ihn hindurchgesehen erschienen Welt und Geschichte wundersam gefärbt, der Mensch aber erkannte sich nur als Rasse, Volk, Partei, Korporation, Familie oder sonst in irgendeiner Form des Allgemeinen. In Italien zuerst verweht dieser Schleier in die Lüfte; es erwacht eine objektive Betrachtung und Behandlung des Staates und der sämtlichen Dinge dieser Welt überhaupt; daneben aber erhebt sich mit voller Macht das Subjektive, der Mensch wird geistiges Individuum und erkennt sich als solches".[1]

Die Idee von der Entdeckung des Individuums in der Renaissance gehörte in der Zeit, in der Jacob Burckhardt „*Die Kultur der Renaissance in Italien*" schrieb, schon zum Gemeingut der Gebildeten. Burckhardt bringt sie mit prägnanten Formulierungen und viel historischem Material neu auf den Begriff. Sie ist – nicht zuletzt durch seine Autorität – so wirkungsmächtig, dass sie trotz einer erdrückenden Fülle von Belegen der neueren Forschung,[2] die die Geschichtskon-

---

1   S. J. BURCKHARDT, Die Kultur der Renaissance in Italien, 10. Aufl. durchges. von W. Goetz, Stuttgart 1976, 123.
2   S. z. B. C. H. HASKINS, The Renaissance of the Twelfth Century, Cambridge/Mass./London 1927; A. J. GURJEWITSCH, Das Individuum im europäischen Mittelalter, München 1994; J. A. AERTSEN u. A. SPEER (Hgg.), Individuum und Individualität im Mittelalter, Berlin/New York 1996.

struktion, die diese Idee voraussetzt, als ein unhaltbares Klischee ausweisen, bis in jüngste Publikationen hinein immer wieder neu wiederholt wird.³

Die gedankliche Figur ist immer dieselbe: Das Mittelalter wird als eine Zeit der Autoritätsgläubigkeit und der Eingebundenheit des Einzelnen in allgemeine Konventionen und Ordnungen beschrieben, die Neuzeit ist die Zeit, in der sich der Einzelne in revolutionärer Wende auf sich selbst aus diesen Bindungen befreit und so zu einem neuen – reflexiven –Verhältnis zu sich selbst und zur konkreten Welt der ihn umgebenden Einzeldinge findet.

Die Hartnäckigkeit, mit der sich die Vorstellung, die (mit der Renaissance beginnende) Moderne sei die Epoche, in der sich der Mensch zu sich selbst und zur Welt (sc. der konkreten Dinge) befreit, über Zeiten und Argumente hinweg durchhält, ist nicht nur für den Kenner erstaunlich, der um die vielen Gegeninstanzen weiß, sie ist auch kaum vereinbar mit allgemeinen Urteilen, die in breiter Zustimmung die eigentümlichen Probleme der Moderne beschreiben.

Es sind ja keineswegs erst die Diskursanalyse Michel Foucaults oder der Dekonstruktivismus Jacques Derridas, aus denen man erfährt, dass es der Moderne gerade nicht gelungen war, den Menschen aus den allgemeinen Diskursen, in denen er gleichsam mitgetragen wird, zu einer individuellen Subjektivität zu befreien. Theodor W. Adorno / Max Horkheimer etwa haben in ihrer *„Dialektik der Aufklärung"* schon 1944 in theoretischer Analyse und mit einer Fülle von empirischem Material aus der ‚Neuen Welt' begründet, dass das ‚Individuum' der modernen Massenkultur kein Individuum ist, sondern nichts als *„bloßer Verkehrsknotenpunkt der Tendenzen des Allgemeinen"*, und sie haben zugleich darauf verwiesen, dass diese *„rückhaltlose Identität des Individuums mit dem Allgemeinen"*, die in der modernen Kulturindustrie zum Vorschein komme, auf den *„fiktiven Charakter"* hinweist, *„den die Form des Individuums im bürgerlichen Zeitalter seit je aufwies."* Ihrer Überzeugung nach ist es in der Moderne *„zur Individuation gar nicht wirklich gekommen"*. *„Die klassenmäßige Gestalt der Selbsterhaltung hat alle auf der Stufe bloßer Gattungswesen festgehalten."*⁴

---

3 G. BOEHM, Bildnis und Individuum, Über den Ursprung der Portraitmalerei in der Renaissance, München 1985, 15 z. B. weist ausdrücklich darauf hin, dass die neuere Forschung Burckhardts Mittelalterbild *„als ein Cliché durchschaut"* hat, bleibt aber dennoch dabei, man müsse trotz des *„Fortschritts unserer Einsichten"* in der Renaissance mit der Begründung der Möglichkeit von Bildnis und Individuum rechnen. Nachdrücklich Kritik an der gegenwärtigen Suche nach einem individuellen Selbst im Mittelalter übt – in der Absicht, die moderne Abgrenzung gegen das Mittelalter wieder in ihr Recht einzusetzen – M. SONNTAG, ‚Das Verborgene des Herzens'. Zur Geschichte der Individualität, Reinbeck bei Hamburg 1999; S. auch O. G. OEXLE, Das Bild der Moderne vom Mittelalter und die moderne Mittelalterforschung, Frühmittelalterliche Studien 24, 1990, 1–22. Weitere Literatur und eine Auseinandersetzung mit den in dieser mit größerem oder geringerem wirkungsgeschichtlichen Bewusstsein vorausgesetzten Prämissen siehe in A. SCHMITT, Konkretes Denken. Eine Kritik an der Rationalität der ‚Moderne' aus platonisch-aristotelischer Sicht (erscheint voraussichtlich München 2002), Einleitung und Teil I, Kapitel I.
4 S. M. HORKHEIMER, T. W. ADORNO, Dialektik der Aufklärung, Philosophische Fragmente, Frankfurt 1969 (= New York 1944), 163 f.

Probleme, das eigene individuelle Ich von allgemeinen Bewegungen zu unterscheiden und dagegen zu verwahren, gibt es aber nicht erst im bürgerlichen Zeitalter. Schon bei Francesco Petrarca[5] oder Michel de Montaigne[6] gibt es erhebliche Zweifel an der Subjektivität und Authentizität des Individuums. Descartes muss sich schon von seinem Zeitgenossen Pierre Gassendi sagen lassen, das ‚Ich', das er in der Wende auf sein eigenes Denken gefunden habe, sei nichts als Geist überhaupt, kein individuelles Ich, mit dem man sprechen könnte.[7] Immanuel Kants transzendentales Ich ist weder in seiner epistemischen noch in seiner moralischen Funktion individuell, bei Georg W. F. Hegel kommt das Ich erst zu sich selbst, wenn es Manifestationsort des absoluten Geistes ist, bei Hans-Georg Gadamer sind die bewussten Begriffe, die ein Subjekt als Ich zu bilden meint, „*getragen von dem kommunikativen Geschehen, das wir sprechend vollziehen*"[8] usw.

Peter Bürger[9] hat auch aus der ‚schönen' Literatur eine Fülle von Beispielen mit derselben negativen Tendenz gegenüber der Möglichkeit, in der Dimension von Modernität überhaupt noch Individualität zu entfalten, zusammengetragen. Bürger zeichnet die Entwicklung des seiner selbst bewussten Subjekts in der autobiographischen Literatur von Montaigne bis in die Postmoderne nach und versucht dabei zu erweisen, dass es sich keineswegs um einen kontinuierlich fortschreitenden Prozess der zunehmenden Selbstentfremdung des Ich und der zunehmenden Unfähigkeit, sich als Individuum gegen ‚das Andere', ‚die Anderen' und gegen das Allgemeine abzugrenzen, und des Leidens an dieser ‚anthropologischen' Konstante handelt, sondern dass das moderne Ich von Beginn an vor diesen scheinbar grundsätzlich unlösbaren Problemen der Selbstkonstitution als einzelnes Individuum stand.[10] In Auseinandersetzung mit dieser ‚Einsicht' wurden verschiedene und verschieden radikale Bewältigungsstrategien entwickelt, der Problembestand war aber immer der gleiche, so dass man nicht von einem allmählichen Verschwinden des Subjekts (und damit auch des Individuums) in der Moderne oder Postmoderne sprechen kann, sondern von einem Phä-

---

[5] A. KABLITZ, Petrarcas Lyrik des Selbstverlusts: Zur Kanzone Nr. 360 – mit einem Exkurs zur Geschichte christlicher Semantik des Eros, in: R. L. FETZ, R. HAGENBÜCHLE u. P. SCHULZ (Hgg.), Geschichte und Vorgeschichte der modernen Subjektivität, (2 Bde.), Berlin/New York 1998, (Bd. 1), 567–611.
[6] V. LOBSIEN, Das manische Selbst: Frühneuzeitliche Versionen des Melancholieparadigmas in der Genese literarischer Subjektivität, in: R. L. FETZ, R. HAGENBÜCHLE, u. P. SCHULZ, a. a. O. (Anm. 5), Bd. 1, 713–739.
[7] S. die Erwiderungen Gassendis zu den „*Meditationes de prima philosophia*" Descartes' (R. DESCARTES, Meditationen über die Grundlagen der Philosophie: mit den sämtlichen Einwänden und Erwiderungen; Zum 1. Mal vollständig übersetzt und hg. von A. BUCHENAU. Neuausgabe, unveränderter ND der 1. dt. Gesamtausgabe von 1915, Hamburg 1988), 5. Einwände, 238.
[8] S. z. B. Die Begriffsgeschichte und die Sprache der Philosophie, in: H. G. GADAMER, Kleine Schriften IV, Variationen, Tübingen 1977, 1–16, hier: 15 f. S. dazu ähnlich auch: DERS., Begriffsgeschichte als Philosophie, in: Kleine Schriften III, Idee und Sprache, Tübingen 1972, 237–250, hier 249 f.
[9] P. BÜRGER, Das Verschwinden des Subjekts: eine Geschichte der Subjektivität von Montaigne bis Barthes, Frankfurt 1998.
[10] S. z. B. P. BÜRGER, a. a. O. (Anm. 9), 220.

nomen neuzeitlicher Erkenntnis- und Ich-Begründung überhaupt. So wie *„das Verschwinden des Subjekts zur Subjektphilosophie gehört und nicht deren Ende anzeigt"*[11], so ist offenbar die Entdeckung und die ‚Geburt' des Individuums in der Moderne immer schon verbunden mit dem Bewusstsein der Unmöglichkeit, noch Individuum sein zu können, und dem Gefühl, von Allgemeinheiten, Konventionen usw. überdeckt zu sein.

Peter Bürgers Studie ist auch dadurch charakteristisch für das aus der ‚Entdeckung' der Individualität entstandene Überlegenheitsbewusstsein gegenüber Mittelalter und Antike, dass für ihn seine Beobachtungen kein Anlass sind für einen kritischen Zweifel an der These, das Neue der Neuzeit bestehe in dem neuen Wissen um Individualität und Subjektivität und in der erst dadurch möglichen Befreiung des Menschen aus vorher noch nicht-reflektierten Abhängigkeiten:

> „Fand in der Antike das Selbst seine Ordnung im Anschauen des Kosmos, standen Innenwelt und Außenwelt in einer für das Denken so selbstverständlichen Entsprechung zueinander, dass der Gedanke, Innen und Außen voneinander zu trennen, gar nicht aufkam, so steht jetzt das Subjekt dem Objekt gegenüber als selbständiges, das die rein mechanische Ordnung der Natur erforscht, um die so erkannten Kräfte für seine Zwecke zu nutzen."[12]

Die ‚moderne' Unfähigkeit, das Individuelle vor seinem Verfall an das allgemeine ‚Man' zu bewahren, gehört auch für Bürger einfach zu den konstitutiven Bedingungen der neuen Entdeckung, sie gibt keinen Anlass für eine historisch kritische Reflexion.

Blickt man umgekehrt von der Höhe der modernen ‚Entdeckung' des Individuums auf Antike und Mittelalter zurück und befragt die Forschung, wann denn der Schleier, der Selbstbewusstsein und Welt gemeinsam verdeckt hatte, zum ersten Mal gehoben wurde und wann der Mensch sich aus der Befangenheit in allgemeinen Bindungen als ein um sich selbst wissendes Individuum befreit habe, dann erfährt man, je nachdem, welcher Epoche oder welchem Autor man sich zuwendet, dass dieser revolutionäre Befreiungsakt sich vom Übergang der homerischen *„Ilias"* zur *„Odyssee"* bis ins 20. Jahrhundert viele Dutzend Male ereignet hat, ja es gibt Publikationen, in denen in einem Band in unmittelbarem Anschluss der Kapitel aneinander von angesehenen Fachvertretern von immer neuen Stationen berichtet wird, in denen ‚zum ersten Mal' Subjektivität und Individualität ‚entdeckt' worden seien: bei Augustinus, bei Franz von Assisi, bei Thomas von Aquin, bei Dante, bei Petrarca, bei Giotto, bei Montaigne, in der spanischen Mystik des 16. Jahrhunderts, bei Shakespeare usw.[13]

---

11 P. BÜRGER, a.a.O. (Anm. 9), 230.
12 P. BÜRGER, a.a.O. (Anm. 9), 219.
13 S. den Sammelband zur Geschichte und Vorgeschichte der modernen Subjektivität (wie Anm. 5), passim.

Man kann mit Grund davon ausgehen, dass diese Feststellungen in vielen Fällen Ergebnis sorgfältiger und vertrauenswürdiger Analysen von Texten, Kunstwerken oder anderen historischen Quellen sind. Die Folgerung muss sein, dass sie nicht völlig zu Unrecht gemacht sein können, d. h., dass die Kriterien: „Gibt es ein Wissen um sich selbst, eine Lösung vom Allgemeinen usw.?" offenbar mit einem gewissen Recht als erfüllt gelten. Es bedeutet aber zugleich, dass die Erfüllung dieser Kriterien nicht ausreicht, um zu begründen oder abzulehnen, dass eine Epoche oder ein einzelnes Werk Individualität aufweist. Die Möglichkeit sollte daher zumindest in Betracht gezogen werden, dass der als Maßstab zur Prüfung des historischen Materials verwendete – und oft unreflektiert und ohne begriffliche Klärung verwendete – Begriff von Individualität zu unbestimmt und konfus ist.

Das Befreiungs- und Freiheitspathos, mit dem die Lösung von jeder Art von Unterordnung unter etwas Allgemeines als Bedingung der Möglichkeit der Entstehung von Individualität empfunden wird, hat offenbar dazu geführt und führt immer noch dazu, in der Befreiung von vorgegebenen Allgemeinheiten zugleich den eigentlichen Erklärungsgrund von Individualität zu finden. Individuum sein heißt dann: ausschließlich aus sich selbst, in alleiniger Bestimmtheit durch sich selbst zu leben und in keiner Weise mehr durch Normen, Ideale, Konventionen, Bräuche und dgl., in denen irgend etwas gemeinsam Verbindliches vorgegeben ist, bestimmt zu sein.

Die Ermittlung von Individualität gerät damit in den Zwang, zwischen einer exklusiven Alternative entscheiden zu müssen: Ist jemand noch irgendwie von Typischem, Allgemeinem geprägt, oder existiert er in der ganzen Konkretheit seines Seins durch sich selbst?

Wenn etwa belegt werden soll, weshalb das Bild des heiligen Franz von Assisi in Subiaco (gemalt zwischen 1226 und 1228) schon ein Vorgriff auf das ‚individuelle Portrait' der Renaissance sei, dann ‚beobachtet' man, dass in diesem Bild Franziskus ‚nicht mehr' als Standesperson (Papst, Kardinal, Kaiser o.ä.) oder Funktionsträger (Konsekrator, Stifter, Schreiber o.ä.) dargestellt sei, sondern einfach als *„ein großer Mensch um seiner selbst willen"*.[14] Will man dagegen die Differenz dieses Portraits zu wirklich individueller Darstellung in der Moderne betonen, verweist man darauf, dass es sich auch hier noch nicht um *„ein eigentliches Portrait, in dem uns wirklich lebendig der ganze Mensch entgegenträte"* handle, die Züge des Heiligen seien *„nur in ganz allgemeiner, mehr oder weniger schematisierender Art"* bewahrt.[15]

Beide Deutungen beruhen offenkundig auf richtigen Beobachtungen, haben aber zugleich ebenso offensichtliche Defizite, die darauf zurückzuführen sind,

---

[14] S. G. B. LADNER, Das älteste Bild des heiligen Franziskus von Assisi, in: Festschrift P. E. SCHRAMM zu seinem 70. Geburtstag von Schülern und Freunden zugeeignet, Wiesbaden 1964, (Bd. 1), 449–460, hier: 453.
[15] S. H. THODE, Franz von Assisi, o. O. (Phaidon) 1934, 87 (zitiert nach G. BOEHM, a. a. O. (Anm. 3), 16).

dass von einem (richtig) unterschiedenen Merkmal aus ein viel zu allgemeiner Schluss gezogen wird.

Natürlich war Franziskus nicht Kaiser, Papst oder Schreiber, aber er war ein Mönch, und zwar ein Mönch des von ihm geschaffenen Bettelordens und ist in genau diesem Stand und dieser Funktion auch dargestellt. Er hat also Züge von etwas Allgemeinem. Dass er uns nicht als ‚der ganze Mensch' (sc. mit Warze und Leberfleck in seiner kontingenten und leiblichen Erscheinung) ‚entgegentritt', beweist umgekehrt auch nicht, dass er schematisiert dargestellt ist. Davon zu sprechen wäre nur berechtigt, wenn es tatsächlich die konkrete Totalität und nicht die charakteristisch eigentümlichen Züge wären, die einen Menschen als Individuum erkennbar machen, d. h., wenn es nur die Alternative der möglichst detailgetreuen Abbildung der kontingenten empirischen Person mit all ihren Merkmalen, die ihr im Lauf ihres Lebens anhaften können, und eines von dieser auf einen allgemeinen Typus hin abstrahierten Schemas gäbe.

Man sieht allein an diesem Versuch, das Individuelle in einer Darstellung zu belegen, dass es offenbar schwierig ist, die Grenze festzulegen zwischen dem ‚wirklich' Individuellen und den noch in irgendeinem Sinn allgemeinen Zügen und überhaupt etwas zu finden, was man von einem einzelnen Menschen aussagen kann, was nicht auch von vielen anderen ausgesagt werden könnte, d. h., was der Einzelne mit vielen anderen gemeinsam hat, sondern was etwas ‚genuin Individuelles', Einmaliges ist.

Tatsächlich ist die wiederholte Neuentdeckung von Individualität in immer neuen Kontexten nicht zuletzt dadurch verursacht, dass man an den vorausgehenden und jetzt erstmals überwundenen Positionen immer noch vorhandene Züge des Allgemeinen nachweist.

Auch die philosophische Theorie kreist um dieses Abgrenzungsproblem – mit der Tendenz, ‚eigentliche' Individualität erst dort anzuerkennen, wo jede Ableitung aus Gattungs-, Art- oder sonstigen Allgemeinbegriffen scheitert. In der Philosophiegeschichtsschreibung ist es häufig das späte Mittelalter, vertreten vor allem durch Duns Scotus und Wilhelm Ockham, dem die Entdeckung der Einsicht zugeschrieben wird, dass das Individuum nicht wie im Platonismus und Aristotelismus der Antike und der Scholastik als eine letzte Art, eine *species specialissima* oder ein *atomon eidos* verstanden wird, in dem höhere Arten und Gattungen eine letzte, unterste Arteinheit bilden, sondern als etwas, was auf keine Weise mehr aus Allgemeinbegriffen hergeleitet werden kann: Individuum ist erst, was in dem konkreten Hier und Jetzt seiner Existenz einen Überschuss gegenüber dem Allgemeinen in ihm aufweist und durch diesen Überschuss in allen seinen Äußerungen und Eigenschaften in einer unaussprechlich eigentümlichen Weise geprägt ist, so dass alles Allgemeine in ihm von dieser Prägung her seine absolut singuläre Form erhält.[16]

---

16 Tatsächlich findet im spätmittelalterlichen Scotismus und Ockhamismus eine erkenntnistheoretische Wende statt und es kommt zu einer Neufundierung von Erkennen und Wissen in der anschaulich evidenten ‚Wohlbestimmtheit' von existierenden Einzeldingen, und damit also zu

Auch wenn man diese Entdeckungsleistung dem späten Mittelalter nicht zugesteht, sondern, wie etwa Manfred Frank, erst der *"begriffsgeschichtlichen Revolution der Frühromantik"*, geht es um die Entdeckung desselben Sachverhalts: *"Das Individuelle ist"*, so charakterisiert Frank diese ‚Revolution' der Frühromantik, *"vom Allgemeinen aus niemals in einer Kette methodischer Ableitungen als unterstes Glied zu erreichen. Individuen lassen sich nicht aus einem Konzept (einer Struktur, einer symbolischen Ordnung, einem Kategorienapparat, einem Diskurs ...) deduzieren, und zwar darum nicht, weil sie es sind, die dem Ganzen, als dessen Spezifikation sie auftreten, seinen Begriff allererst erfinden oder zuweisen."*17

Als Aufgabe von Begriff und Darstellung von Individualität erscheint es dementsprechend, das zu finden, was, wie etwa Hegel formuliert, als *"unermessliche Abbreviatur gegen die Einzelheit der Dinge"*18 alles das wie in einem Kern in sich enthält, was als mögliche Äußerungen dieses Individuums je sich entfalten kann. Will man eine spekulativ metaphysische Deutung dieses Kerns vermeiden – und nach Hegel sind es nur noch Außenseiter, die an eine intellektuelle Anschauung des innersten Wesens einer Sache oder Person glauben –, dann muss man Individualität in einer Art Verhaltensmuster suchen, das allen Äußerungen eines Menschen – seinen wesentlichen Entscheidungen genauso wie allem Beiläufigen an ihm, seinen in bewusster Überlegung begründeten Handlungen ebenso wie allem Möglichen und Zufälligen, was ihm widerfährt: der Art, wie er lacht, sich bewegt, wie er sich räuspert oder spuckt – eine charakteristische Form gibt, in der er sich, meist ihm selbst unbewusst, als er selbst fühlt.19

Diese Individualitätsauffassung ist so verbreitet, dass es nicht nötig ist, sie zu belegen. Manfred Frank hat sicher Recht, wenn er die bis in die Gegenwart wirkungsmächtigste Ausarbeitung dieses Konzepts bei Friedrich D. E. Schleiermacher und Wilhelm von Humboldt sieht. Es lässt sich aber bereits viel früher belegen und konnte sich – das kann ich an dieser Stelle leider nicht ausführen – als ein Konzept mit wissenschaftlichem oder gar philosophischem Anspruch in der Neuzeit vor allem im Zuge einer massiven Stoa-Rezeption in der frühen Neu-

---

einer radikalen Aufwertung der Einzeldinge im Hinblick auf ihre erkenntnisbegründende Funktion im Erkenntnisprozess (s. dazu A. SCHMITT, Anschauung und Denken bei Duns Scotus. Über eine für die neuzeitliche Erkenntnistheorie folgenreiche Akzentverlagerung in der spätmittelalterlichen Aristoteles-Deutung, in: E. RUDOLPH (Hg.), Die Renaissance und ihre Antike. Die Renaissance als erste Aufklärung, Tübingen 1998, 17–34). Das in der ganzen neuzeitlichen Geistesgeschichte dominierende und heute noch als das einzig mögliche geltende Individualitätskonzept hängt unmittelbar von dieser Wende ab. Es hat aber vor diesem sehr wohl auch eine Theorie über die Möglichkeit der Erkenntnis von etwas Individuellem gegeben, und zwar eine Theorie, die ihrerseits unmittelbar abgeleitet war aus der in dieser vorscotistischen Tradition zugrunde gelegten Erkenntnisfundierung. Dazu s. unten ab S. 88.

17 M. FRANK, Selbstbewußtsein und Selbsterkenntnis. Essays zur analytischen Philosophie der Subjektivität, Stuttgart 1991, 69.
18 G.W.F. HEGEL Die Wissenschaft der Logik I, in: G.W.F. HEGEL, Theorie-Werkausgabe, hg. von E. MOLDENHAUER u. K. M. MICHEL, (20 Bde.), Frankfurt/Main 1969, Bd. 5: 1996, 29.
19 S. zu diesem Individualitätsverständnis auch z.B. M. FRANK, Subjekt, Person, Individuum, in: M. FRANK u. A. HAVERKAMP (Hgg.), Individualität, (Poetik und Hermeneutik; 13), München 1988, 3–20.

zeit durchsetzen, weil diese Art des Denkens sich nun auf die Autorität ‚der Alten' berufen konnte.

Als beliebig herausgegriffenes literarisches Beispiel kann Christoph M. Wielands Roman „*Agathon*" dienen. Wieland lässt dort (im „*Gespräch im Elysium*" von 1800) den Sophisten Hippias die Überzeugung vertreten, wir hätten alle unsere spezifische Natur, „*unsere eigene Vorstellungsart, die besondere Stärke, Mischung und Richtung unserer Triebe, unsere eigenste Weise zu handeln.*" Jeder Mensch verfolge daher, da ihm anderes eingeschrieben sei und er eine andere Geschichte habe, einen anderen Lebenszweck.[20]

Im Sinn dieser Auffassung gibt es keine andere Möglichkeit, die Individualität Agathons darzustellen und zu begreifen, als seine ganze Geschichte mit all ihren Brüchen und Kontingenzen durchzugehen, um daran zu erkennen, dass Agathon alles dies und zugleich nichts von allem war. So bemerkt der Erzähler Wieland, Agathon habe nacheinander den Eindruck erweckt, er sei „*ein andächtiger Schwärmer, ein Platonist, ein Republikaner, ein Held, ein Stoiker, ein Wollüstling*" und sei doch „*keines von allem*" gewesen. Was er jedoch „*würklich war, worin er sich unter allen diesen Gestalten gleich blieb*", das müsse der Leser selbst erkennen.[21]

Dass vielen der *picaro*, der zu allen Wandlungen fähige Schelm, dessen besonderes Wesen gerade in dieser Wandlungsfähigkeit selbst liegt, als Inbegriff einer modernen Romanfigur gilt, macht die Eigentümlichkeit dieser modernen Individualitätsvorstellung besonders deutlich.

Nimmt man sie zum Maßstab und Kriterium für das, was Individualität überhaupt ist, und prüft die Texte und Dokumente der Antike in der Zeit von Homer bis Aristoteles, wird man in der Tat feststellen, dass sich dort eine solche Form der Individualitätsdarstellung oder -analyse nicht oder nicht als vorherrschend nachweisen lässt.

Das heißt aber weder, dass es in dieser Zeit kein Interesse am einzelnen Individuum in seiner ganz besonderen Unterschiedenheit von der Gemeinschaft gab, noch gar, dass die einzelnen bloß als Glieder sog. konventioneller Gesellschaften fungiert hätten und ganz in den ihnen von der Gesellschaft zugewiesenen Rollen aufgegangen wären.[22] Es heißt aber – im Unterschied zu dem gängigen Vorurteil – dass die Aspekte, die in Neuzeit und Moderne als die wesentlichen Bedingungen von Individualität galten, nicht als hinreichend angesehen wurden, und zwar weder in der literarischen Darstellung noch in der philosophischen Analyse von Individualität.

---

20 S. dazu auch U. ZEUCH, Abenteuer als Weg zum nosce te ipsum? Umschlagserfahrung und Selbsterkenntnis bei Grimmelshausen und Wieland, in: Das achtzehnte Jahrhundert 24, Heft 2, 2000, 176–190, 187.
21 U. ZEUCH, a. a. O. (Anm. 20), 184.
22 Eine solche These vertritt hingegen – und mit einem universalen Anspruch – etwa noch H. R. JAUSS, Vom *plurale tantum* der Charaktere zum *singulare tantum* des Individuums, in: M. FRANK u. A. HAVERKAMP (Hgg.), a. a. O. (Anm. 19), 237–269.

Das ist der Grund für den scheinbaren Widerspruch, dass viele Interpreten in antiken Texten bereits die für uns typischen Merkmale von Individualität entdecken und dennoch anders als in moderner Literatur und Philosophie nirgends das Problem thematisiert finden, wie denn Individualität in der unaussprechlichen und unableitbaren Einmaligkeit der Existenz begründet und erfahrbar sein könne.

Geht es nur um die Unterscheidung des Einzelnen von der Gemeinschaft, um sein Interesse an sich selbst oder anderen Personen nur um ihrer selbst willen und nicht, weil er zu ihnen in einem konventionellen Verhältnis steht, oder geht es darum, dass Einzelne ihr Leben nach eigenem Willen und Gesetz ohne Rücksicht auf die Normen und Gebote der Gesellschaft oder der Religion führen wollen, dann gibt es Belege für dieses subjektiv private Abweichen vom Allgemeinen in Fülle.

Es ist ja bereits das Darstellungsinteresse von „*Ilias*" und „*Odyssee*" fast ausschließlich auf individuelle Ziele gerichtet: Nicht die Geschichte des gemeinsamen Heerzuges nach Troia, sondern der Zorn des Achill, der seinen Grund darin hat, dass ihm von einem Agamemnon, der die Tochter eines Apollonpriesters höher schätzt als seine eigene Frau, ein Mädchen, das er herzlich liebt, weggenommen wird, ist der Gegenstand der „*Ilias*". In der „*Odyssee*" ist es ein außergewöhnlicher Charakter, der seinesgleichen nicht hat, dessen Rückkehr zu einer ebenso außergewöhnlichen, aber ihm in alles Normale sprengendem Maß charakterlich verwandten Frau den eigentlichen Inhalt der dargestellten Geschichte bildet.[23]

Auch dies, dass die Personen bei Homer häufig in Abweichung von den ihnen durch Gesellschaft oder Religion zugewiesenen Rollen ihrem eigenen Ich folgen, braucht man nicht an den – gar nicht so seltenen – Einzelfällen zu belegen, es ist das Darstellungsinteresse Homers gerade auf die Darstellung der Gründe und Motive konzentriert, warum seine großen Personen: Achill, Agamemnon, Hektor, Patroklos, ihre privaten Interessen und Gefühle über das Wohl der Gemeinschaft stellen und sich dabei keineswegs an allgemeinen Idealen oder Normen orientieren, etwa um dem Fehlhandeln eines Tyrannen entgegen zu treten, sondern allein ihre subjektive, ganz aus Augenblickssituationen entstandene Befindlichkeit zum Maß nehmen.

All das gibt es also bei Homer, aber es wäre völlig verfehlt zu meinen, er habe an derartigen Verhaltensweisen die individuelle Selbstbestimmtheit seiner Personen darstellen wollen. Im Gegenteil, sie gelten ihm als Ausdruck der Fremdbestimmtheit, als etwas, was diese Personen tun, weil sie nicht aus sich selbst handeln, sondern sich in tragischer Weise in etwas verwickeln lassen, was ihnen ihre Selbstständigkeit raubt.

---

[23] S. dazu auch A. SCHMITT, Homer, Ilias – ein Meisterwerk der Literatur?, in: R. BRANDT (Hg.), Meisterwerke der Literatur von Homer bis Musil, Leipzig 2001, 9–52.

Wenn Achill auf dem scheinbaren Höhepunkt seiner Verhärtung sagt: „ich gebe meinen Groll nicht auf",[24] handelt er nach Homer gerade nicht aus der individuellen Mitte seines Selbst heraus. Das zeigt sich u. a. daran, dass er selbst an dieser Stelle sich gar nicht mehr völlig mit seinem Zorn identifiziert, seine Worte klingen härter, als er selbst gestimmt ist, denn er ist vom Mitgefühl mit den anderen schon angerührt und schon auf halbem Weg zu der Einsicht,[25] die er wenig später ausspricht, dass ihn der Zorn um seinen gesunden Verstand gebracht habe und dass es viel besser für ihn gewesen wäre, sich nicht der Süße der Rachegefühle zu überlassen.[26]

Ähnliches gilt etwa auch für Hektor. Für ihn ist es wesentlich, dass er der umsichtige und tapfere Retter seiner Stadt ist und sein will. Als er daher nach dem Wiedereintritt Achills in den Kampf laut behauptet: „ich will nicht in die Stadt zurück",[27] äußert er etwas, was er, wie er wenig später in seinem berühmten Selbstgespräch vor dem Kampf mit Achill sagt, keineswegs aus sich selbst wollte.[28] Sein vermeintlicher Wille, vor der Stadt zu bleiben, war, wie er jetzt sieht, eine Verblendung durch die ihm von Zeus gewährten Siege, in die er sich gegen alle seine gewohnte Umsicht hatte hineinziehen lassen.

Es gibt, wie man sieht, für Homer einen Unterschied unter den Handlungen eines Menschen: Er kann aus sich selbst handeln, er kann aber auch in mehr oder weniger großer Abweichung von sich selbst handeln. Nicht alles, was ein Mensch tut, nicht einmal alles, was er selbst zu wollen meint, kommt wirklich aus ihm selbst und dient wirklich seinen eigentlichen, tatsächlich individuellen Interessen, bei vielem ist er fremdbestimmt und bleibt in dieser Fremdbestimmtheit nur insofern er selbst (und ein identisches ‚Subiectum'), als die Potenz, sie zu vermeiden, in ihm lag und ihm auch erhalten bleibt, so dass man z. B. an ihn appellieren kann, wieder zu sich zurückzufinden.

Von dieser Auffassung her macht es keinen Sinn, Individualität dadurch darstellen zu wollen, dass man möglichst alles, was ein Mensch sein und werden kann, vorführt, um schließlich an dem, was in all den Veränderungen an ihm gleich bleibt, seine individuelle Form zu erschließen, hier muss vielmehr alles darauf ankommen, möglichst genau herauszufinden und zu umgrenzen, was das selbstständig in der Verfügungsgewalt eines Einzelnen Liegende ist, von dem her seine Handlungen im eigentlichen Sinn ihre besondere Prägung haben und von dem unterschieden werden können, was am Tun dieses Menschen nicht individuell ist, sondern auf allgemeine Ursachen, auf äußeren Zwang, Zufall, Verführung, auf Regel, Konvention, Rolle usw. zurückzuführen ist.

Im Blick auf diese Fragestellung ist es von großem Gewicht, dass Aristoteles Homer gerade deshalb einen über alle anderen herausragenden Dichter nennt,

---

24 HOMER, *Ilias* 9,426.
25 HOMER, *Ilias* 18,208 f.
26 HOMER, *Ilias* 19,56 ff.
27 HOMER, *Ilias* 18,243–309.
28 HOMER, *Ilias* 22,96–107.

Individualität als Faktum menschlicher Existenz oder als sittliche Aufgabe? 115

weil er nicht in den naheliegenden Fehler verfallen sei, zu meinen, wenn man die Geschichte eines Menschen darstelle, habe man bereits ein Werk mit innerer Einheit geschaffen.[29] Bei dem Versuch, einen Menschen zu einem Gegenstand von Literatur zu machen, indem man der Entwicklung und den wechselvollen Handlungen und Widerfahrnissen dieses Menschen folgt, habe man mit denselben Schwierigkeiten zu rechnen, mit denen ein Historiker fertig werden muss.[30]

Ein Historiker muss ja, wenn er etwa die Geschichte eines politischen Führers schreiben möchte, in diese Geschichte vieles mit aufnehmen, was gar nicht durch diese Führergestalt initiiert ist. Thukydides' Geschichte des Peloponnesischen Kriegs ist voll von Berichten, wie das aus dem Charakter und der Eigenart einer Person motivierte Handeln durchkreuzt wird von Zufällen, Intrigen, unvorhersehbaren Widerständen usw. Von all dem muss er als Historiker berichten, weil er sich nicht auf das für eine Person, etwa für Perikles, charakteristische Handeln beschränken kann, sondern versuchen muss, die Gesamtheit des wirklichen Geschehens mit seiner Mischung aus inneren und äußeren, notwendigen, wahrscheinlichen und kontingenten Ursachen darzustellen und zu erklären.

Das braucht und das soll eine poetische Darstellung nach Aristoteles nicht. Ihre spezifische Aufgabe ist es vielmehr, sich auf das zu konzentrieren, „was ein Mensch von bestimmter Beschaffenheit aufgrund eben dieser allgemeinen Beschaffenheit seines Charakters in einer gegebenen einzelnen Situation konkret äußert oder tut".[31] Dabei soll die konkrete Äußerung oder Handlung so konzipiert sein, dass die Wahrscheinlichkeit oder Notwendigkeit erkennbar ist, wie sie sich aus den allgemeinen Charaktertendenzen dieses Menschen herleitet.[32]

Wenn Achill sogar mit dem Vater seines verhasstesten Feindes zusammensitzt und gemeinsam mit ihm klagt und jammert,[33] dann soll dieses konkrete Verhalten als ein Verhalten erkannt und erkennbar gemacht sein, das für einen Menschen wie Achill wahrscheinlich oder sogar notwendig ist.

Wer Achills Verhalten vom Anfang der Erzählung an verfolgt hat, wer also, um nur einige Stationen zu nennen, gesehen hat, wie Hera gerade ihn ausgesucht hat als den, den die Not des Heers bekümmert und zu entschlossener Hilfe bewegt;[34] wie Kalchas sich gerade an ihn wendet, um couragierte Unterstützung vor Agamemnon zu bekommen;[35] wie Achill sich über die Ichsucht und Ungerechtigkeit Agamemnons empört; wie er trotz dessen Hybris auf Athenes Rat, seine Wut zu begrenzen,[36] hört; wie er bei den Herolden, die seine geliebte

---

29 S. ARISTOTELES, Poetik, Kap. 8, passim, besonders 1451a22–30.
30 Der Vergleich zwischen dem spezifischen *Ergon* des Dichters gegenüber den Anforderungen, vor die sich ein Historiker gestellt sieht, ist das Thema des 9. Kapitels der aristotelischen „Poetik" (1451b37 ff.).
31 ARISTOTELES, Poetik, Kap. 9, 1453b8–9.
32 ARISTOTELES, Poetik, Kap. 9, 1453a38 f.
33 HOMER, Ilias 24,507–512.
34 HOMER, Ilias 1,54–56.
35 HOMER, Ilias 1,68–83.
36 HOMER, Ilias 1,193–214.

Briseis abholen sollen, zwischen Täter und Boten unterscheiden kann und sie mit freundlicher Milde behandelt;[37] wie er die von Agamemnon kommende Bittgesandtschaft mit ausgesuchter Herzlichkeit empfängt;[38] wie er von seinem aufopferungsvollen Einsatz für die Gemeinschaft während all der Kriegsjahre und der Liebe zu den Menschen, die ihm nahe sind, berichtet;[39] wie er zwar vom Groll gegen Agamemnon nicht lassen kann, sich aber dennoch plötzlich intensiv für die bedrängte Situation der Achäer interessiert;[40] wie er den von ihm zur Erkundung ausgeschickten Patroklos schließlich mit seiner Rüstung in dem Kampf ziehen lässt, usw. – wer all dies mitverfolgt hat, für den ist es gut vorstellbar, und das heißt, er wird es für wahrscheinlich halten, dass Achill auch gegenüber Priamos unterscheiden kann zwischen der Wut, die er auf den Mörder seines geliebten Patroklos hat, und der von allen Seiten bedrängten Notsituation dieses alten Vaters, von der er sofort begreift, wie sehr sie der Not seines eigenen Vaters gleicht.[41]

Aristoteles sagt von dieser Art der Darstellung, sie sei allgemeiner und philosophischer als die an die Einzelfakten gebundene Geschichtsschreibung.[42] Aus dieser Formulierung hat man seit den ersten *Poetik*-Kommentaren der Renaissance immer wieder den Schluss gezogen, Aristoteles verlange von der Dichtung, sie solle nicht Individuen zu ihrem Gegenstand machen, sondern Charaktertypen, Idealgestalten oder Menschen, wie sie aufgrund ihrer gesellschaftlichen Rolle, ihres Alters, Standes, ihrer Epoche usw. zu sein pflegen.

In diesem Sinn hatte – in Anlehnung an hellenistische Konzeptionen – Horaz die Aufgabe des Dichters formuliert. Die Personen der Dichtung sollten einen mit sich übereinstimmenden Charakter haben. Diese Forderung bedeutet für Horaz, die literarischen Charaktere sollten konsequent einem allgemeinen Charaktermuster folgen. Wer etwa Achill wieder auf die Bühne bringen wolle, müsse einen nie ruhenden, jähzornigen, durch keine Bitte erweichbaren, heftigen Charakter zeichnen, für den es überhaupt keinen Rechtsanspruch gebe, der sich alles mit Gewalt nehme usw.[43] Nur durch eine solche Abstraktion von der konkreten Gemischtheit wirklicher Charaktere kann es nach Horaz gelingen, dass sich ein Charakter vom ersten Auftritt bis zuletzt gleich und treu bleibt. Nur durch diese Art der Abstraktion und Konzentration auf einen bestimmten Charakterzug scheint die angestrebte Einheit und Identität des Charakters bewahrt werden, scheint die Identität eines Charakters in der Vielheit seiner Erscheinungsformen erkennbar gemacht werden zu können.

---

[37] HOMER, *Ilias* 1,334–336.
[38] HOMER, *Ilias* 9,197 ff.
[39] HOMER, *Ilias* 9,315–332.
[40] HOMER, *Ilias* 11, 599–601.
[41] HOMER, *Ilias* 24,507–512.
[42] ARISTOTELES, *Poetik*, Kap. 9, 1453b5–7.
[43] HORAZ, *ars poetica*, 120–122.

Ich denke, es ist schon deutlich geworden, dass Homer einem solchen Abstraktionsgebot nicht genügt, nicht genügen will und dass Aristoteles es nicht aufstellt. Homers Achill ist nicht eine Verkörperung des Jähzorns, und er verhält sich auch nicht, auf keinen Fall konsequent, im Sinn gesellschaftlicher Verhaltensmuster. Achill ist gewiss jähzornig und heftig, aber schon bevor wir ihn so kennenlernen, hören wir von seiner Mitleidigkeit und seinem couragierten Einsatz für die Gerechtigkeit und noch im ersten Zornesausbruch erfahren wir von seiner Fähigkeit, die Forderungen der Vernunft nicht völlig aus den Augen zu verlieren. Er ist, wie es sich für den idealen Soldaten gehört, tapfer, abgehärtet und aufopferungsvoll, aber er ist auch wehleidig, er jammert und klagt in ganz unheldischer Weise – was bekanntlich Platon gar nicht gefallen hat.

Mit diesen und einer Reihe weiterer Züge vereinigt Achill Merkmale in sich, die im Sinn eines vorgeblich konsistenten Charakterbegriffs zu mehreren Charakteren gehören müssten. Welchem allgemeinen Begriff von einem Charakter, einer Rolle und dgl. kann man gemeinsam zuordnen, dass jemand in unersättlicher Wut zwölf Tage lang einen Feind verunstaltet und kurz darauf mit dem Vater dieses Feindes Tränen über sein Unglück vergießt?

Es führt, so scheint mir, kein Weg daran vorbei, anzuerkennen, dass die Mischung von Charakterzügen, wie wir sie in Achill finden, individuell, ja hoch individuell ist. Er hat seinesgleichen nicht.

Achill ist aber deshalb nicht schon ein bloßes willkürliches Bündel von Eigenschaften, die wie die Kämpfer im Bauch des trojanischen Pferdes durcheinander liegen[44] und sich nicht in ein einheitliches Bild fügen. Homer hat vielmehr alles getan, um erkennbar und verfolgbar zu machen, dass und wie das scheinbar nicht Zusammenpassende in einem Charakter zusammengehören kann. Dass sein Zorn von Anfang an von einer immer noch vorhandenen Fähigkeit, auf die Vernunft zu hören, begrenzt ist, so dass bei Achill Vernunft und Leidenschaft nicht radikal auseinanderfallen, haben wir schon gesehen. Es sind bei Homer auch in subtiler Weise die Übergänge bezeichnet, wie und warum Achill von einem in einen anderen psychischen Zustand wechselt. So steigert sich, als die Bittgesandtschaft bei ihm ist, sein Verständnis und seine Anteilnahme an der Bedrängnis der Achäer von der Rede des Odysseus über die des Phoinix bis zu der des Aias, der ihn beinahe schon umgestimmt hat. Und obwohl er die Bittgesandtschaft unverrichteter Dinge ziehen lässt, sitzt er nach deren Weggang nicht mehr im Zelt und tröstet sich mit dem Spiel auf der Laute, sondern er steht auf dem Deck seines Schiffes und blickt angestrengt hinüber zu den anderen und schickt seinen Patroklos los, als ihm die Not zu groß zu werden scheint.

Entgegen der Meinung vieler Philologen, bei Homer gebe es noch keine innere Selbstständigkeit in Achill, die Änderungen seines Verhaltens würden immer von außen, etwa durch Athene oder durch den Tod des Patroklos herbeigeführt,

---

44 Dieses Bild verwendet PLATON im „*Theaitet*" (184d).

gibt es bei Homer sogar eine konsequente und psychologisch fein differenzierte Darstellung innerer Entwicklungen.

Das können wir, so aufschlussreich es wäre, nicht weiter verfolgen. Festhalten können wir aber bereits, dass sich die Einheit des Charakters und seine individuelle Bestimmtheit (auch) in der Kontinuität bzw. in der kontinuierlichen Entwicklung seiner Handlungstendenzen, d. h. der Art und Weise, wie er auf bestimmte Situationen und äußere Umstände reagiert und sich zu ihnen verhält, abbildet. Homer zeichnet dadurch, dass er zeigt, wie es im einzelnen zu der Verhärtung des Achill in seinem Zorn kommt und wie er schrittweise sich wieder von dieser Verhärtung zu befreien in der Lage ist, ein vielheitlich-differenziertes und als ganzes doch einheitliches, stimmiges Charakterbild, das der Disjunktion ‚abstrakt-allgemein-typenhaft' und ‚absolut-individuell-ineffabel' entgeht. Er zeichnet einen Charakter, den man rational begreifen kann und der doch nicht ein bloßes abstraktes Schema bleibt.

Aristoteles beruft sich also nicht zu Unrecht auf Homer, wenn er der Dichtung die Fähigkeit zuschreibt, in und durch die einzelnen Reden und Handlungen einer Person die Allgemeinheit eines Charakters sichtbar zu machen.[45] Diese Allgemeinheit hat aber auch hier bei Aristoteles nichts mit dem Verhältnis eines abstrakten Typus zu seiner konkreten Realisierung zu tun. Die für die neuzeitliche Diskussion so wesentliche Frage, ob jemand noch typisch – als König, Soldat, Bürger, Liebhaber usw. – oder allein aus sich selbst handelt, wird hier auf eine hochinteressante Weise unterlaufen. Die Allgemeinheit, die Aristoteles meint, liegt vielmehr in der Einheit einer Person. Sie bildet gegenüber den einzelnen Handlungen dieser Person dasjenige Allgemeine, von dem her alle diese Handlungen als Äußerungen eines Charakters verstehbar werden. Außerdem ist dieses Allgemeine nicht abstrakt und leer, es ist nicht der von sich her völlig unbestimmte Persönlichkeitskern, der in allen Wandlungen gleich bleibt. Es besteht ja vielmehr aus einer Reihe genau benennbarer und in ihren inneren Konturen beschreibbarer genereller Tendenzen zu bestimmtem Handeln, in der Tendenz zu helfen, mutig, ausdauernd, tapfer, gerecht, mitfühlend zu sein usw.

Wenn man verstehen will, wie derartige allgemeine Charakterzüge zugleich individuell sein können, muss man mehrere Aspekte beachten. Zunächst ist wichtig zu sehen, dass das Allgemeine, von dem Aristoteles hier spricht, ein Allgemeines in der Dimension subjektiver Individualität selbst meint: Es geht um die allgemeinen Verhaltenstendenzen eines Menschen im Unterschied zu den je einzelnen Handlungen, die von diesen Tendenzen, d. h. von dem, was jemand bevorzugt oder ablehnt, geprägt sind. Unter diesem Aspekt kann man sagen, dass Aristoteles dichterische Darstellung geradezu auf Individualität festlegt: Sie soll – im Unterschied zur konkreten Wirklichkeit, in der das, was ein Mensch tut, immer zu einem guten Teil fremdbestimmt ist – sich ausschließlich auf die Hand-

---

[45] ARISTOTELES, *Poetik*, Kap. 9, 1451b5–10 und s. auch Kap. 24, 1460a5–10.

lungen konzentrieren, bei denen, wie Aristoteles sagt,[46] der Einzelne selbst Ursprung und Prinzip seiner Entscheidungen ist.

In der Erfüllung dieser letzteren Forderung liegt der eigentliche Grund, der so etwas wie Individualität möglich macht:

Es muss ein selbstständiges Prinzip, und zwar ein Prinzip, um das (und dessen Kriterien) der Mensch weiß und über das er rational verfügen kann, geben. Das ist das, was man im modernen Sinn des Wortes Subjektivität nennen könnte. Dieses Prinzip darf aber nicht eine bloße Potenz im Einzelnen sein, sondern er muss sie in bestimmten, für ihn charakteristischen Formen verwirklicht haben, damit aus einer allen gleich zu Gebote stehenden Subjektivität Individualität wird. Bei dieser Verwirklichung muss der Einzelne außerdem seine Identität mit sich selbst erhalten können. Er soll ja nicht nur in rationalen Akten, sondern auch, wenn er fühlt, will, wahrnimmt usw. er selbst bleiben.

An diesem Punkt vor allem scheiden sich schon die philosophischen Positionen der Antike, und an ihm entwickelt sich auch die Opposition der Neuzeit gegen den scholastischen Aristotelismus.

Platon hat vor allem in seiner „*Politeia*", Aristoteles in seinen Ethiken und in der „*Politik*" intensive Überlegungen darüber angestellt, wie der Mensch aus vielem ein Einer wird. Dabei sind sie davon ausgegangen, dass der Mensch ein endliches, und d. h. räumlich und zeitlich geteiltes Wesen ist. Wir sind ja nicht einmal zu einer ungeteilt einheitlichen Wahrnehmung fähig, sondern können mit den Augen nicht schmecken und mit den Ohren nicht hören – und auch durch sog. synästhetische Phänomene wird diese Erkenntnis nicht widerlegt, weil diese sich als unzureichend analysierte Zusammensetzungen aus verschiedenen und nicht nur wahrnehmenden, seelischen Akten erweisen lassen.[47] Die Vorstellung kann wahrnehmungsunabhängig aktiv sein, also sind Vorstellung und Wahrnehmung nicht identisch. Man kann sich etwas genau vorstellen und doch kein Wissen, vielleicht nicht einmal eine Meinung darüber haben, was das Vorgestellte ist, also sind Vorstellen, Meinen und Wissen unterschiedliche Aktmöglichkeiten in uns.

Aufgrund solcher und analoger Überlegungen sind Platon und Aristoteles dazu gekommen, im Menschen – ähnlich wie wir es schon bei Homer finden[48] – mehrere psychische Aktivitätszentren anzunehmen.

Diese Berücksichtigung der Differenzen innerhalb der Einheit der Person hat die Stoa und hat ähnlich wieder die neuzeitliche Philosophie, etwa Descartes, so missverstanden, als ob dadurch die Einheit der Person aufgelöst und auf mehrere innere Akteure verteilt sei. Die Stoa hat deshalb das Konzept einer logischen

---

[46] ARISTOTELES, *Nikomachische Ethik* III,1 passim (und bes. 1100b1–5) und 3, bes. 1111a22–24.
[47] S. dazu A. SCHMITT, Synästhesie im Urteil aristotelischer Philosophie, in: H. ADLER (Hg.), Synästhesie – Historisch und aktuell (im Erscheinen).
[48] Zur homerischen Psychologie s. A. SCHMITT, Selbständigkeit und Abhängigkeit menschlichen Handelns bei Homer. Hermeneutische Untersuchungen zur Psychologie Homers, (Abh. Akad. Mainz 1990), Stuttgart 1990, bes. 115–228.

Vorstellungskraft (nämlich die Lehre von dem sog. Hêgemonikon) entwickelt, die – und Descartes übernimmt dieses Bild – so, wie der eine Sonnenschein in unterschiedlichen Gegenden anders leuchtet, nur durch die Anwendung auf Verschiedenes und in einem quantitativ-graduellen Sinn verschieden sei und dadurch bald Einsehen, bald Vorstellen, bald Wollen oder Empfinden werde. In allem aber bleibe der Mensch dadurch einer, dass er, was immer er tut, mit Vorstellung oder – modern gesprochen – mit Bewusstsein tut.

Dieses radikale Einheitspostulat hat die antike Stoa so gut wie die neuzeitliche Bewusstseinsphilosophie in Erklärungsnöte gebracht. Es gibt zu vieles im Menschen, was auch ohne, ja gegen sein bewusstes Denken geschieht. Um erklären zu können, wie es möglich ist, dass wir irrational entstandene Affekte empfinden oder Willensregungen wider besseres Wissen folgen, glaubte schon Poseidonios (im ersten Jahrhundert v. Chr.) zu einer vermeintlich platonischen Seelenteilung zurückkehren zu müssen.[49] Aus den gleichen Gründen und auch aus Beobachtungen zu Geschmacksurteilen, in denen wir oft jeder bewussten Begriffsbildung vorausgehend das moralisch oder ästhetisch Richtige treffen, kam man auch in der Neuzeit dazu, neben dem sog. oberen Erkenntnisvermögen zunächst auch einem unteren Erkenntnisvermögen eine eigene, vor allem ästhetische Selbstständigkeit einzuräumen, bis schließlich etwa im letzten Drittel des 18. Jahrhunderts Johann N. Tetens und schließlich Kant dieses untere Vermögen radikal von der bewussten Erkenntnis unterschieden und einem irrational unbewussten Seelenbereich zuwiesen. Sie gingen deshalb wieder von einer Dreiteilung der Seele in ein bewusstes Erkenntnisvermögen und in die unbewussten Vermögen des Gefühls der Lust und Unlust und des Begehrens oder Wollens aus. Diese Vermögen sollen zwar in ständiger Interaktion miteinander stehen, aber je selbstständig aus eigenem Ursprung entstehen.

Angesichts solcher bis heute immer noch allgemein verbreiteter Lehren,[50] d. h. angesichts der Annahme solcher quasiselbstständiger Steuerungsmechanismen in uns ist es eigentlich nicht verständlich, weshalb wir von Platon behaupten (wie etwa kürzlich wieder Wolfgang Kersting),[51] ihm sei *„die für die neuzeitliche Philosophie so wichtige Vorstellung von der Subjekteinheit und der personalen Identität"* noch gänzlich fremd gewesen, weil bei ihm *„an die Stelle der einen handelnden Seele...eine Trias von distinkten Seelenteilen"* trete, *„die als selbständige dramatis personae spannungsvoll interagieren"*.

---

[49] Zu den stoischen Lösungsversuchen des Problems der Einheit einer in sich vielheitlich bestimmten Seele s. M. FORSCHNER, Die stoische Ethik, Darmstadt ²1995, 58–60. Zu einer Bewertung dieser Ansätze aus platonischer Sicht in einer Gegenüberstellung mit dem platonischen Konzept der Unterscheidung zwischen verschiedenen Seelenvermögen s. A. SCHMITT, a. a. O. (Anm. 3), Teil II, Kapitel IV („Die Analyse der Seele durch Platon").

[50] Auch wenn die Psychologie die Begriffe der Seelenvermögen nicht mehr gebraucht, die radikale Scheidung des Bewussten vom Unbewussten haben wir beibehalten, und anstelle von Vermögen sprechen wir z. B. von Systemen, vom Wahrnehmungssystem, das unsere Wahrnehmungen auswählt und steuert, vom limbischen System, das unsere Gefühle steuert usw.

[51] W. KERSTING, Platons Staat, Darmstadt 1999, 162.

Diese selbstständigen „*dramatis personae*" sind gerade für die neuzeitliche Lehre von Verstand, Wille und Gefühl als den psychischen Grundverhaltensmöglichkeiten charakteristisch, keineswegs dagegen für die platonischen Seelenteile, die nur dann selbstständig interagieren, wenn der Einzelne seine selbstständige Individualität noch nicht gewonnen hat, wieder verloren hat oder aus bestimmten Gründen in einer bestimmten Situation von seinem eigentlichen Wesen, seiner eigentlichen Individualität abweicht.

Der alles entscheidende Unterschied liegt hier in dem, was man bis zu Kant die ‚Grundkraft' der Seele genannt hat. Für die Neuzeit, aber auch für die meisten philosophischen und psychologischen Positionen der Gegenwart ist das, was den Menschen als Menschen charakterisiert, das Bewusstsein. Vom Bewusstsein her, d. h., weil wir uns ihrer bewusst werden können, erhalten auch die nicht- oder unbewussten Akte in uns ihre spezifisch menschliche Färbung. Und von dieser Färbung, d. h. von der Art, wie wir uns in allem, was wir tun oder empfinden, unserer selbst bewusst sind und uns als uns selbst fühlen, hängt in substantieller Weise auch unser Individualitätsbegriff ab.

Platon und Aristoteles dagegen setzen diese Grundkraft nicht in den Bereich des Bewusstseins oder der Vorstellung, für sie ist das, was den Menschen zum Menschen macht, vielmehr der Nûs oder die Dianoia, also Intellekt oder Ratio, und auch von ihnen gilt, dass sie zugleich das sind, worin die Individualität eines Menschen begründet ist: Dass das Sein eines Einzelnen sein Nûs ist oder weitgehend in ihm liegt, daran kann es nach Aristoteles, wie er etwa in der „*Nikomachischen Ethik*" sagt,[52] keinen Zweifel geben.

Was also sind Nûs und Dianoia? Platon wie Aristoteles beschreiben ihren Grundakt als die freie und vollendete Ausführung einer Unterscheidung, als ein Unterscheiden („krinein") von Sachunterschieden. Wenn es überhaupt möglich sein soll, etwas zu erkennen, dann muss dieses Etwas auch als ein Etwas, das nicht zugleich es selbst und alles mögliche andere als es selbst ist, erkennbar sein. Das ist eine Grundforderung des Denkens selbst, da es nichts denken kann, worauf es nicht als auf etwas Identisches zurückkommen kann.

Über dieses Grundaxiom des Denkens hat Platon vor allem in den Dialogen „*Politeia*" V-VII, „*Parmenides*" und „*Sophistes*" intensive Reflexionen angestellt und gezeigt, dass das Denken aus sich selbst über viele Kriterien verfügt, an denen es prüfen kann, ob und in welchem Sinn etwas tatsächlich ein Etwas ist. Etwas kann nicht als Etwas gedacht werden, wenn das Unterschiedene nicht als Einheit, als mit sich selbst Identisches, von anderem Verschiedenes, als Ganzes aus Teilen, nämlich aus Anfang, Mitte und Ende, und als bestimmte Synthese aus einer Vielheit (sc. von Teilen) zu einer Einheit, d. h. als Zahl, gedacht werden kann.

Diese Kriterien müssen bei jedem Unterscheidungsakt angewendet werden und bilden daher die Dimension rein rationaler Begriffe. Wer sie kennt und aus diesem Wissen heraus korrekt anwendet, denkt rational im eigentlichen Sinn.

---

52 ARISTOTELES, *Nikomachische Ethik* IX,8, 1168b34 ff.

Man unterscheidet aber nicht nur, wenn man weiß, was man dabei tut und was die begrifflichen Kriterien sind, an denen sich diese Unterscheidungstätigkeit orientieren muss, sondern man unterscheidet bei jedem Erkenntnisakt, ja bei jeder Handlung überhaupt. Auch wer nur einen Ton hören will, muss diesen Ton als einen bestimmten Ton unterscheiden. Das könnte er nicht, wenn er z. B. nicht Anfang und Ende des Tons erfasste, indem er eine bestimmte Tonwelle gegen andere als eine mit sich identische abgrenzte und auf die Gleichheit ihrer Frequenz über die Dauer der Schwingungen hin achtete usw.[53]

Auch wenn man das nicht weiß, benutzt man also bereits bei einem einfachen Wahrnehmungserlebnis Kategorien wie Einheit, Identität, Ganzheit, Teil, Gleichheit, Anfang, Ende, Zahl, Symmetrie usw. Diese Unterscheidungsleistung kann man mehr oder weniger rational vollziehen, z. B. kann man konzentriert auf die exakte Gleichheit eines Tons über eine bestimmte Dauer hin achten oder auch einen Ton nur ungefähr in einem groben Umriss erfassen. So rational diese Hörakte aber auch sein mögen, Rationalität im eigentlichen Sinn ist erst das nicht auf eine einzelne konkrete Anwendung eingeschränkte und an eine solche gebundene, freie Wissen um die Erkenntniskriterien selbst.

So ergibt sich von diesem unterscheidungsphilosophischen Ansatz her einerseits eine klare Trennung zwischen rationalem Denken im eigentlichen Sinn und nichtrationalen Akten, wie etwa dem Wahrnehmen. Andererseits sind auch diese nichtrationalen Akte Formen des Unterscheidens, die das Etwas-Sein von Etwas genauer, d. h. rationaler oder weniger genau erfassen können. Aber es handelt sich dabei um Erkenntnisinhalte, die in sich weniger Differenzierungen enthalten und also auch eine geringere Unterscheidungsleistung voraussetzen. Daher beginnt das menschliche Erkennen auch nicht mit im eigentlichen Sinn rationalen Akten, sondern mit Akten der Wahrnehmung und der Vorstellung. Beide unterscheiden ebenso wie die Ratio *Etwas*, aber es unterscheidet sie von der Ratio, dass sie nicht einen für sich denkbaren Sachunterschied denken, sondern eine Qualität an einem Einzelding, die etwas weniger und unselbstständig Bestimmtes ist.

Rationales und Nichtrationales im Menschen sind in diesem Konzept also zwar *unter*schieden – und zwar nach bestimmten, methodisch nachvollziehbaren Kriterien unterschieden –, aber nicht radikal und inkommensurabel *ge*schieden.

Für die Frage, wie ein Mensch sein ihm mögliches Potential in der Verschiedenheit seiner Akte zu einer einheitlichen Identität ausbilden kann, besonders wichtig ist, dass es bei diesem Ansatz auch nicht die Entgegensetzung der bewussten Rationalität gegen die Emotionalität gibt. Im Gegenteil: Aristoteles zeigt in

---

53 S. BOETHIUS, *Institutio musica* I,9 und V,2 (dt. Übersetzung: A.M.S. BOETHIUS, Fünf Bücher über die Musik, aus dem lateinischen in die deutsche Sprache übertragen und ... erkl. von O. Paul, 2. ND der Ausg. Leipzig 1872, Hildesheim (u. a.) 1985); AUGUSTINUS, De Musica, VI,8,21. Zur Bedeutung von begrifflich-allgemeinen Erkenntniskriterien und -prinzipien und Musik bzw. auch Wahrnehmung überhaupt s. A. SCHMITT, Zahl und Schönheit in Augustins De musica, VI, in: Würzburger Jahrbücher für die Altertumswissenschaft 16, 1990, 221–237.

eindrucksvollen Analysen, dass das Gefühl von Lust und Unlust überhaupt kein eigenständiges seelisches System ist, sondern ein unmittelbares Begleitphänomen jeder Art von Tätigkeit und daher auch so verschieden sein kann wie die einzelnen möglichen Tätigkeiten.[54] Es ist nur ein ungenauer Sprachgebrauch, wenn man etwa sagt, man führe ein Leben nach der Lust. Man meint dann meistens ein Leben, das diejenigen Lüste sucht, die sich aus bestimmten Sinneserfahrungen ergeben. Lust gibt es aber nicht nur bei Sinneswahrnehmungen, sie gibt es auch schon bei bloßen Körperbewegungen, aber eben auch, und in höherer und reinerer Weise bei geistigen Tätigkeiten im eigentlichen Sinn.[55] So entsprechen den höheren, d. h. anspruchsvolleren Differenzierungstätigkeiten auch die höheren und differenzierteren Lusterfahrungen. So wie der Mensch mit noch bloß einfachen undifferenzierten Unterscheidungstätigkeiten beginnt, so beginnt er auch mit noch unbestimmten, und d. h. relativ geringen und unspezifischen Lusterfahrungen (was auch zum eigentlichen Anlass oder Movens werden kann, diese einfachen Formen des Unterscheidens und der Lust zu überwinden). In jedem Fall korrespondiert also die Lust dem Grad an Differenziertheit, den das unterscheidende Subjekt erreicht. Sie stellt sich, wie Aristoteles sagt, ein wie die Schönheit in der Blüte der Jahre,[56] d. h., sie kommt nicht zu der jeweiligen Tätigkeit von außen hinzu, sondern ist der direkte Ausdruck ihrer ungehinderten und vollendeten Entfaltung.

Erfahrung von Lust und vollendete Ausübung einer Tätigkeit sind also identisch. Vollendet aber ist eine Tätigkeit im Sinn des Unterscheidungsprinzips nach Platon und Aristoteles, wenn sie wirklich das ist, was sie ist. Wenn etwa Schneiden eine bestimmte Tätigkeit ist, dann ist etwas wirklich Schneiden, wenn es diesen Akt optimal und rein vollzieht und nicht etwa statt zu schneiden reißt oder quetscht. Der vollendete Vollzug einer Tätigkeit ist also zugleich ihr eigentliches Sein, d. h. das, was man an ihr und als was man sie erkennen und von anderem unterscheiden kann.

Das gilt auch für den Menschen. Das heißt: Ein Mensch wird dann wirklich er selbst sein, wenn er seine ihm eigentümliche Tätigkeit optimal vollzieht. In platonisch-aristotelischer Begrifflichkeit: wenn er sich im Sinn seiner Aretê, seiner Bestheit, oder, wie wir ungenau im Sinn einer Pflichtenethik übersetzen, im Sinn der Tugend verhält.[57]

---

54 Ausführlich zu diesem aristotelischen Konzept des Zusammenhangs zwischen Gefühlen (der Lust und Unlust) und verschiedenen Formen des Erkennens, das Aristoteles vor allem im 10. Buch der „*Nikomachischen Ethik*" entwickelt, (und auch zur Abgrenzung von neuzeitlichen Emotionstheorien) s. A. SCHMITT, a. a. O. (Anm. 3), Teil II, Kapitel VI (bes. „1. Reduziert Aristoteles Gefühle auf abstrakte Lusterfahrungen?").
55 S. ARISTOTELES, *Nikomachische Ethik* X,7, 1177a12 ff.
56 ARISTOTELES, *Nikomachische Ethik* X,4, 1174b31–33.
57 Zu diesem Zusammenhang zwischen der vollendeten (und damit zugleich auch lustvollsten) Verwirklichung der bestimmten Funktion (*Ergon*), das etwas von sich selbst her hat, und seiner spezifischen *Aretê* s. auch PLATON, *Politeia* 352e–353e.

Da der optimale Vollzug einer Tätigkeit der lustvollste ist, die Lust aber jeder freiwillig sucht, ergibt sich daraus als die eigentliche Aufgabe eines Menschen, wenn er zu sich selbst finden will, dass er das wirklich Angenehme und Lustvolle schmecken lernen muss,[58] und zwar zunächst bei jeder einzelnen Tätigkeit und auch schon beim Wahrnehmen. Nur wer die Unterschiede, die man beim Schmecken, Hören, Riechen usw. machen kann, in vollendeter Differenzierung, und das heißt auch: bei einem Objekt, das diese Differenzierung zulässt, macht, erfährt die bei diesen Tätigkeiten mögliche höchste Lust.

Man kann etwas nicht schmecken, ohne dass es einem zugleich schmeckt oder nicht schmeckt. Die Vollendung dieser Wahrnehmungserfahrungen hat es aber an sich, dass sie gleichsam von sich aus dazu hinneigt, sich nicht zu verselbstständigen und zu isolieren, sondern zu demjenigen lustvollen Zustand beizutragen, den eine Person als ganze anstrebt. Es sind ja nicht die Zunge und die Nase, die als sie selbst die Geschmacks- und Geruchsnuancen eines guten Weins aufnehmen, sondern es ist der eine Mensch, der kraft seiner einen Unterscheidungsfähigkeit sich des Geruchssinns bedient, um solche Unterschiede zu erfassen. Wenn der Geruchssinn diesen Dienst in optimaler Weise erfüllt, dann tut er es so, dass er die feinsten Differenzierungen erlaubt, d. h., er befindet sich in Übereinstimmung mit dem Unterscheidungsvermögen überhaupt. Wer so den Wein genießt, wird von sich aus zu trinken aufhören, wenn er diese optimale Lust nicht mehr empfinden kann und kaum geneigt sein, bis zur Wahrnehmungsunfähigkeit weiter zu trinken.

Diesen Zustand der freiwilligen Übereinstimmung mit dem rationalen Teil des Menschen nennt Platon Sôphrosynê.[59]

Als Tugend der menschlichen Ratio, d. h. als Ergebnis einer allgemeinen, rationalen Einsicht und geleitet von einer solchen ist die Sôphrosynê die ‚Basis-Aretê' des Menschen und bezeichnet den Zustand der vollkommenen Entfaltung und Ausbildung aller seiner auf das Sinnliche in ihm bezogenen seelischen Vermögen.

Für diese Form der Selbstbestimmung ist allerdings bereits eigentlich ein vollständiges und begründetes Wissen und die Ausbildung der eigenen höheren Vermögen notwendig, was, wie eben erwähnt, auf dem Erkenntnisweg oder ‚Bildungsweg' erst später geleistet werden kann als die Kultivierung der Sinnesvermögen. Die Besonnenheit, d. h. die vollendete Ausbildung und Betätigung der Sinne und die Unterordnung dieser Vermögen unter eine Vernunfteinsicht kann aber auch (zunächst) eine Tugend des Wahrnehmungsvermögens selber sein, d. h. von etwas, was aus sich selbst heraus nicht zu begrifflich-rationaler Erkenntnis in der Lage ist. Insofern kann man diese Art der Sôphrosynê auch als Tugend der

---

58 ARISTOTELES, *Nikomachische Ethik* X,1, 1172a16–b2.
59 ‚Besonnenheit' meint den psychischen Habitus, in dem die gebundeneren, unfreieren Unterscheidungskompetenzen des Menschen sich von sich aus in einer, wie Platon sagt, Übereinstimmung des Meinens (*homodoxia*) (PLATON, *Politeia* 442d1) mit der frei und wissend über sich verfügenden allgemeinen Unterscheidungsfähigkeit des Menschen befinden.

Sinnesvermögen oder: als wesentliche Tugend von Lebewesen überhaupt, d.i. von belebten, zu Wahrnehmung befähigten Substanzen, bezeichnen. Kommt ein Mensch bzw. ein Kind im Lauf seiner Entwicklung dahin, seine Wahrnehmungsfähigkeit soweit zu kultivieren, dass es die größtmögliche Lust am Schmecken, Sehen usw. empfinden kann, dann ist dies zwar auch bereits eine Vervollkommnung, aber nicht dessen, was der einzelne Mensch als Mensch oder als ein bestimmtes menschliches Individuum ist, sondern es ist eine Vervollkommnung seines Lebewesen-Seins. Erst mit der Ausbildung und Vollendung auch seiner höheren Vermögen, vor allem des Vermögens zu begrifflich-allgemeiner Erkenntnis und kritischer Reflexion auf die eigenen Erkenntnistätigkeiten bestimmt der Einzelne sich selbst im eigentlichen Sinn zu einem bestimmten menschlichen Individuum, weil er sich erst durch solche seelischen ‚Dispositionen' und Handlungen von denen der Tiere und auch von denen anderer Menschen in spezifischer Weise unterscheidet.

Denn wenn das Individuelle das sein soll, was die bestimmte Identität von etwas ausmacht und garantiert, muss es zugleich und nur das sein, worin dieses sich von allem anderen unterscheidet, also was ihm nicht mit vielem gemeinsam ist. Jeder Mensch aber tut vieles, was ihm nicht nur mit vielen anderen Menschen, sondern auch mit vielen Tieren gemeinsam ist, und man muss, wenn man ein bestimmtes Wissen von der Besonderheit und Individualität eines einzelnen Menschen gewinnen will, diese Tätigkeiten von solchen unterscheiden, die für ihn als diesen einzelnen Charakter spezifisch sind. Denn nicht in jeder Handlung ‚offenbart' ein Mensch sich in seiner individuellen Einmaligkeit, sondern in manchen Handlungen ‚offenbart' er sich nur überhaupt als Lebewesen, in anderen als geselliges, d.i. auf eine Gemeinschaft bezogenes Lebewesen, in anderen als rationales Lebewesen und in wieder anderen als dieses bestimmte einzelne rationale Lebewesen.

Die höheren Vermögen des Menschen zeichnen sich gegenüber den Wahrnehmungsvermögen dadurch aus, dass sie weniger oder überhaupt nicht mehr direkt auf den Körper bezogen sind, sondern sich ihre Akte ausschließlich auf etwas Allgemeines, für sich Einsehbares richten. Der Mensch wird in diesem Sinn also erst dann eigentlich Mensch und menschliches Individuum, wenn er nicht (mehr) seine Anstrengung darauf richtet, seine eigene Leiblichkeit zu ‚bestimmen' oder zu ‚erfahren' und diese sich als die eigene zu eigen zu machen, sondern wenn er diese nur als eine *condicio sine qua non* seines spezifischen individuellen Wesens zu verstehen gelernt hat. Das bedeutet aber, wie aus dem Vorangegangenen schon hervorgegangen sein sollte, keineswegs, dass diese platonisch-aristotelische Position leib- oder sinnesfeindlich wäre, sondern die Ausbildung der Rationalität setzt (in einem zeitlichen Sinn) ja gerade die Ausbildung der Sinnlichkeit, und das heißt, so könnte man sagen, die vollkommene Bejahung des Sinnlichen voraus. Ein Mensch kann als Mensch und Individuum also auch nach Platon und Aristoteles nicht vollkommen sein, wenn er diese Aspekte vernachlässigt.

Aber trotzdem gilt, dass diese Aspekte für sich genommen, im einzelnen Menschen das sind, was er mit den Tieren gemeinsam hat und was ihn noch nicht zu einem menschlichen Individuum machen kann. Die Natur schafft den menschlichen Körper ebenso wie alle anderen (wahrnehmbaren) Körper – wie die Körper von Tieren, aber auch Dinge wie Steine usw. – als etwas Einzelnes: ein menschlicher Körper ist, wenn der Mensch geboren wird – und wohl auch schon (eine Zeitlang) vor der Geburt – immer bereits ein menschlicher Körper und immer bereits der bestimmte menschliche Körper dieses bestimmten einzelnen Menschen:[60] Diese Art der ‚Individualität', die eigentlich nur eine numerische Singularität ist, ist allerdings damit etwas, womit der Mensch sich nicht von anderen Lebewesen unterscheiden kann, ja noch nicht einmal von unbelebten Dingen. Denn alle diese Körper sind in diesem allgemeinen Sinn ebenso gut etwas Singuläres und Individuelles und Unteilbares. Somit ist dieses ‚Individuelle' an sich ganz abstrakt und unbestimmt, nämlich unspezifisch und kein geeigneter Kandidat, um darauf seine bestimmte Identität als ein bestimmtes Individuum aufzubauen.

Anders als bei dem Körperlichen verhält es sich mit den seelischen Vermögen des Menschen und von Lebewesen überhaupt: Sie sind dem Menschen bei der Geburt nicht schon als vollständig ausgebildete und spezifisch individuelle Einheiten ‚gegeben', sondern es sind Anlagen, aus denen der Einzelne dadurch seine bestimmte Individualität ausbilden kann, dass er diese Anlagen durch Erziehung in optimaler Weise zur Vollendung bringt. Diese Art der Individualität, die auf diesem Weg erreicht werden kann, ist in der Tat etwas für jeden Einzelnen Spezifisches und auch etwas, was als Unterscheidungskriterium identitätsstiftend sein kann, aber es ist eben auch nicht einfach ein ‚zu gewahrendes' ‚Grundfaktum' menschlicher Existenz, sondern eine zu bewältigende Aufgabe (sc. deren Ziel erreicht oder auch verfehlt werden kann), und es ist eine Aufgabe, bei deren Bewältigung der Einzelne zunehmend zu dem Ergebnis kommt, dass seine Leiblichkeit nicht der Aspekt an ihm sein kann, der sein individuelles Wesen ausmacht, sondern dass sie seiner Individualität nur dient, und zwar nur dann, wenn sie kultiviert ist, d. h., wenn sie in optimaler Entfaltung dem Glück und der Lust des ganzen Menschen dient und sich nicht in ihren Eigenansprüchen isoliert und absolut setzt.

Der eigentliche Schlüssel zu freier Selbstbestimmung und zum Erreichen wirklicher Individualität kann also nur im rationalen Unterscheidungsvermögen selbst liegen, weil dieses als Einziges wirklich weiß, was es tut, und deshalb in allen Lagen frei über sich verfügen kann. Wer mit Hilfe des Auges oder der Zunge unterscheidet, bindet sich auch an die Aktmöglichkeiten dieser Organe. Und das Auge kann eben nur sehen und nicht schmecken, nicht hören oder gar vorstellen oder meinen, und es wird die Sonne immer klein sehen, und der Zunge wird das Süße immer angenehm sein, ohne dass die Belehrung durch das Denken

---

60 Vgl. die eben referierte Position bei Philoponos in seinem Kommentar zur aristotelischen „Physik": I. PHILOPONI in Aristotelis Physicorum libros tres priores commentaria, (Commentaria in Aristotelem Graeca (= CAG); XVI), ed. H. VITELLI, Berlin 1887, 14,5–12.

irgendetwas ausrichten könnte. Diese Belehrung kann nur auf denjenigen wirken, der zu allen seinen Tätigkeiten fähig ist, das aber ist er nur kraft seines Unterscheidungsvermögens.

In diesem also liegt, das kann ich jetzt nur noch verkürzt zusammenfassen, die eigentlich freie Selbstständigkeit des Menschen, durch die er sich alles, was er sich aneignet, als er selbst und nicht im Dienst eines anderen aneignet.

Diese Aneignung wird sich immer auf etwas Allgemeines richten, davon kann und will man sich auch gar nicht befreien, sie wird dieses Allgemeine aber so aufnehmen, wie es für den Aufnehmenden am Zuträglichsten und Lustvollsten ist, d. h., sie wird frei und individuell selbstständig sein.

Gerade bei Platon ist ja sogar besonders deutlich, dass das, was er für Aretai hält, nicht irgendwelche durch Geschichte und Gesellschaft vorgegebene allgemeine Muster sind. Der Besonnene soll nach Platon gerade nicht immer in würdevoll gemäßigter Ruhe leben,[61] der Gerechte muss nicht immer das Geschuldete zurückgeben,[62] der Tapfere nicht immer vor dem Feind standhalten,[63] und zwar immer dann nicht, wenn diese allgemeinen gesellschaftlichen Vorstellungen von einer Tugend nicht dem ihnen eigentümlichen Ziel dienen, nämlich jetzt, in dieser besonderen Situation dieses einzelnen Menschen zu dem beizutragen, was wirklich angenehm und gut für ihn ist.

Kant hat, weil er Lust mit Sinnenlust, und zwar mit ihrem verselbstständigten Aspekt, gleichsetzte, dieser platonischen Lustethik eine neostoische Pflichtenethik entgegengesetzt; Popper glaubte Platon wegen der von ihm geforderten Unterordnung der unteren Seelenvermögen unter die Rationalität Totalitarismus vorwerfen zu müssen, die meisten historisch denkenden Platoninterpreten glauben wegen eben derselben Unterordnung bei Platon nur eine Vorform moderner Subjektivität und Individualität zu finden.

Dass die Unterordnung der geringeren Lust unter die höhere in Wahrheit das eigentliche Signum menschlicher Freiheit ist und dass Platon durch die Erklärung dieser Freiheit aus der Rationalität des Menschen, und insbesondere dadurch, dass er diese Rationalität nicht auf eine abstrakte Bewusstheit verkürzte, einen immer noch relevanten, sehr wohl kritischen Beitrag zum Problem einer individuellen Selbstständigkeit des Menschen geleistet hat, dafür wollte dieser Vortrag, wenn auch notwendig in großer Verkürzung, einige Argumente beitragen. Dass wir eine sehr verwandte Auffassung nicht nur bei Platon und Aristoteles, sondern bereits bei Homer vorfinden, kann darauf verweisen, dass sie nicht wirklichkeitsfremd ist, sondern ganz im Gegenteil auf einer erfahrungsgesättigten Analyse des Menschen aufruht.

---

61 Vgl. PLATON, *Charmides* 159b–160d.
62 Vgl. PLATON, *Politeia* 331e1 ff.
63 Vgl. PLATON, *Laches* 190e–192b.

Abstract

Individualität gilt als eine der intimen Entdeckungen der Neuzeit, durch die sie sich von Mittelalter und Antike abgrenzt. Eine genauere Beachtung der tatsächlichen historischen Differenzen zeigt aber, dass in der frühen Moderne nicht etwa Individualität überhaupt entdeckt worden ist, sondern lediglich ein neuer Begriff von Individualität gebildet wurde. Individualität gilt nun als ein Grundfaktum menschlicher Existenz, das vor allem aus Ich-Bewusstsein und Ich-Gefühl abgeleitet wird. Dem gegenüber verstand die klassische Antike bis zu Platon und Aristoteles (und auch in deren Wirkungsgeschichte) Individualität als eine Aufgabe des Menschen, deren Erfüllung im optimalen Vollzug der spezifisch menschlichen Möglichkeiten liegt. Durch den optimalen Vollzug seines ‚Werks' findet jeder einzelne seine höchste Befriedigung und entfaltet seine selbstständige Individualität.

Individuality is said to be one of the most distinctive discoveries of modern times, which serves as a means of demarcation against the Middle Ages and antiquity. When taking a closer look at the actual historical differences, it becomes clear, however, that not individuality as such was discovered in early modern times, but that only a new concept of individuality was invented. Individuality in that new sense of the word is understood as a given fact of human existence, which is mainly derived from self-consciousness and self-awareness. In contrast to that the classical antiquity up to Plato and Aristotle – and also the Platonic and Aristotelian tradition in late antiquity and medieval scholasticism – considered individuality a task that has to be fulfilled by developing one's specifically human psychic abilities in the best possible way. It is through performing one's own ‚act' (*ergon*) that a person is able to reach his utmost happiness and develop his real individuality.

Diskussion zum Vortrag
von Prof. Dr. Arbogast Schmitt

Prof. Krötke:
Sie haben an einigen Stellen den Begriff der Person gestreift, am häufigsten in Zitaten, aber es stellt sich natürlich die Frage, ob, wenn Sie im Horizont heutiger Kritik an der Antike fragen, sich mit Ihrem Begriff des Individuums auch so etwas wie Personalität verbindet, was ja in der Neuzeit nun doch der Fall ist.

Prof. Schmitt:
Dazu möchte ich zunächst folgendes sagen: Den Begriff ‚Person' kann es natürlich historisch betrachtet in der klassischen griechischen Antike nicht geben, weil er römisch ist und als Bezeichnung für Individualität erst von Boethius in die philosophische Debatte eingeführt wurde. Wenn man also unter dem Begriff ‚Person' den sprachlich artikulierten Terminus versteht, kann man von ‚Person' in der Antike bis zu Boethius nicht sprechen. Viel sinnvoller aber ist es, sich diese Frage in Bezug auf das zu stellen, was mit diesem Begriff der Sache nach gemeint ist. Unter dieser Perspektive betrachtet stellen sich die Dinge dann ganz anders dar: Es gibt einen sehr erhellenden Aufsatz von Cornelia de Vogel, einer holländischen Philosophin, mit dem Titel: „The Greek and the Christian Concept of Personality", die genau diese zweite Möglichkeit der Betrachtung wählt und durchführt. Wenn Personalität die einmalige, unverwechselbare, selbstverantwortliche, selbstbestimmte, frei um sich wissende Wesenheit des Menschen meint, dann kann man mit Homer beginnend eine Fülle an Belegen anführen, dass es davon Konzepte in der Antike gegeben hat. Wenn man hingegen das unter dem Begriff ‚Person' verstehen will, was ich am Anfang beschrieben habe, nämlich, wenn man einen Begriff von Person zugrunde legt, der einen völlig ineffablen und irrationalen, den ganzen Menschen durchdringenden Wesenskern bezeichnet, dann wird man feststellen, dass es diesen Gedanken (zumindest in der klassischen und in der ganzen platonisch-aristotelischen) Antike nicht gegeben hat. – Und ich würde denken, es gibt ihn bei Platon und Aristoteles mit guten Gründen nicht. Diese Gründe kann man besonders gut nachvollziehen, wenn man sich das dritte Kapitel des siebten Buches der aristotelischen „Metaphysik" ansieht, denn dort stellt Aristoteles die Frage, auf welcher Grundlage man das individuelle Wesen von etwas Einzelnem bestimmen kann, und erörtert in diesem Zusammenhang auch die Möglichkeit, dieses Wesen in dem auszumachen, was sich in allen unterschiedlichen Lebensäußerungen und Aktivitäten eines Menschen in unterschiedsloser Weise als etwas Gleiches durchhält. Er verwirft diese Möglichkeit ausdrücklich, und zwar mit der Begründung, dass ein solcher Begriff mit sachlicher Notwendigkeit absolut leer sein müsste und also keinerlei Aussagen über die spezifische Individualität von etwas zulassen könnte.

Denn, was allem zugrunde liegt, ist notwendigerweise etwas, was vollkommen abstrakt und gerade nicht konkret ist.

Meiner Meinung nach konstruieren wir oft einfach einen falschen Gegensatz, nämlich einen Gegensatz zwischen Christentum und dem Griechischen, wohingegen es aus sachlichen und konzeptuellen Gründen mehr Anlass und Berechtigung dafür gibt, eine wesentlichen Unterschied zwischen spätantikem und mittelalterlichem Denken auf der einen Seite und neuzeitlichem Christentum auf der anderen Seite anzunehmen.

Prof. Gestrich:
Ich habe Ihren Vortrag vor allem auch als eine Auseinandersetzung mit Bruno Snell und seinem Buch „Die Entdeckung des Geistes bei den Griechen" verstanden. Snell sagte, dass Achill und andere noch gar nicht selbstbewusst gewesen sind, sondern wie Marionetten von den Göttern geleitet worden wären. Erst allmählich sei dann das Bewusstsein im Griechentum erwacht. Das könne man auch an den Kunstwerken sehen, die dann immer mehr Personalität ausstrahlen. Diese These scheint wohl, wie ich Ihrem Vortrag entnehme, in dieser Form völlig unhaltbar zu sein.

Eine andere frühere These besagte, dass das Selbstbewusstsein mit Augustins „Confessiones" noch einmal eine Vertiefung über die Antike hinaus erhalten habe. Und zwar wurde – kurz gesagt – argumentiert: Die in der Sündenlehre und in der Gnadenlehre des Augustin liegende Infragestellung und Neukonstituierung des Menschen habe einen Blick von außen her gesetzt und zugleich habe das Angenommensein in der Gnade soviel Freiheit vermittelt, um in die eigenen Tiefen zu blicken, dass da eigentlich doch die Anfänge des modernen Selbstbewusstseins gesehen werden müssten. Ich wollte Sie nun fragen, wie Sie zu dieser zweiten These stehen.

Prof. Schmitt:
Wir haben natürlich alle von Snell unendlich viel gelernt. Aber dennoch ist es keine Frage, dass Snell genau dieses Antike-Moderne-Schema einfach auf Homer anwendet und dabei eine ganze Fülle von Belegen im Text nicht zur Kenntnis nimmt, die diese Deutung als unmöglich und als dem Text nicht angemessen eigentlich ausschließen.

Um kurz auf das Problem der Art und Weise, wie in der Antike von den Beeinflussungen durch die Götter die Rede ist, einzugehen: Hier kann man zunächst einmal feststellen, dass zwischen ganz verschiedenen Arten und Graden des Wirkens und Beeinflussens unterschieden wird. Die Skala reicht von direktem physisch-körperlichem Zwang – wenn z. B. ein Gott wie Apoll im Kampfesgeschehen jemandem die Rüstung herunter reißt – bis hin zu einem freundschaftlichem Gespräch zwischen Gott und Mensch, in dem der Mensch grundsätzlich gleichberechtigt zu sein scheint, auf jeden Fall aber in seiner Fähigkeit zu rationalem Erkennen angesprochen wird – in dieser Weise schildert Homer z. B. das Verhältnis von Athene und Odysseus. Es gibt von den Göttern Rat, Verführung, Ermahnung, Ermunterung, es gibt Träume, aber auch direkte physische Gewalt. Aus diesen Differenzierungen kann man einen Hinweis darauf entnehmen, dass der griechische Grundgedanke dahinter der ist, dass der Mensch in vielfältiger Weise Beeinflussungen von außen ausgesetzt ist, und dass nur derjenige ein wirkliches Wissen von sich selbst haben kann, der um diese Einflüsse weiß und sich ihnen gegenüber in angemessener Weise verhält, also dass er sich anders gegenüber einer Ermunterung verhält als gegenüber einem seine Vernunft ansprechenden Rat. Das ist der Sinn des berühmten „Erkenne Dich selbst". Gemeint ist: „Erkenne Deine eigenen Abhängigkeiten".

Nun zu Augustinus: Wofür ich plädiert habe, war, dass man dort, wo es eine Darstellung von Handlungen von Personen gibt, die unserem Individualitäts- und Subjektivitätsverständnis nicht entspricht, nicht sofort den Schluß zieht, es gebe dort überhaupt keine Subjektivität, sondern dass man die Möglichkeit in Erwägung zieht, dort eine andere, und möglicherweise sehr sinnvolle Art, die Subjektivität und Individualität eines Menschen zu bestimmen, zu finden.

Dass Augustinus in platonischer Tradition steht, ist gar keine Frage. Darüber kann es keinen Zweifel geben. Dass Augustinus den Begriff der Person vertieft und weiter differenziert hat, würde ich nicht bestreiten. Bezweifeln würde ich allerdings, dass diese Vertiefung darin besteht oder dahin geführt hat, dass er auf diese Weise den modernen Subjektivitätsbegriff vorbereitet oder vorweggenommen hat. Vielmehr, scheint mir, ist das Gegenteil der Fall. Denn Augustinus' Denken ist auch in bezug auf diese Frage eine Fortführung von Konzepten, die im Neuplatonismus entwickelt bzw. weitergeführt worden sind. Im Neuplatonismus aber gibt es – im Unterschied zu den Texten, die wir von Platon und Aristoteles selber haben – aus bestimmten historischen Veranlassungen eine intensive Diskussion über den Begriff des Selbstbewusstseins und dessen erkenntnistheoretische Relevanz. Diese Diskussionen laufen alle darauf hinaus, dass die Rolle, die die Ausbildung eines individuellen Selbstbewusstseins im modernen Begriffssinn bei der Bildung und Entwicklung eines bestimmten, d. h. individuell bestimmten und differenzierten Charakters spielt, – aus guten Gründen – als sehr gering veranschlagt wird. In diesen Kontext gehört ohne Frage auch Augustins Lehre von der Person, in der Augustinus wesentlich von Marius Victorinus abhängt. Deshalb würde ich mich gegen einen Vergleich von Augustinus mit Descartes wehren.

Till Hüttenberger:
Meine Frage bezieht sich in erster Linie auf den Einstieg in Ihren Vortrag. Sie begannen mit der Analyse Foucaults und Horkheimers zur Krise des Subjektes in der Moderne. Habe ich Ihre Intention richtig aufgenommen, wenn ich Sie so verstehe, dass Sie eher sogar die provokante These vertreten würden, in der Antike sei Individualität der Sache nach viel ausgeprägter erkennbar als in der Moderne, welche durch differenzierte Arbeitsteilung und verschiedene systemische Zwänge eigentlich den Menschen zu einem vielfach heteronom bestimmten zahmen Tier gemacht hat, das letztendlich die Leidenschaften nicht mehr so ausleben kann wie es beispielsweise in der homerischen Welt noch möglich war.

Prof. Schmitt:
Wollten Sie sagen, die Moderne hat den Menschen zum zahmen Tier gemacht?

Till Hüttenberger:
Nein, das ginge vielleicht zu weit. Sondern ich verstehe Ihre Intention so, dass man im Prinzip die landläufige These zur Genese von Subjektivität umdrehen müsste. Nicht die Moderne habe die Subjektivität und Individualität zuerst nach vorn gerückt, sondern indem sie Subjektivität als Prinzip nach vorn gerückt hat, hat sie eigentlich mehr auf die Krise reagiert, dass sie selbst weniger individuell und subjektiv ist als der antike Mensch. Heraus kommt ein philosophisch und lebensweltlich ziemlich leerer Subjektivitätsdiskurs.

Prof. Schmitt:
Wenn Sie mich so direkt daraufhin ansprechen, dann würde ich Ihre Nachfrage einfach bejahen.
Ich beschäftige mich seit ca. 25 Jahren in einem großen Forschungsprojekt mit den Entstehungsbedingungen der Antike-Moderne-Antithese. Es ist aber ja ganz evident, dass die Antithese in dieser Pauschalität und Abstraktheit falsch sein muss, denn einen solchen radikalen Epochenbruch wird man an keiner Stelle der abendländischen Geistesgeschichte lokalisieren und nachweisen können. Es gibt nicht *die* Antike und *die* Moderne und also auch nicht *die* Grundeigenschaften, die der Antike einerseits und der Moderne andererseits in einer absoluten Entgegensetzung zugesprochen werden könnten. Ich kann hier nicht im Einzelnen begründen, wo die Konstruktion dieses Gegensatz-Konzepts ihren Ursprung und ihre sachlichen Grundlagen hat. Auf jeden Fall ist die Wende des Denkens auf sich selbst, wie sie Descartes verstanden hat, eine Wende, die Aristoteles ablehnen oder jedenfalls für philosophisch irrelevant halten würde. Diese cartesianische Wende besteht ja darin, dass das „Ich denke" als das erkannt wird, was sich in allen unterschiedlichen Denkakten als etwas Identisches durchhält und identifiziert werden kann. Auch wenn alles, so die dahinter stehende Vorstellung, was der Mensch denkt, immer wieder anders ist, er selbst bleibt in allen unterschiedlichen Erfassungsweisen als er selbst ein und derselbe. Dieses Identische aber ist das, was ich zu Anfang versucht habe zu beschreiben: Es ist etwas, was sich ohne jeden Unterschied in allem als Identisches durchhält und von dem daher auch nichts über diese bloße, abstrakte Identität hinaus positiv ausgesagt werden kann. Es ist absolut abstrakt, nämlich indifferent gegenüber allen Besonderheiten der einzelnen Denkakte und Denkinhalte. Die Moderne hat sich mit diesem Konzept von dem Ich als dem abstrakt Identischen in viele Probleme verwickelt. Und sie hat sich in diese Probleme nicht zuletzt deswegen verwickelt, weil sie einen von diesem vollkommen verschiedenen Ansatz der Ich-Begründung, der hochdifferenziert und 2000 Jahre lang von klugen Denkern vertreten worden war, als spätscholastisch radikal abgelehnt und ohne nähere inhaltliche Prüfung verworfen hat. Diese Radikalität des Affekts gegen das scholastische Mittelalter ist ja etwas, was für die Neuzeit von Beginn an charakteristisch war.

Prof. Otto:
Was dann am Ende nur bedeutet, dass man Ihre Modernitätskritik auch gegen das schöne Modell führen muss, das Sie entworfen haben, wollte man es heute realisieren. D. h. wir sind in einer nicht endenden Dialektik von Freiheit und Bestimmtheit des Allgemeinen und des Besonderen. Wir können uns wenden, wie wir wollen, wir kommen nicht raus. Und diese Geschichte läuft jetzt seit 2000 Jahren. Nun kann man aber doch vielleicht, wenn die Frage nicht wirklich sozusagen in Aporie enden oder nur in einer historisierten Perspektive des Verlorenen aufgehen soll, fragen: wo gibt es denn nun wirklich benennbar Individualität. Und das ist nach meinem Verständnis dort, wo Widerstands- und Freiheitsrechte des Individuums gegen das Allgemeine in Gestalt des Staates formuliert worden sind. Das ist nach meinem Wissen in der Stoa passiert. Ein Widerstandsrecht, das in der Stoa nur als Idee formuliert worden ist, das aber erstmalig in der Moderne tatsächlich eine Realisierung findet. D. h. es ist jetzt Realität unseres Rechtswesens geworden. Also jetzt ist diese Idee der Freiheit des Individuums gegen das Allgemeine, die man in der Antike nur gedacht hat, tatsächlich realisiert. Das ist dann gegen die Modernitätskritik gewendet. Da allerdings, kann man nun tatsächlich sagen, wird das Individuum als Einzelnes in dem Widerstandsrecht real.

Prof. Schmitt:
Das will ich nicht bestreiten. Aber was ich als ersten Punkt sagen wollte, ist, dass uns das historische Denken vielleicht auch immer verführt, zu viel den geschichtlichen Bedingungen zuzuweisen. Sehr vieles von dem, was etwa bei Platon und Aristoteles steht, ist nicht zeitrelevant. Für ihre Ideen und Thesen hat die Zeit meist keine Erkenntnisrelevanz. Beispielsweise kann es zwar sehr interessant sein, unter welchen widrigen äußeren Bedingungen Einsteins Relativitätstheorie entstanden ist, aber für die Sachfrage ist es nicht relevant. Wir pflegen da auch einen gewissen historischen Provinzialismus. Niemand will doch das wiederholen, was sich als historisches Faktum nachweisen lässt, aber wenn etwas gescheit gedacht war, warum soll man das nicht zur Lösung eigener Probleme verwenden.
Zum Widerstandsrecht: Tyrannenmord ist auch bei Platon und Aristoteles erlaubt.

IX. PODIUMSDISKUSSION
(Prof. Gestrich, Prof. Otto, Prof. Schmitt, Prof. Rapp, Till Hüttenberger)

Antike in Rezeption und Auseinandersetzung

Prof. Gestrich:
Wie beurteilen Sie aus ihrer jeweiligen Perspektive die Aktualität der Antike? Von welchen Antiken sprechen wir dabei?

Prof. Schmitt:
Einer der geistesgeschichtlich betrachtet wichtigsten Gründe für die Aktualität der Antike ist, dass die Neuzeit sich in einer mit dem Anspruch eines absoluten Neubeginns vollzogenen Wende – in einer Radikalität, wie sie eigentlich für geschichtliche Wandlungsprozesse selten ist – von der mittelalterlichen Tradition abgegrenzt hat. Und mittelalterliche Tradition heißt nicht zuletzt platonische, aristotelische, neuplatonische Tradition, die durch die syrischen Christen, dann über Persien, Arabien und jüdische Gelehrte an das wesentliche Europa vermittelt worden ist. Das ist übrigens auch ein wichtiger Verbindungspunkt, der die Basis für einen interkulturellen Dialog Europas mit dem Nahen Osten bilden könnte oder müsste – nämlich indem man sich auf die gemeinsamen Wurzeln besinnt und davon ausgehend die Differenzen im Gleichen herauszuarbeiten sucht. Wenn wir die Berechtigung der mit diesem Bruch verbundenen negativen Charakterisierungen – z. B. der Rede von dem „dunklen Mittelalter" – in Frage stellen und auf diese Weise die intendierte und, was das Wissen um alles, was vor diesem Bruch liegt, betrifft, auch tatsächlich vollzogene radikale Wende in gewisser Weise wieder rückgängig zu machen versuchen, dann können perspektivische Beschränkungen in unserer Sichtweise der Vergangenheit und insbesondere der Antike, die wir uns angewöhnt haben, aufgelöst und es kann ein freierer Blick gewonnen werden. Ein solcher freierer Blick könnte in verschiedener Hinsicht nützlich sein: z.B. müsste man nicht mehr, wenn man Begriffe wie Individualität, Gerechtigkeit usw. betrachtet, auf die uns geläufige Bedeutung fixiert bleiben, sondern man könnte danach fragen, ob es nicht vielleicht in der Antike andere Konzepte gegeben hat, die andere Aspekte beachtet haben und die heute vielleicht zu unrecht oder mit in mancher Hinsicht ungünstigen Konsequenzen nicht mehr berücksichtigt werden. Eine solche Art der Aktualisierung der Antike scheint mit ein sinnvoller und zeitgemäßer Umgang mit der Antike – und der Geistesgeschichte überhaupt – zu sein.

Prof. Otto:
Ich kann direkt anschließen. Wir haben bislang die Rezeptionsgeschichte der Antike zu wenig berücksichtigt. D. h. es ist, meiner Meinung nach, nur schwer möglich, z. B. MacIntyre direkt mit Aristoteles zu konfrontieren; das mag ja die Aristoteles-Diskussion vielleicht etwas aufhellen. Aber was wird denn eigentlich rezipiert? Es wird doch nicht direkt der historische Aristoteles rezipiert, sondern wir haben ihn in der Gestalt einer fast tausendjährigen Rezeptionsgeschichte, und als solche ist er auf uns zugekommen und so gilt das natürlich für die Antike insgesamt. D. h. die Rezeptionsgeschichte der Antike ist als hermeneutische Brücke zu unserer Zeit unverzichtbar. Alles andere scheint mir ein unhistorisches Unternehmen, das in den Humanismus passen könnte, aber nicht in die Neuzeit. Diese Perspektive, also die Aristoteles-Rezeption des Mittelalters mit zu bedenken, scheint mir ein ganz wichtiger Gesichtspunkt zu sein.

Je länger ich mich mit antiker Denktradition beschäftige, um so weniger fern ist sie mir. Ich habe als junger Wissenschaftler mit der Idee des *totaliter aliter* der Moderne angefangen und mir schien, die Antike wäre eine ganz andere Welt. Nach 30 Jahren merkte ich, sie arbeitete an den gleichen Problemen. Ganz offensichtlich ist es so, dass die Denkmöglichkeiten und Alternativen, die uns Menschen zur Verfügung stehen, nicht infinit, sondern sehr begrenzt sind. Wir spielen immer wieder feste Muster und Alternativen durch.

Prof. Gestrich:
Sehen Sie die Rezeptionsgeschichte auch als eine Problemgeschichte, eine tragische Geschichte, eine Verirrung?

Prof. Otto:
Nein, ganz und gar nicht. Ich will das nicht mit einem Werturteil versehen. Die Antike ist auf uns gekommen, es ist unsere Kulturgeschichte. Das können Sie als Schicksal oder als Positivum werten. Aber das ist kulturell die Lebensgeschichte, die wir haben, von der wir leben und ohne die wir auch nicht leben können. Die Frage, die vorher in der Diskussion aufkam, *cui bono,* warum sich mit diesen Dingen noch beschäftigen, hieße, die Anamnese des eigenen Herkommens nicht mehr zu betreiben. Das hielte ich für fatal, wenn sich gleichzeitig zeigt, dass wesentliche Fragestellungen der Moderne bereits in der Antike formuliert worden sind. Nehmen Sie nur die unterschiedlichen Aspekte des Gerechtigkeitsbegriffes, die wir heute diskutiert haben. Das weite Spektrum einer Gerechtigkeitsdefinition ist bereits in der Antike angelegt, und ist ja nicht von uns wieder neu erfunden worden, sondern es ist tradiert. Wir haben es übernommen und wir leben aus dieser Tradition. Ich sehe aber hier überhaupt nicht ein Schicksal negativer Art auf uns zukommen, sondern ich sehe die Moderne als die Zeit, die vieles von dem realisiert, was in der Antike Idee gewesen ist, aber nicht zur Realisierung gekommen ist. D. h. wir leben unmittelbar in der Durchsetzung dessen. Nehmen Sie den Gerechtigkeitsbegriff und die Vermittlung von Recht und Gerechtigkeit, die überhaupt erst in dieser Form in der Moderne möglich geworden ist. Nehmen Sie die Freiheitsrechte des Menschen, die nicht mehr nur Ideen

sind, sondern die sich jetzt tatsächlich durchsetzen. So bin ich der Meinung, dass wir in einer Geschichte leben, in der wir uns in dem, was wir an Freiheitsrechten haben, auch der Antike verdanken. Es wäre fatal, wenn wir sie nicht mehr erinnern würden. Und es ist für mich immer die christlich rezipierte und tradierte Antike, niemals die direkte klassische Antike, die wirkt, und sie ist auch nicht mehr von der Christentumsgeschichte zu trennen. Christentum und Antike haben, schon in der alten Kirche eine Einheit bildend, bis heute, bis in die Moderne auf unsere Kulturgeschichte gewirkt und sind sozusagen die ethische Substanz unserer Kulturgeschichte.

Traditionsbewusste Theologie zu treiben, bedeutet hinzuschauen, wo eigentlich die ethische Substanz unserer Gesellschaft ist, und die ist für mich am objektivsten in den Rechtszusammenhängen unserer Gesellschaft erkennbar. Wie gestalten wir Recht? Recht ist eben nicht einfach nur formalisiert, ein Corpus, das nach juristischer Logik funktioniert, sondern in das Recht geht die ethische Substanz unserer Gesellschaft ein

Prof. Rapp:
Ich möchte Ihrem Plädoyer für die Rezeptionsgeschichte überhaupt nicht widersprechen. Je mehr ich mich selbst mit Antike beschäftige, komme ich auch immer mehr dazu, diese Wege weiterzugehen in den Hellenismus und in die christliche Rezeption hinein. Ich möchte aber ein kalkuliert *ahistorisches* Verfahren ergänzend an die Seite stellen. Dieses Verfahren hat den Sinn, moderne Positionen direkt mit der Antike ohne die 2000 Jahre Zwischenraum zu konfrontieren, um aus den antiken Autoren herauszuholen, was an argumentativem Potential darin ist. Das ist ein Verfahren, das ich selbst als Philosoph sehr schätze und für das ich mich deswegen stark machen möchte. Ich denke, einen Philosophen als Philosophen ernst zu nehmen, heißt eben nicht nur zu verstehen, wie sein soziales und historisches Umfeld war, sondern: hat er eine These gehabt und wie gut waren die Argumente dafür. Wenn ich diesen kalkulierten ahistorischen Zugang wähle und z.B. frage, was uns Aristoteles für die analytische Ontologie des 20. Jh.s bringt, dann habe ich die Dinge sozusagen zugespitzt nebeneinander stehen. Dann sehe ich, ob mir Aristoteles etwas beibringt und ob die moderne Position daraus lernen kann.

Ich kann aus meiner Lehrerfahrung in den Vereinigten Staaten auch sagen, in denen die Situation sehr viel heterogener ist als hierzulande, wo man vor mehreren hundert Studenten spricht, von denen 80 Prozent nicht aus den Vereinigten Staaten sind, sondern aus verschiedensten Kulturen, dass ich da nie das Gefühl hatte, dass es schwieriger sei, zu den Fragen der klassischen antiken Philosophie zurückzukehren, oder dass die Diskussionen, die man erreichen möchte, dann eine andere oder geringere Qualität hätten als die, die wir führen können, wenn wir diesen humanistischen und christlich geprägten Hintergrund voraussetzen. Natürlich gibt es technische Defizite, man kennt keine alten Sprachen, man kennt die historischen Zusammenhänge nicht, es empfiehlt sich immer mal zur groben Orientierung an die Tafel zu schreiben, in welchem Jahrtausend man sich bewegt. Wenn man aber zu den Sachfragen zurückkehrt und versteht, plausibel zu machen, warum denn nun Parmenides gemeint hat, dass sich das Seiende nicht bewegen kann, und warum auch Platon gedacht hat, es müsste deswegen ein unsterblicher Ideenbereich existieren, dann kann man dazu Beiträge von Studenten jeglicher Herkunft bekommen, die sich in der Qualität nicht unterscheiden von denen, die ich in Süddeutschland bekommen habe.

Till Hüttenberger:
Meine Aufgabe ist es, die Sicht René Girards noch einmal zu entfalten und zu fokussieren. Welches Bild der Antike liegt hier eigentlich vor? Es ist ja deutlich geworden, es gibt nicht *die* Antike. Es gibt Antiken nur, insofern sie in modernen Fragestellungen irgendwo einen Ort haben. Wo ist René Girard in so ein Panorama einzuordnen? Auch Girard steht in einer bestimmten Wahrnehmungs- und Rezeptionsgeschichte. Wenn man verstehen will, was er unter Antike versteht und dem ihr innewohnenden Problem der Gewalt, dann muss man am besten eine Perspektive einnehmen, wie sie z.B. durch die Fragestellungen der Philosophie Friedrich Nietzsches vorgegeben worden ist. Nietzsche hat, wie Girard, ausgehend von einer agonalen Anthropologie ein Antiken*bild* aufgestellt hat, auch ein Antiken*ideal* einer gesunden archaischen Gesellschaft, das nicht im strikten Sinne historisch ist, sondern ein philosophisches Konstrukt. Und damit ist gleichzeitig ein Bild vom Christentum verbunden, als einer Gegenbewegung der ‚Sklavenmoral‘, die aus dem Ressentiment gegen Stärke und Macht einen Moralisierungsschub in die Welt gesetzt hat, der wirkungsgeschichtlich für das moderne Europa folgenreich geworden ist. Genau dieses Bild zeigt sich auch bei Girard, aber in der zu Nietzsche umgekehrten Perspektive. Girard stellt sich nun auf die Seite des Christentums und sagt, der biblische Impuls ist diese Stellung auf Seiten der Opfer. Aber anders als Nietzsche ist für ihn dies eine Bewegung, die durch und durch positiv betrachtet werden muss, weil sie aus der sakralen Gewalt des durch Sündenböcke konstituierten kollektiven Heiligen herausführt.

Wie ist ein solches Antikenbild zu bewerten? Auch dieses Antikenbild ist natürlich einer modernen Perspektive verdankt, die von heute wahrgenommenen Problemkonstellationen ausgeht, die man vielleicht als typisch modern und in gewisser Hinsicht sogar als die besondere Problematik einer Konkurrenz- und Leistungsgesellschaft betrachten kann – Neid, Rivalität, Nachahmung in der Aneignung von Gütern und dann eben dem gemeinsamen Ausschluss auf Kosten eines Dritten zur Identitäts- oder zur Friedensstiftung innerhalb einer Gemeinschaft. Ich denke, solche Szenarien in die Antike zu übertragen, ist natürlich immer ein Stück weit ein spekulatives hermeneutisches Verfahren. Aber man darf fragen, ob eine Theorie dann nur als gut beurteilt werden darf, wenn sie gegenüber jedem Einzeltext philologisch richtig ist, oder ob sie es ist, wenn sie etwas Grundsätzlicheres zeigen und erhellen kann, nämlich die Dimension dieser Problematik. Girard ist dann schlecht verstanden, wenn er positivistisch als eine historisch-kritische philologische Hypothese in Anspruch genommen wird, er ist aber gut verstanden, wenn man in der Antike, die er uns vorführt, sowohl der christlichen als auch in der archaischen oder griechischen, eine Folie für die angesprochenen Problemstellungen durchscheinen lässt, also sich im Grunde genommen in einen hermeneutischen Zirkel hineinbewegt, in dem es letztendlich darum geht, unsere Fragen und unsere Tradition selbst besser zu verstehen und nicht die Antike aus sich selbst heraus.

Das schwierige Verhältnis von Christentum und säkularem Humanismus

Prof. Gestrich:
Ich denke, es ist bemerkenswert und war so nicht unbedingt zu erwarten, dass keiner der hier Redenden sagt, die Antike sei aktuell, weil wir Modernen verunsichert seien und der Rückversicherung bedürfen. Sondern es wurde argumentiert, wir seien eigentlich in einer ausgezeichneten Situation, die einen pragmatischen Umgang und eine gezielte Auswahl erlaube. Die Zeit der Epochenabgrenzung liege jetzt hinter uns, ein unbefangener Blick sei jetzt möglich. Herr Otto sagte sogar, wir seien in einer ausgesprochen komfortablen Lage, ausgestattet mit dem doppelten Erbe: griechische theoretische Neugierde und Wahrheitsfrage und vorderorientalische prophetische Moral.

Nun hat aber das griechische Erbe durch seine Verfechter im 18./19. Jh. dem christlichen schwer zugesetzt, das christliche hat sich verteidigt und sie stehen beide geschwächt da und keineswegs mehr in Synthese, sondern auch voneinander getrennt. Es gibt zwischen Christentum und Humanismus, zwischen griechischer Lebensbewältigung und Ethik und christlicher Lebensbewältigung und Ethik nicht nur Unterschiede, sondern eben auch Diskrepanzen. Man kann es drehen und wenden, wie man will, diese Diskrepanzen sind auch in neuzeitlichen Machtfragen umgesetzt worden. Haben wir heute nicht doch ein zu harmonisches Bild von diesen Kräften gemalt? Wo bleiben in Ihrer Sicht diese kaum vermittelbaren Gegensätze? Es scheint jetzt fast so, als ob diese Gegensätze dadurch, dass Kirche und Staat sich getrennt haben, entschärft sind. Aber sie sind noch da und können sich demzufolge in der Gesellschaft abbilden.

Prof. Otto:
Richard Rothe hatte mal die Idee im 19. Jh, die Kirche wird in den Staat aufgehen. So wird es nicht kommen, sondern wir brauchen auch die Freiheit vom Staat. Dass wesentliche Aspekte der christlichen Tradition weit über die Kirchen hinaus in unserer Gesellschaft jeden Tag wirken, das ist auch festzuhalten. Da ist für ein Lamento, nach meinem Verständnis, überhaupt kein Grund. Gerade in der säkularisierten Gesellschaft ist die christliche Substanz auch dort, wo die Menschen sich dessen gar nicht mehr bewusst sind, wirksam. Gott schreibt auch auf unsichtbaren Zeilen, und am Ende schreibt er auf krummen Zeilen. Das einzige, was ich bedaure im Blick auf die Antike, ist, warum er so langsam schreibt, und warum es so viele Jahrhunderte brauchte, bis sich wesentliche Ideen der Antike in unserem Rechtssystem auch durchsetzten. Wir haben das mit unheim-

lich viel Blut in 2000 Jahren Kirchengeschichte und Geschichte erkaufen müssen.

Prof. Schmitt:
Ich glaube, dass das, was Sie sagen, in vieler Hinsicht richtig ist; aber man wird doch nicht bestreiten können, dass es auch bestimmte Brüche gibt, die auch mit Verlusten verbunden waren. Ein gutes Beispiel dafür ist die Frage des Zusammenhangs zwischen Religion und Staat. Dass sie die Möglichkeit eines solchen Zusammenhangs nicht ausgeschlossen haben, ist etwas, was Antike und Mittelalter gemeinsam haben. Allerdings nicht als ein gegebenes Faktum, mit dem man umgehen und mit dem man sich irgendwie arrangieren muss, sondern als anzustrebendes Ziel und Ideal. Daher ist es auch problematisch, diese Frage nur vom Blick auf die institutionellen Konsequenzen dieses Bestrebens aus zu beurteilen. Aber immerhin: es ist eine richtige Beobachtung, dass in vielen antiken Staatsformen der oberste Beamte zugleich in priesterlicher Funktion tätig war. Aber auch wenn es sich bei derartigen Feststellungen um richtige Beschreibungen handelt, die zurecht zum Gegenstand von Untersuchungen gemacht werden, sollte man doch auch einmal umgekehrt vorgehen, d.h., man sollte einmal diese Fakten nicht unter der Perspektive betrachten, dass Antike oder Mittelalter damit eine Verbindung zulassen, die in den neuzeitlichen Staatsentwürfen für unkritisch und problematisch gehalten wurde. Statt dessen sollte man dieses neuzeitliche Trennungsgebot selbst auf seine begriffliche Fundierung hin untersuchen und prüfen, ob nicht vielleicht eine Reihe von (heute beklagten) negativen ‚Begleiterscheinungen' des Säkularisierungsprozesses in bestimmten Begründungsmängeln ihre Ursache haben und also auch an ihren eigentlichen Wurzeln behandelt werden könnten. Ich denke das Hauptproblem, das man hat, wenn man den neuzeitlichen Prozess der Aufklärung und Säkularisierung von der Perspektive der mittelalterlich-christlichen, aber auch: der antik-platonischen Tradition aus betrachtet, ist die radikale Entgegensetzung von Ratio und Glaube. Welches Problem muss ich denn als aufgeklärter Mensch damit haben, zwischen Ratio und Glauben einen Zusammenhang anzunehmen, oder: welches Problem muss ein aufgeklärter Staat damit haben, den Aspekt des Glaubens in sein Konzept mit einzubeziehen? Bei Augustinus liest man in *De vera religione*: „Wenn Du Dich im Glauben auf Gott hin übersteigst, bedenke, dass Du eine rationale Seele übersteigst." Das heißt: mit Augustinus kann ein Mensch, der sich um einen kritischen Vernunftgebrauch bemüht, einen Dialog über die Bedingungen führen, unter denen in rational nachvollziehbarer Weise, d.h. aus vernünftigen, kritischen Gründen sich die Notwendigkeit erweisen könnte, die Rationalität theologisch zu fundieren.

Von einem nach-aufgeklärten Standpunkt aus hingegen scheint man derartige Zusammenhänge zwischen Glaube und Vernunft oder Religion und Staat a priori und apodiktisch ausschließen zu müssen, und es scheint ein Gespräch über eine solche Möglichkeit *grundsätzlich* ausgeschlossen zu sein.

Bei Aristoteles gibt es solche radikalen Grundentscheidungen und undifferenzierten Oppositionen nicht: die Ethik ist eine Ethik der Erziehung, die ihre

Vollendung in der Theologie findet, und die Ethik selbst steht wiederum in einem bestimmten Abhängigkeitsverhältnis zur Politik. Hier ist eine Verbindung nicht nur unter Umständen zugelassen, sondern es wird sogar die These vertreten und begründet, warum eine solche Verbindung aus sachlichen, und d. h.: rationalen, kritischen Gründen erforderlich ist und warum und inwiefern eine Auflösung der vorausgesetzten begrifflichen Zusammenhänge die Vollständigkeit der einzelnen Disziplinen und damit auch ihre (relative) Autonomie aufheben müsste.

Man muss sich also bei historischen Betrachtungen überlegen, welche sachlichen Implikationen bestimmte institutionelle Fakten haben können und welche kritische Valenz diese sachlichen Voraussetzungen dessen, was sich dann in konkreten Staatsentwürfen usw. verwirklicht, haben: Die modernen Staatskonzeptionen, mit Hobbes u. a. beginnend, sind Vertragsrechtskonzeptionen, so wie ihre hellenistischen Vorbilder. Ein Vertragsrecht geht von der Prämisse aus, dass es das Faktum einer Vielheit freier, sich selbst bestimmender Individuen gibt, und dass der Staat darin seinen Ursprung und seine einzige Funktion hat, diese einzelnen Individuen in ihrer gegebenen Freiheit soweit wie möglich vor einander zu schützen, d. h.: seine Aufgabe ist die Ausübung eines Zwangsrecht, das verhindert, dass die einzelnen Individuen sich gegenseitig umbringen. Ein solcher Staat hat mit den religiösen Rechten der Einzelnen nichts zu tun, und also kann es auch keinen Zusammenhang zwischen Kirche und einem solchen Staat geben, sondern hier ist eine Trennung erforderlich, bzw. hier läßt sich aufgrund dieser Prämissen von der Sache her keine Verbindung zwischen Kirche und Staat herleiten.

Ganz anders ist die Situation bei Aristoteles: Für Aristoteles hat der Staat eine bestimmte dienende Funktion, nämlich die Funktion, die Voraussetzungen dafür bereitzustellen, damit der einzelne Mensch seine individuellen Anlagen in optimaler Weise ausbilden und entfalten kann. Damit erhält der Staat eine Erziehungsaufgabe, und diese Erziehungsaufgabe endet für Aristoteles schließlich in einer Theologie. Thomas übernimmt diesen aristotelischen Grundansatz. Hier gibt es also ein wirkliches, und zwar ein wirklich kritisch fundiertes und rational ausgearbeitetes Konzept, das mit Gründen für die Notwendigkeit plädiert, dass Kirche und Staat eine bestimmte gemeinsame Aufgabe zugewiesen wird, und dass diese gemeinsame Aufgabe nur durch ein Zusammenwirken beider erfüllt werden kann. In diesem Konzept wird allerdings ein bestimmter Begriff von ‚Staat' vorausgesetzt, der sich wesentlich von dem uns geläufigen, modernen Begriff unterscheidet, und man wird, wenn man die Möglichkeit einer Verbindung bzw. die Notwendigkeit einer Trennung von Kirche und Staat untersucht, vor allem auf diese unterschiedlichen Prämissen zu achten haben.

Prof. Otto:
Die Freiheit von und auch gegen den Staat ist der entscheidende Fortschritt der Moderne, aber er speist sich aus biblischen Wurzeln. Die Amalgamierung von Religion und Staat war der Pferdefuß der Antike, zumindest der orientalischen Antike, so dass mit dem Schicksal des Staates auch das Schicksal der Religion

verbunden ist. Das Judentum hat überlebt, weil es sich aus dieser Umklammerung gelöst hat. Das ist ein wesentliches Freiheitselement, dass wir Gott mehr gehorchen dürfen als dem Staat.

Wenn Sie mit offenen Augen in diese Gesellschaft kommen, sehen Sie, wie viel Moral in dieser Gesellschaft ist, obwohl es von niemandem gefordert wird. Es verpuppt sich das Christliche in einer säkularen Gestalt, es ist aber wirksam, und es ist unsere Aufgabe, es in dieser Gesellschaft auch immer wieder wach zu halten. Ich halte sogar eine Rückbewegung auch auf die Kirchen hin nicht für ausgeschlossen. Die Fragen sind da und sie wollen Antworten. Es werden andere Antworten sein und sie werden sehr viel individualistischer ausfallen als es in den Staatskirchen bislang oder in den Volkskirchen dann der Provenienz des 20. Jh. möglich war, sie zu beantworten. Aber die Fragen werden Antworten finden, da bin ich sehr optimistisch.

Till Hüttenberger:
Ich möchte zu diesem Plädoyer eine kleine zustimmende Ergänzung aus der Perspektive René Girards anführen. Der Fortschritt ist nun gewiss auch dieser, dass sowohl das alte Recht wie auch der alte Staat sakrale Größen waren, sakrale Gestalten eines ambivalenten Heiligen mit all seinem Drohpotential und all seiner Tröstung. Der Austritt der Gerechtigkeit aus dem sakralen Recht und der Austritt des Judentums und Christentums aus dieser sakralen Bindung ist nicht nur der Beginn eines faktischen langfristigen Säkularisierungsprozesses, sondern zugleich auch die entscheidende Verwirklichung genuin christlicher und jüdischer Impulse. Die Frage ist, wie sich dies als Ferment im Laufe der Zeit dann wieder zurück in die Gesellschaft ausgeprägt hat. Das ist eine schwierige Frage. Bruchlose Kontinuität anzunehmen ist gewiss allzu idealistisch. Aber dass grundsätzlich so eine Bewegung zu beobachten ist, z. B. eben in der Frage der Minderheitenrechte oder im Völkerrecht, scheint evident zu sein – und dass man fragen kann, wo dieses Motiv eigentlich herkommen soll, wenn nicht aus dem biblischen Erbe. Denn außerhalb Europas konnte eine solche kulturelle Modernität sich nicht entwickeln, auch dort nicht, wo griechische Einflüsse vorhanden waren. Dass kann man wohl zu Recht sagen, trotz all der schwierigen Folgen, oder bei all der Melancholie, die auch der Verlust des Sakralen, der Verlust der geheiligten Ordnung, der Verlust des Mythischen, Nationalen und Religiösen für viele Zeitgenossen, gerade auch in den Kirchen, mit sich bringt.

Aufklärung, Christentum und Toleranz

Prof. Gestrich:
Diese Befunde stellen uns vor das Problem des Verhältnisses von Aufklärung und Christentum. Das Christentum hat durch die Aufklärung nicht nur Blessuren erlitten, sondern z. B. in der Toleranzfrage auch etwas in sich aufnehmen müssen, wozu die Kirchen lange Zeit leider fast unfähig waren. So dass man aus dem heutigen entspannten Blickwinkel sagen kann: das, was immer schon hätte

christlich sein sollen, ist mit Hilfe der Aufklärung nun zum eigenen Bewusstsein der Kirche herangereift.

Umgekehrt ist jedoch auch eine alte Kraft der Kirchen dem Aufklärungszeitalter hilfreich geworden. Ich denke, die Neuzeit war, soweit sie philosophisch und aufgeklärt war, dennoch durch böse Mächte jederzeit verführbar. In den Kirchen hingegen ging die Glaubenskraft, die von den „Mächten der Welt" nicht besiegt werden kann, nie ganz verloren.

Dr. Victor:
Man muss sich fragen, ob nicht mit der Aufklärung, anders als es Herr Otto sieht, etwas weitgehend Neues gekommen ist, das mit dem Christentum nicht so sehr viel zu tun hat. Er hat mit aller Selbstverständlichkeit die Aufklärung auf das Christentum zurückgeführt. Man könnte ja nun auch auf den Gedanken kommen, dass die Aufklärung etwas Neues ist, das nur sehr wenig mit dem Christentum zu tun hat. Denn mit der Aufklärung beginnt doch eine Säkularisierung, die das Christentum in hohem Maße infragestellt. Also der Idealzustand, in dem wir uns jetzt befinden, wie Herr Otto meint, der ist weitgehend eben das Ergebnis von etwas Nichtchristlichem.

Prof. Schmitt:
Ich möchte den Akzent zu dieser Frage noch etwas anders setzen, weil ich bezweifele, dass dies hier bereits hinreichend durchdacht ist. Es kann ja nicht das Ziel sein, absolute Toleranz gegen alles und jeden zu üben – Toleranz gegenüber der Religiosität eines Osama Bin Laden kann offenbar niemand wollen. Toleranz muss also bestimmte Grenzen haben. Wenn man Toleranz überhaupt für das Erbe und eine Entdeckung der Aufklärung hält, übersieht man, dass es in der christlichen Tradition eine Fülle von Traktaten gegeben hat, die sich mit diesem Thema intensiv auseinandergesetzt haben, z. B. Abaelards „Dialog zwischen einem Juden und einem Christen" oder Nikolaus' von Kues „De pace fidei" („Über den Frieden im Glauben"), in denen gerade dieses Problem, wie sich einzelne Religionen zueinander verhalten sollen, auf eine rationale Weise erörtert wird. Und zwar in der Weise, dass etwa wie folgt argumentiert wird: Wenn Gott überhaupt für uns erfahrbar ist, dann kann er nur als unendlicher Gott erfahren werden. Weil jede einzelne Gotteserfahrung aber notwendigerweise nicht unendlich, sondern endlich und etwas einzelnes ist, hat jede einzelne Religion ihr Recht darin, dass sie einen bestimmten Ausschnitt aus der unendlichen Fülle möglicher einzelner Gotteserfahrungen in sich umfasst. Auf diesen Aspekt will Nikolaus von Kues vor allem hinaus: jede partikuläre Religion hat das mehr oder weniger reflektierte Bestreben, diese Einzelerfahrungen auf das sie einende Zentrum und auf das Ganze, von dem sie einen bestimmten Ausschnitt erfasst, zurückzuführen und zurückzubeziehen; eine jede einzelne aber erreicht dieses Ziel nur in unterschiedlich vollkommener Weise und darf – und das ist der Punkt, wo Toleranz ihre Grenze finden muss – sich angesichts ihrer Partikularität nicht einen Absolutheitsanspruch anmaßen. Nach Nikolaus von Kues könnte man darin die Überlegenheit des Christentums ausmachen, dass es sich des uni-

versalen Anspruchs des Glaubens bewusst ist und dieses Ziel der Zurückführung aller einzelnen möglichen Gotteserfahrungen auf einen konkret bestimmten, allgemeinen, umfassenden und selbst nicht mehr partikularen Gottesbegriff auf eine reflektierte Weise verfolgt. Damit wird der Toleranzbegriff an bestimmte rationale Kriterien gebunden und entartet nicht zu einem vollkommen unbestimmten und in gewisser Hinsicht sogar gefährlichen Toleranzverständnis, das ohne Unterschied alles zuläßt und für gleichwertig erklärt.

Prof. Otto:
Der Toleranzgedanke ist ein wesentlicher Akzent, den die Aufklärung für sich in Anspruch nimmt, denken Sie an Lessings Ringparabel. Wie wir gerade eben gehört haben, gibt es eine lange christliche Tradition, die den Toleranzgedanken des Christentums gegenüber anderen Religionen im Sinne eines rationalen Umgangs thematisiert. D. h. die Aufklärung, und zwar eine ganz spezifische Form der Aufklärung, nämlich die französische, ist von einer Fiktion ausgegangen, sie würde sich tatsächlich gegen eine geschichtliche Periode wenden und etwas völlig Neues – die Vernunft – zur Geltung bringen. Und am Ende schauen wir dann unter traditionsgeschichtlichen Gesichtspunkten und merken, sie tun nichts anderes, als dass sie aufnehmen, was ihnen schon in die Wiege gelegt war. Es ist eine Fortschreibung der Tradition, in der sie selber stehen und das ist die christlich-abendländische. Dass sie sich gegen spezifische Formen – und die Aufklärung hat ja sehr unterschiedliche Gestalten genommen – gegen eine spezifische Form kirchlicher Machtausübung, und wenn sie so wollen, Freiheitsberaubung, die es ja auch gegeben hat, im Sinne der mangelnden Möglichkeiten des Individuums zu entscheiden, gewandt haben und insofern auch die christliche Geschichte ein Stückchen weiter gebracht haben, d. h. nämlich den einzelnen Christen – das ist ein Stück Durchführung dessen, was ich als protestantisches Prinzip bezeichnen würde: der Einzelne muss entscheiden, auf Autorität hin kann er nicht über Heil oder Unheil seines Lebens entscheiden, das wäre eine falsche Entscheidung. Da ist nichts Christentumsfremdes hereingekommen, auch wenn man sich gegen historische Ausformungen des Christentums in Gestalt von Kirchen gewandt hat und z. T. ja auch zu Recht gewandt hat. Es wäre also eine völlig unhistorische Perspektive zu meinen, es käme irgendwie vom Himmel gefallen oder aus der Erde hoch gebrochen oder plötzlich würde der Mensch sein vernünftiges Wesen entdecken, zum allerersten Mal. Schon alleine dieser Gedanke wäre unhistorisch. Man greift immer auf etwas Vorangegangenes zurück. Die Aufklärung ist Teil der Christentumsgeschichte.

Die Besonderheit der jüdisch-christlichen Tradition

Prof. Mau:
Das, was wir da gehört haben im Anschluss an die philosophische Reflexion, bewegte sich ja sehr stark auf der Linie dessen, was das Individuum, was der Mensch als Individuum zu leisten vermag, in Bezug auf Bewusstheit, Bewusst-

sein, Unterscheiden und dergleichen, bis hin zum Stichwort Freiheit als besonderem Exempel der Individualität. Was ich vermisst habe, ist der elementare biblische Beitrag im Sinne des Angesprochenseins des Menschen und Antwortens, vor allem einen Personbegriff, der sich bezieht darauf, dass die Person etwas ist, das einen Namen hat, angesprochen ist und antwortet. In dieser Relation steht der Begriff der Verantwortung im Sinne biblischer Tradition des Gott-antworten-Müssens, von der Anrede Gottes an Kain in Bezug auf den Brudermord angefangen. D. h. also alles, was auch an ethischer Problematik in der Gegenwart uns bewegt, und das, was an christlichem Erbe auch lebt, ist begründet in dieser Grundrelation der Anrede, der Antwort, der Verantwortung. Das sollte doch als ein ganz elementarer Beitrag des Christentums zur gegenwärtigen Weltsituation auch deutlich gesehen werden.

Roland Wicher:
Ich möchte gern eine vertiefte Stellungnahme hören zu der Frage des möglicherweise auch an einem spezifischen Punkt differenten Beitrags der jüdisch-christlichen Tradition zur ethischen Fragestellung. Das steht ja als Behauptung mit Girard im Raum. Herr Otto hat den Zusammenhang aus der Gerechtigkeitstradition dargelegt, der dann in den christlichen Gedanken der Erniedrigung Gottes mündet, von woher sich eine spezifische Gewaltkritik entwickelt hat, die sich in gewisser Weise erst jetzt entfaltet, aber auch auf der anderen Seite vor ganz neuen, nämlich wiederum abendländisch mitproduzierten Formen der Gewalt steht. Da ist also die Frage, inwiefern ist es adäquat und inwiefern ist es vielleicht auch ein Klischee ist zu sagen, es gibt eine spezifische Differenz des jüdisch-christlichen Beitrags, der vielleicht so nicht einfach von der Antike her zu leisten wäre.

Mir fällt hier auch ein anderer Denker ein, der diese Polarität jüdisch-antik in gewisser Weise, wobei antik im Zweifel auch homerisch meint, also sozusagen das aristokratische Ideal, stark gemacht hat, nämlich Lévinas. Der stellt ja gegenüber das Subjekt Odysseus, was zirkulär zu sich selbst und zur Verwirklichung seiner Interessen teilweise auch sehr gewaltsame Formen annimmt, die Rundfahrt und die Rückkehr zur Insel, ein bestimmter Typus von Subjektivität, der dargestellt wird, den Lévinas dann eben auch als den aufklärerischen sieht. Dagegen stellt Lévinas Abraham, der vom Subjekt zwar ausgeht, aber doch sich auf eine Reise ohne Rückkehr begibt. Wir haben mit Girard und Lévinas zwei prominente Denker, die beide behaupten, es gibt da einen spezifisch differenten Beitrag des jüdisch-christlichen Denkens. Das finde ich doch spannend, die Frage ist nur: Ist das fair gegenüber der griechischen Antike oder ist es vielleicht doch ein Klischee?

Prof. Schmitt:
Ein Wort zur Frage der Konstruktion eines griechisch-jüdisch polarisierten Antikenbildes wie desjenigen bei Girard und Lévinas: Ich muss gestehen, dass mir die Rede von der ‚erfundenen Vergangenheit' unbehaglich ist. Man kann sich doch fragen, warum jemand sich, um ein vernünftiges und wertvolles Konzept zu ent-

wickeln, zu diesem Konzept eine Vergangenheit sollte hinzuerfinden wollen oder müssen. Das ist genauso, wie wenn jemand sagte, er führe Sophokles auf, und führt dann doch nicht Sophokles auf, sondern sein eigenes Stück – dann hätte er es auch so nennen können.

Es ist einfach falsch zu behaupten, die Antike habe ‚noch' keinen Sinn für das Leiden von Opfern gehabt. Die griechische Literatur interessiert sich von ihren ersten Anfängen an gerade für den Menschen, der in seinem Handeln scheitert. Dieses Scheitern, seine Ursachen, Bedingungen, Möglichkeiten, es zu vermeiden usw. ist *das* zentrale Thema. Dass zu diesem Thema wesentlich das Interesse an den Opfern gehört, kann man z. B. an so berühmten Tragödien wie den *Troerinnen* des Euripides sehen. Hier ist das Schicksal von Opfern, nämlich der unterlegenen Trojaner, das alleinige Thema. Von ihnen wird gezeigt, wie die Griechen sich gegenüber den besiegten Trojanerinnen als Gewaltherrscher gerieren und in welcher Weise und aus welchen einzelnen Gründen diese Gewaltherrscher gerade an dieser ihrer Verfehlung gegenüber den Besiegten scheitern und zu Tode kommen. In dieser Pauschalität ist die Aussage, von Opfern sei in der Antike nie die Rede gewesen, also schlichtweg falsch und widerlegbar. Man kann und sollte also nicht von diesem Ansatz her einen radikalen Gegensatz und Bruch zwischen (heidnischer) Antike und Christentum konstruieren, sondern die Entwicklungen nachvollziehen, in denen es in der Spätantike zu einer Synthese verschiedener Traditionsstränge gekommen ist. Das, was sich in diesem Prozess mit dem christlichen und jüdischen Gedankengut verbunden hat, war nicht die Antike insgesamt, sondern die im Neuplatonismus in besonders differenzierter Weise verwirklichte platonisch-aristotelische Denktradition. Die neuplatonische Lehre hat über 1000 Jahre hin die christliche Theologie weitgehend bestimmt, bis es im Spätmittelalter zu einem Bruch kam, in dem sich das Christentum zunehmend den hellenistischen Konzeptionen zugewandt hat und mit diesen seine Verwandtschaft feststellen zu können meinte. Ich finde, das Christentum hat sich ursprünglich mit guten Gründen mit der neuplatonischen Philosophie verbunden, und es gibt durchaus Anlass, diese Berechtigung einmal wieder kritisch zu prüfen.

Till Hüttenberger:
Die Behauptung René Girards, es gebe einen besonderen jüdisch-christlichen antisakralen und ethischen Impuls, der auch im historischen Christentum verlorengegangen sei, ist gewiss provokant. Es ist der doppelte Impuls, einerseits die sozialen Gewaltmechanismen freizulegen, andererseits eine korrespondierende Ethik für den Schwachen, für das Opfer aufzuzeigen.

Dass wir überhaupt ein Wissen vom kollektiven Gewaltprozess des Sündenbockmechanismus haben, dem ein ethischer Impuls folgt, der im Angesicht der Opfer zur Verantwortung und in die Schuldfähigkeit ruft, in die Bresche zu springen und Position zu ergreifen – darin berühren sich der jüdische Denker von Gewalt und Ethos Lévinas und der christliche Girard auf das Engste.

Doch ist das nun spezifisch jüdisch-christlich? Nietzsche hat es zumindest so wahrgenommen und als Ressentiment-Moral aufs Schärfste kritisiert, und er ist nicht der einzige geblieben – man denke nur an die Nationalsozialisten. Dass eine erkennbare Schwerpunktverlagerung im Umgang mit Gewalt und Gerechtigkeit in der jüdisch-christlichen biblischen Tradition zu verzeichnen ist, dafür sprechen gewiss plausible Evidenzen. Ob damit etwas bislang nie Gewesenes in die Geschichte eingetreten und ob der Tod Jesu die einzige vollständige Offenbarung des Sündenbockmechanismus ist, bleibt umstritten und ist ein Glaubenssatz, der nur evident ist für den, der von dieser Erfahrung herkommt, aber unbeweisbar bleibt, weil er einen hermeneutischen Zirkel von Glaube und Einsicht voraussetzt. Ich finde Girards These stark, weil sie auch eine hermeneutische Anleitung zum Umgang mit uns selbst und mit dem Besten der jüdisch-christlichen Tradition darstellt und Anlass zur Selbstwahrnehmung und Selbstkritik gibt. Im Übrigen kann man sie mit Girard jüdisch-christlich exklusiv oder über ihn hinausgehend auch kulturell inklusiv verstehen. Unter denen, die mit Girards Hermeneutik arbeiten, die ja nicht alle Juden oder Christen sind, ist man sich hier auch nicht einig; die Abgrenzungen sind durchaus verschieden. Wenn ein solcher Perspektivenwechsel auf die Seite der Opfer und der Gewaltfreiheit hin auch in der griechischen oder anderen Traditionen erkennbar und benennbar ist, darf man sich nur freuen, *amica veritas*. Es soll ja nun nicht die griechische Antike der Sündenbock der christlichen Moderne werden.

Die vielfache Aktualität der Antike

Prof. Breytenbach:
Ich möchte die Diskussion in eine andere Richtung lenken mit der Frage: Wenn das jetzt so ist, dass die Rezeption der Antike so wichtig ist, und wir uns nun gerade an dem Ort befinden, wo Droysen uns mitgeteilt hatte, dass wir uns eigentlich mit der Vergangenheit nur beschäftigen können, insoweit diese Vergangenheit Teil unserer Gegenwart ist, ist es dann nicht für Ausbildung in den historischen Fächern wichtig, dass man den Blick nicht nur nach Rückwärts, sondern vielleicht in erster Linie auf die Gegenwart richten soll, um aufzuzeigen, wo die Vergangenheit noch in die Gegenwart einwirkt? Haben wir eigentlich richtig in Planung unseres historischen Studiums und Lehre das verarbeitet, dass die Vergangenheit nur zugänglich ist als Teil unserer Gegenwart und eigentlich auch nur relevant ist, insoweit sie die Gegenwart erklärt?

Prof. Rapp:
Wenn man solche Formen gebraucht wie ‚Aktualität der Antike' oder ‚Bedeutung der Antike', dann muss man sagen, was man damit eigentlich meint, denn da stecken doch ganz unterschiedliche Dinge dahinter, mindestens drei verschiedene Begründungsansätze. Erstens, der vielleicht älteste Ansatz, der auch schon für den Humanismus typisch ist, dass man einfach davon ausgeht, dass das Niveau der antiken Welt und Philosophie so hoch war, dass alle Epigonen immer davon lernen können, sei es wertmäßig, sei es im Differenzierungsgrad der philosophischen Diskussion. Das ist, insofern es das Wertvolle betrifft, natürlich keine

ganz unproblematische Auffassung, wenn man sich darüber bewusst wird, dass diese Antike, die so überlegen sei, dann vielleicht doch auch eine nachträgliche Konstruktion darstellt, die daraus lebt, dass man manche Dinge auswählt, andere ausblendet. Man könnte nun immer noch so argumentieren: Das antike Denken hat einen so hohen Differenzierungsgrad erlangt, dass wir daraus immer lernen können. Das ist sicherlich ein Ausweg, aber dann könnten wir genauso gut die Phase des deutschen Idealismus oder andere solche Epochen an die Seite der Antike stellen.

Ein ganz anderes Modell für die Frage, warum die Antike aktuell sei, ist dies, dass wir sagen, die Antike stellt eben den Ursprung unserer Begrifflichkeit dar, ob wir wollen oder nicht, wir bewegen uns auf den Spuren der Antike und daher kann es nur zur Aufklärung dessen, was wir immer schon tun, beitragen, wenn wir uns mit diesem Ursprung unserer Denkkategorien beschäftigen.

Ein drittes ganz anderes Modell, ist das Modell, das heute in der Ethikdebatte vor allem zur Sprache kam, nämlich die Antike könnte verlorengegangene Alternativen beherbergen. Etwas, was wir heute nicht mehr im Blick haben, können wir wieder in den Blick bekommen, wenn wir uns an die Antike erinnern und sehen, was die da anders gemacht haben.

Dieser Punkt der möglicherweise verlorenen Alternativen bringt mich noch auf einen anderen Aspekt, durch den ich mich angesprochen gefühlt habe. Herr Gestrich sagte, es sei ja vielleicht der unzulässige Eindruck entstanden, dass da eine allzu große Harmonie da sei zwischen der klassisch-griechischen Antike und dem christlichen Denken. Dazu nur der eigentlich selbstverständliche Hinweis, dass dieser Eindruck der Harmonie natürlich einer ist, der vor allem auch durch den Aneignungsprozess entstanden ist, den die Antike durchlaufen hat durch die Rezeption der Weltreligionen, besonders durch das großartige Projekt von Albert und Thomas, die es einfach verstanden haben, klassische griechische Philosophie so zu interpretieren, dass sie fast lückenlos in ein christliches Weltbild überzugehen scheint, und dabei doch Aneignungen gemacht haben, die faktisch ganz erhebliche Unterschiede implizieren, z. B. in der Frage der Unsterblichkeit der Seele und im Willensbegriff; da ist es geradezu artistisch, wie Thomas hier zwischen einem christlichen und einem aristotelischen Willensbegriff vermittelt; oder in der Frage des guten Lebens, dass nämlich zum höchsten Ziel das gute Leben nach dem Tod gemacht wird. Hier lohnt sich also wieder eine Beschäftigung mit der Rezeptionsgeschichte, aber diesmal in dem Sinn, dass wir lernen, sozusagen scheinbare Übereinstimmungen wieder abzutragen und rückgängig zu machen.

Prof. Gestrich:
Ich möchte noch kurz die beiden für mich besonders ertragreichen Eindrücke zusammenfassen. Es ist evident, dass unsere verwickelte Geschichte mit all ihren ethischen und philosophischen Problemen natürlich immer wieder dort besichtigt werden muss, wo die Probleme zum ersten Mal in ihrer klassischen Form formuliert worden sind. Das ist schon ein Rechtfertigungsgrund in sich selbst, sich mit der Antike zu beschäftigen.

Und das andere, was durch unser Symposium zu lernen war: es gilt, immer wieder Vorurteile darüber abzubauen, was angeblich nur hebräisches Denken hervorbringt oder was angeblich nur griechisches Denken hervorbringt. Wir haben alle an guten Beispielen gesehen, dass wir bei einigen Punkten heute unsere Meinung darüber revidieren sollten. Gleichwohl bringt mich das zum Schluss zu der Feststellung, dass wir, wenn die Spuren der Antike befragt werden, schon fast wie von selbst auf Platon und Aristoteles, vielleicht auch zu Hesiod und die Stoa kommen. Aber Paulus und Jesaja sind auch große Denker der Antike, die zu den Fragen, die wir gerade heute besprachen, genauso Wichtiges beigetragen haben. Da wahren wir heute zuwenig das Gleichgewicht.

X. DIE AUTOREN

Prof. Dr. Christof Gestrich, geb. 1940. Studium der Evangelischen Theologie in Tübingen und Zürich. Pfarrer seit 1974. Promotion (Kirchengeschichte) in Zürich und Habilitation für Systematische Theologie in Tübingen. 1978–1993 Professor für Systematische Theologie an der Kirchlichen Hochschule Berlin. Seit 1993 Universitätsprofessor für Systematische Theologie an der Theologischen Fakultät der Humboldt-Universität zu Berlin. Leiter des theologischen Ausschusses der Synode der Ev. Kirche in Berlin-Brandenburg.

Till Hüttenberger, geb. 1967. Studium der Evangelischen Theologie in Wuppertal, Berlin und Rom. Seit 1997 Wissenschaftlicher Mitarbeiter am Seminar für Systematische Theologie der Theologischen Fakultät der Humboldt-Universität zu Berlin.

Prof. Dr. Eckart Otto, geb. 1944. Studium der Evangelischen Theologie und Altorientalistik. 1973 Promotion und 1975 Habilitation für Altes Testament in Hamburg. 1978–1979 Stellvertretender Direktor des Deutschen Evangelischen Instituts für Altertumswissenschaft des Heiligen Landes in Jerusalem. 1979–1986 Professor für Altes Testament und Biblische Archäologie in Hamburg. 1986–1991 Universitätsprofessor für Altes Testament und Palästinische Archäologie in Osnabrück. 1991–1996 Universitätsprofessor für Altes Testament an der Johannes-Gutenberg-Universität Mainz. Seit 1996 Universitätsprofessor für Altes Testament an der Evangelisch-Theologischen Fakultät der Ludwig-Maximilians-Universität München. Zahlreiche Gastprofessuren und Gastdozenturen in der ganzen Welt (u. a. Papua-Neuguinea, Madrid, USA, Jerusalem, Südafrika, Innsbruck). Mitherausgeber der Max-Weber-Gesamtausgabe für die Bayerische Akademie der Wissenschaften.

Prof. Dr. Wolfgang Palaver, geb. 1958. Studium der Selbstständigen Religionspädagogik (kath.), Germanistik und Politikwissenschaft in Innsbruck. 1990 Promotion in Innsbruck. 1991/1992 Forschungsaufenthalt am Center for International Security and Arms Control der Stanford University (USA). 1997 Habilitation für Christliche Gesellschaftslehre in Innsbruck. 2001 Annahme des Rufes auf den Lehrstuhl für Christliche Gesellschaftslehre der Leopold-Franzens-Universität Innsbruck. Mitglied des Forschungsprojekts ‚Religion – Gewalt – Kommunikation – Weltordnung' an der Theologischen Fakultät der Universität Innsbruck.

Prof. Dr. Christof Rapp, geb. 1964. Studium der Philosophie, Gräzistik, Logik und der Literaturwissenschaft in Tübingen und München. 1993 Promotion in München. Habilitation in Tübingen. Seit 2001 Professor für Antike Philosophie am Institut für Philosophie der Humboldt-Universität zu Berlin. Leitung der ‚Zeitschrift für philosophische Forschung'.

Prof. Dr. Jan Rohls, geb. 1949. Studium der Evangelischen Theologie und Philosophie. 1978 Promotion. 1982 Habilitation in München. Seit 1988 Professor für Systematische Theologie mit Schwerpunkt Religionsphilosophie in München.

Prof. Dr. Arbogast Schmitt, geb. 1943. Studium der Gräzistik, Latinistik, Philosophie und Germanistik in Würzburg und Berlin. 1974 Promotion und 1981 Habilitation in Würzburg. Von 1982 bis 1992 Universitätsprofessor für Gräzistik an der Johannes-Gutenberg-Universität Mainz. Seit 1992 Universitätsprofessor an der Philipps-Universität Marburg. Leiter des Forschungsprojekts ‚Neuzeitliches Selbstverständnis und Deutung der Antike' an der Universität Marburg.

XI. AUSWAHLBIBLIOGRAPHIE

Cacciari, Massimo, Der Archipel Europa, Köln 1998 (orig. ital. 1997).
Gerhardt, Volker, Selbstbestimmung. Das Prinzip der Individualität, Stuttgart 1999.
Ders., Individualität. Das Element der Welt, München 2000.
Gestrich, Christof, Christentum und Stellvertretung. Religionsphilosophische Untersuchungen zum Heilsverständnis und zur Grundlegung der Theologie, Tübingen 2001.
Girard, René, Das Heilige und die Gewalt, Frankfurt/Main 1992.
Ders., Der Sündenbock, Zürich/Düsseldorf 1988.
Höffe, Otfried, Aristoteles' universalistische Tugendethik, in: Tugendethik (s.u.), 42–68.
Horn, Christoph, Antike Lebenskunst. Glück und Moral von Sokrates bis zu den Neuplatonikern, München 1998.
MacIntyre, Alasdair, Der Verlust der Tugend. Zur moralischen Krise der Gegenwart, Frankfurt am Main 1995.
Ders., Geschichte der Ethik im Überblick. Vom Zeitalter Homers bis zum 20. Jahrhundert, Weinheim, 3. Aufl 1995.
Ders., Die Anerkennung der Abhängigkeit. Über menschliche Tugenden, Hamburg 2001.
Morin, Edgar, Europa denken, Frankfurt/New York/Paris 1988 (orig. franz 1987).
Nussbaum, Martha, The Fragility of Goodness. Luck and Ethics in Greek Tragedy and Philosophy, Cambridge 1986.
Dies., Menschliches Tun und soziale Gerechtigkeit. Zur Verteidigung des aristotelischen Essentialismus, in: M. Brumlik / H. Brunkhorst, Gemeinschaft und Gerechtigkeit, Frankfurt/Main 1993, 323–361.
Dies., Nicht-relative Tugenden: ein aristotelischer Ansatz in: Tugendethik (s.u.), 114–165.
Otto, Eckart, Theologische Ethik im Alten Testament, Stuttgart 1994.
Ders., Krieg und Frieden in der hebräischen Bibel und im Alten Orient: Aspekte der eine Friedensordnung in der Moderne, Stuttgart 1999.
Ders., Die Tora des Mose: die Geschichte der literarischen Vermittlung von Recht, Religion und Politik durch die Mosegestalt, Göttingen, 2001.
Palaver, Wolfgang, Politik und Religion bei Thomas Hobbes: eine Kritik aus der Sicht der Theorie René Girards, Innsbruck 1991.
Ders., Die mythischen Quellen des Politischen: Carl Schmitts Freund-Feind-Theorie, Stuttgart 1998.
Rapp, Christof, Vorsokratiker, München 1997.
Ders., War Aristoteles ein Kommunitarist?, in: Internationale Zeitschrift für Philosophie, 1997, 57–75.
Ders., Aristoteles zur Einführung, Hamburg 2001.
Ricœur, Paul, Das Selbst als ein Anderer, München 1996 (orig. franz. 1990).

Rohls, Jan, Geschichte der Ethik, Tübingen 1999.
Ders., Protestantische Theologie der Neuzeit, Bd. I: Die Voraussetzungen und das 19. Jh., Bd. II: Das 20. Jh., Tübingen 1997.
Schmitt, Arbogast, Der Einzelne und die Gemeinschaft in der Dichtung Homers und in der Staatstheorie bei Platon: zur Ableitung der Staatstheorie aus der Psychologie, Stuttgart 2000.
Ders., Selbständigkeit und Abhängigkeit menschlichen Handelns bei Homer – hermeneutische Untersuchung zur Psychologie Homers, Stuttgart 1990.
Taylor, Charles, Quellen des Selbst. Die Entstehung der neuzeitlichen Identität, Frankfurt/Main, 2. Aufl. 1996.
Tugendethik, hg. v. K.-P. Rippe / P. Schaber, Stuttgart 1998.